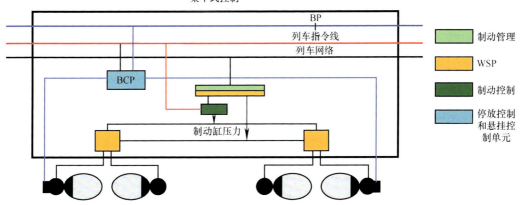

图 3-9 车控式制动系统原理图

图 3-10 架控式制动系统原理图

图 5-19 空调界面图

优先级	符号	指示的状态
1		空调故障
2		空调警告
3		空调运行在紧急通风模式,由蓄电池供电
4		空调运行在通风模式
5		空调运行在限制制冷模式
6		空调正常运行,无故障
7		空调关闭,无故障

图 5-20 空调运行符号

职业教育城市轨道交通专业产教融合创新教材

城市轨道交通车辆驾驶控制系统

（配实训工单）

主　编　孟　源　何　铁
副主编　宋　宇
参　编　方晓勇　王钦山

机械工业出版社

本书以实际工作任务为引领,以城市轨道交通专业群车辆技术专业岗位对工作标准及安全的要求为主线。全书包含城市轨道交通车辆网络控制系统、牵引控制系统、制动控制系统、车门控制系统、空调控制系统、乘客信息控制系统、辅助控制系统7个学习项目,每个学习项目分为若干学习任务并配有实训内容。实训内容包括电动列车调试及软件使用维修及保养、车辆牵引系统的维修及保养、供风系统和制动系统的维修及保养、车门系统的维修及保养、空调通风系统的维修及保养、乘客信息系统电气的维修及保养、辅助电源系统的维修及保养。实训内容采用活页式编写模式,方便师生使用。

本书可作为城市轨道交通车辆技术专业教材,也可供企业技术人员学习参考。

为方便教学,本书配有电子课件、电子工单测评表,凡选用本书作为授课教材的老师均可登录 www.cmpedu.com 免费注册下载。

图书在版编目(CIP)数据

城市轨道交通车辆驾驶控制系统:配实训工单/孟源,何铁主编.—北京:机械工业出版社,2021.2(2024.7重印)
职业教育城市轨道交通专业产教融合创新教材
ISBN 978-7-111-67364-4

Ⅰ.①城… Ⅱ.①孟… ②何… Ⅲ.①城市铁路—铁路车辆—驾驶系统—控制系统—高等职业教育—教材 Ⅳ.①U239.5

中国版本图书馆CIP数据核字(2021)第017684号

机械工业出版社(北京市百万庄大街22号 邮政编码100037)
策划编辑:曹新宇 责任编辑:曹新宇 谢熠萌
责任校对:王 欣 封面设计:张 静
责任印制:单爱军
北京虎彩文化传播有限公司印刷
2024年7月第1版第3次印刷
184mm×260mm・13.75印张・1插页・346千字
标准书号:ISBN 978-7-111-67364-4
定价:49.80元(含实训工单)

电话服务 网络服务
客服电话:010-88361066 机 工 官 网:www.cmpbook.com
　　　　　010-88379833 机 工 官 博:weibo.com/cmp1952
　　　　　010-68326294 金 书 网:www.golden-book.com
封底无防伪标均为盗版 机工教育服务网:www.cmpedu.com

前言

PREFACE

城市轨道交通系统是促进城市发展的重要基础设施,其与城市的正常运行、市民的日常工作生活及地方经济的发展密不可分。本书是在深入推进"工学结合,校企合作"人才培养模式的大背景下,充分考虑了我国城市轨道交通行业快速发展的实际情况而编写的。

本书的编写思路是以培养职业能力为核心,以工作过程(项目)为导向,用任务进行驱动,建立以行动体系为框架的现代课程结构,重新序化课程内容,做到理论性知识与实践性知识并重,将理论性知识穿插于实践性知识之中,理论与实践一体化。本书力求凸显体系规范、内容先进、知识实用、使用灵活等特点。

在课程设计上,本书以实际工作任务为引领,以城市轨道交通专业群车辆技术专业岗位对工作标准及安全的要求为主线。本书含有城市轨道交通车辆网络控制系统、牵引控制系统、制动控制系统、车门控制系统、空调控制系统、乘客信息控制系统、辅助控制系统7个学习项目,每个学习项目分为若干学习任务并配有实训内容,按活页形式编写,课程内容循序渐进、分门别类、突出重点,便于学习。

本书编写过程中兼顾了高职学生能力培养的需要,注重吸收最新的科技成果,将教学与科研、生产紧密结合,以"必须、实用、够用"为度,强调高职特色。全书内容丰富、图文并茂、深入浅出。本书可作为高职学校城市轨道交通专业及相关专业的教材,亦可供城市轨道交通运营管理领域的科研人员、工程技术人员等参考。

本书由太原城市职业技术学院孟源、何铁主编。其中理论部分的项目一、项目二及项目六由孟源编写,理论部分的项目三和项目四由何铁编写,理论部分的项目五由山西五建集团有限公司宋宇编写,理论部分的项目七由中车太原机车车辆有限公司方晓勇编写;实训部分的实训一、实训二及实训五由孟源编写,实训部分的实训七由何铁编写,实训部分的实训三由方晓勇编写,实训部分的实训四及实训六由济南轨道交通集团有限公司王钦山编写。

本书在编写过程中,曾广泛征求过有关院校、制造厂商及有关地铁公司等同行的意见,得到了有关部门和领导的指导和帮助,在此一并表示诚挚谢意。

由于编者水平有限,书中缺点及不当之处在所难免,敬请读者批评指正。

编 者

目录

CONTENTS

前　言

项目一　城市轨道交通车辆网络控制系统 ………………………………… 1
　　任务一　网络控制系统基础知识 ……………………………………… 1
　　任务二　系统电路图 …………………………………………………… 14

项目二　城市轨道交通车辆牵引控制系统 ………………………………… 18
　　任务一　牵引系统基础知识 …………………………………………… 18
　　任务二　牵引系统的结构 ……………………………………………… 19
　　任务三　牵引控制系统工作原理和控制过程 ………………………… 27
　　任务四　牵引控制系统常见故障分析 ………………………………… 37

项目三　城市轨道交通车辆制动控制系统 ………………………………… 40
　　任务一　制动系统基础知识 …………………………………………… 40
　　任务二　供风系统 ……………………………………………………… 49
　　任务三　电制动 ………………………………………………………… 55
　　任务四　EP2002 制动系统 …………………………………………… 57

项目四　城市轨道交通车辆车门控制系统 ………………………………… 66
　　任务一　车门系统基础知识 …………………………………………… 66
　　任务二　车门系统的组成及主要功能 ………………………………… 69
　　任务三　车门控制系统的工作原理及操作方法 ……………………… 77
　　任务四　车门系统日常维护及常见故障分析与处理 ………………… 81

项目五　城市轨道交通车辆空调控制系统 ………………………………… 83
　　任务一　空调系统基础知识 …………………………………………… 83
　　任务二　空调通风系统的组成 ………………………………………… 85

任务三　空调通风系统的工作原理及控制模式 …………………………… 91
　　任务四　空调通风系统常见故障分析 …………………………………… 96

项目六　城市轨道交通车辆乘客信息控制系统 …………………………… 100
　　任务一　乘客信息系统基础知识 ………………………………………… 100
　　任务二　乘客信息系统各子系统组成及功能 …………………………… 103
　　任务三　乘客信息系统的控制操作 ……………………………………… 107
　　任务四　乘客信息系统常见故障分析与处理 …………………………… 112

项目七　城市轨道交通车辆辅助控制系统 ………………………………… 115
　　任务一　辅助控制系统基础知识 ………………………………………… 115
　　任务二　辅助控制系统主要设备的结构 ………………………………… 116
　　任务三　辅助控制系统的作用原理及控制过程 ………………………… 120
　　任务四　辅助控制系统常见故障分析 …………………………………… 123

参考文献 ……………………………………………………………………… 126

实训工单（单独装订）
　　实训一　电动列车调试及软件使用维修及保养 …………………………… 1
　　实训二　城市轨道交通车辆牵引系统的维修及保养 …………………… 19
　　实训三　城市轨道交通车辆供风系统和制动系统的维修及保养 ……… 37
　　实训四　城市轨道交通车辆车门系统的维修及保养 …………………… 50
　　实训五　城市轨道交通车辆空调通风系统的维修及保养 ……………… 60
　　实训六　城市轨道交通车辆乘客信息系统电气的维修及保养 ………… 72
　　实训七　城市轨道交通辅助电源系统的维修及保养 …………………… 77

项目一

城市轨道交通车辆网络控制系统

任务一 网络控制系统基础知识

伴随着社会的发展和经济水平的快速提高，居民的出行需求量日益增大，城市交通出现拥堵。城市轨道交通凭借其载客量大、速度快、绿色环保等优点，成为解决城市交通问题的一个重要手段，越来越得到人们的重视。

城市轨道交通车辆由牵引系统、制动系统、车门系统、空调系统、乘客信息系统、辅助电源系统、网络控制系统等多个系统组成。其中网络控制系统是车辆的"大脑"，是运营的核心。网络控制系统集中提供了控制和监视车载系统和设备的功能。列车的操作、车载系统的故障诊断和数据记录，都是基于网络控制系统与各系统进行网络通信的。

城市轨道交通车辆网络控制系统包括以实现各功能控制为目标的单元控制机、实现车辆控制的车辆控制机和实现信息交换的列车通信网络。网络控制系统为各车载设备提供相互通信的渠道，通过共享信息，实现设备协调工作。网络控制系统的网络化不仅能够有效地增加数据的传输量，而且可以优化车辆的布线设计。另外，网络控制系统可以实时监视和控制车辆各系统，并能快速、有效地进行诊断和分析，极大地提高故障诊断效率，减少维护人员数量和工时，缩短维护时间。国外车辆制造商在车载智能设备的研究、系统配置以及整车电路设计方面积累了丰富的经验。网络控制系统在城市轨道交通车辆上的应用已比较成熟，例如西门子公司的 SIBAS 系统，庞巴迪公司的 MITRAC 系统、阿尔斯通公司的 AGATE 系统和三菱公司的 TIS 网络信息传输系统。

一、计算机网络基础

1. 计算机网络的形成与发展

通常将计算机网络的形成与发展分为四代。

1）第一代——面向终端的计算机通信网络（图 1-1）。在 20 世纪 50 年代中期至 20 世纪 60 年代末期，计算机技术与通信技术初步结合，形成了计算机网络的雏形。

2）第二代——初级计算机网络（图 1-2）。在 20 世纪 60 年代末期至 20 世纪 70 年代后期，计算机网络在通信网络的基础上，完成了计算机网络体系结构与协议的研究，形成了计算机的初级网络。

3）第三代——开放式的标准化计算机网络。20 世纪 70 年代中期至 20 世纪 90 年代中期，开放式的标准化计算机网络形成。在开放式网络中，所有的计算机和通信设备都遵循着共同认可的国际标准，从而可以保证不同厂商的网络产品可以在同一网络中顺利地进行通信。

4）第四代——智能化、高宽带和安全的计算机网络。20 世纪 90 年代中期至今的第四代计算机网络正向全面互联、高速和智能化发展，并将得到广泛地应用。

2. 计算机网络的拓扑结构

网络拓扑的设计是计算机网络设计的第一步。网络拓扑结构的选择将直接关系到网络的性能、可靠性、成本等。

常见的计算机网络拓扑结构有总线拓扑、环形拓扑、星形拓扑、树形拓扑和网状形拓扑等，如图 1-3 所示。

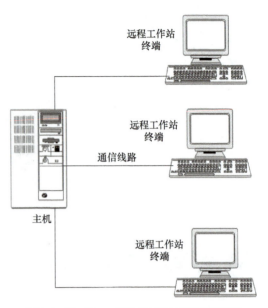

图 1-1　第一代——面向终端的计算机通信网络

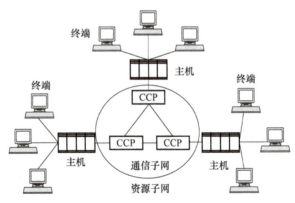

图 1-2　第二代——初级计算机网络

3. 网络系统的主要技术指标

（1）比特率　比特率是指在有效带宽上，单位时间内所传送的二进制代码的有效位（bit）数。比特率有 bit/s、kbit/s、Mbit/s、Gbit/s 等单位。

（2）波特率　波特率是一种调制速率，它是指数字信号经过调制后的速率，即经调制后的模拟信号每秒钟变化的次数。在数据传输过程中，1 波特就表示每秒钟传送一个码元或一个波形。

（3）时延　时延指一个报文或分组从网络的一端传送到另一端所需要的时间。时延有 s、ms、μs 等单位。

（4）带宽　带宽指物理信道的频带宽度。带宽有 Hz、kHz 和 MHz 等单位。

4. 串行通信的工作方式

串行通信的工作方式有单工通信（双线制）（图 1-4）、半双工通信（双线制 + 开关）（图 1-5）、全双工通信（4 线制）（图 1-6）等方式。

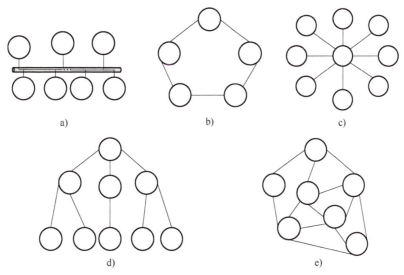

图 1-3 常见的计算机网络拓扑结构
a）总线拓扑 b）环形拓扑 c）星形拓扑 d）树形拓扑 e）网状形拓扑

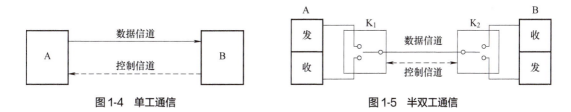

图 1-4 单工通信　　　　　　　图 1-5 半双工通信

5. 数字信号编码

数字信号编码包括非归零编码、曼彻斯特编码、差分曼彻斯特编码。

6. 错误检查与纠正

通过在发送方的数据中增加一些用于检查差错的附加位，可达到无差错传输的目的。这些用于检查差错的附加位被称为检错码。常用的检错码有奇偶校验码、方块码和循环冗余码等。

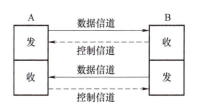

图 1-6 全双工通信

7. 网络协议

网络协议定义了网络上的各种设备之间相互通信、数据管理、数据交换的整套规则。通过这些协议（也称为约定），网络上的计算机才有了彼此通信的"共同语言"。

国际标准化组织（International Standards Organization，ISO）颁布了开放系统互联参考模型（Open System Interconnection/Reference Model，OSI/RM）的格式，通常简称为"七层模型"，七层模型框架图如图 1-7 所示。

（1）物理层　物理层是 OSI/RM 的第 1 层，该层传输以"位"为单位的数据流，其主要功能是确定如何使用物理传输介质，实现两个节点间的物理连接，透明地传送比特位流。

（2）数据链路层　数据链路层是 OSI/RM 的第 2 层，该层传输以"帧"为单位的数据单元，其主要功能是在物理层服务的基础上，通过各种控制协议，将有差错的实际物理信道变为无差错的、能可靠传输数据的数据链路。

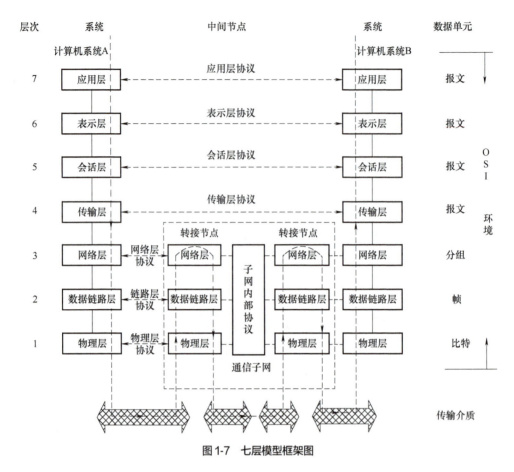

图1-7 七层模型框架图

(3) 网络层　网络层是OSI/RM的第3层,该层传输以"分组"为单位的数据单元,其主要功能是通过网络建立数据的逻辑链接,即该层通过路由选择算法,为报文或分组通过通信子网选择最适当的路径,并提供网络互联及拥塞控制功能。

(4) 传输层　传输层是OSI/RM的第4层,该层传输以"报文"为单位的数据单元,其主要功能是向用户提供可靠的端到端的差错和流量控制,保证报文的正确传输。传输层的目的是向高层屏蔽下层数据通信的细节,即向用户透明地传送报文。

(5) 会话层　会话层是OSI/RM的第5层,它是用户应用程序和网络之间的接口,其主要功能是负责维护节点间的传输链接,确保点到点的数据传输与交换。

(6) 表示层　表示层是OSI/RM的第6层,它的主要功能是处理节点间或通信系统间信息表示方式的问题,例如数据格式的转换、压缩与恢复以及加密与解密等。

(7) 应用层　应用层是OSI/RM的第7层(最高层),它提供用户应用程序和网络之间的接口,其主要功能是直接向用户提供服务,完成用户希望在网络上完成的各种工作。这一层还为用户提供各种服务,包括文件传送、远程登录及网络管理等。

8. 工业现场总线

自20世纪80年代中期开始,世界上各大控制厂商及标准化组织推出了多种互不兼容的现场总线协议标准,国际电工委员会(IEC)1999年12月通过了一个包含了多种互不兼容的协议的标准,即IEC 61158国际标准。该标准包括了目前国际上用于过程工业及制造业的8类主要的现场总线协议,包括Profibus、WorldFIP等。

除 IEC 61158 外，IEC 及 ISO 还制订了一些特殊行业的现场总线国际标准，包括 CAN、TCN、LonWorks 等。

二、列车网络控制系统发展概述

1. 发展现状

（1）欧洲模式　欧洲模式的列车通信网络速率较高，实时性较强，支持动态编组，具有代表性的是由西门子、Firema、ABB、AEG 等铁路供应商联合开发的列车通信网络（Train Communication Network，TCN），并已形成 IEC 61375 列车通信网络国际标准。Alstom 公司采用了 WorldFIP 技术作为其网络控制系统的平台。

（2）日本模式　日本模式中，三菱公司的 TIS 系统、日立公司的 ATI 系统、东芝公司的 TCMS 系统都具有相似的结构。其网络控制系统主要用于列车及其各个设备的监视、显示、操作提示、信息存储和转储，结构都是在每节车辆上装备一个网络节点，车辆内各设备的状态信息通过硬连线、20mA 电流环或 RS485 等方式汇集在本车辆的节点中。

（3）北美模式　北美模式的列车控制网络主要采用 LonWorks 和 ARCnet 技术。

2. 主要供货商产品简介

庞巴迪采用 TCN 技术，列车总线为 WTB，车辆总线为 MVB，产品平台有 MICAS-S、MICAS-S2 到最新的 MITRC。其采用模块式方案，包括 GW、VC、AX、DI、DO 等主要部件。

西门子采用 TCN 技术，列车总线为 WTB，车辆总线为 MVB，产品平台为 SIBAS16 和目前采用的 SIBAS32。其包括 CCU、CIO、KLIP Station 等主要部件。

Alstom 采用 WorldFIP 技术，列车总线为 FIPT，车辆总线为 FIPV，产品平台为 AGATE Link 系统，包括 MPU、RIOM 等主要部件。

三菱的列车总线采用 ARCnet，车辆内部采用电流环、RS422 及 HDLC 协议点对点地连接各设备。其产品平台为 MON、TIS 及 TIMS，包括中央装置、终端装置、显示控制装置等主要部件。

日立的列车总线采用自定义总线，车辆内部采用电流环、RS422 及 HDLC 协议点对点地连接各设备。其产品平台为 ATI-T、ATI-C、ATI-M 等，包括中央装置、终端装置、显示控制装置等主要部件。

东芝的列车总线采用了令牌以太网技术，车辆内部采用电流环、RS485 及 HDLC 协议点对点地连接各设备。其产品平台为 TCMS，包括含有 Master 和 Slave 的主机系统。

TEG 采用 TCN 技术，列车总线为 WTB，车辆总线为 MVB。其产品平台为分布式列车电气控制系统（Distributed Train Electrical Control System，DTECS），包括 GWM、VCM、ERM、AXM、DXM、DIM、IDU 等主要部件。

3. 标准化情况

TB/T 3035—2002 规定了 T 型和 L 型网络，分别采用 TCN 和 LonWorks 技术。

IEC/TC9 制定了 IEC 61375—1999 标准，即 TCN 标准。其列车总线和车辆总线分别采用 WTB 和 MVB 技术。

IEEE 制定了 IEEE 1473 标准，规定了 1473-T 和 1473-L 两种网络类型，分别采用 TCN 和 LonWorks 技术。

4. TCN 简介

TCN 由 BBC 公司的 MICAS 车辆总线和西门子的 DIN 43322 列车总线发展而来。

TCN 网络采用 MVB + WTB 两级总线网络结构，车辆总线网络拓扑图如图 1-8 所示。

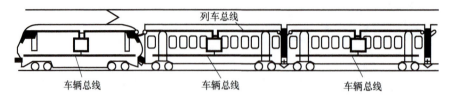

图 1-8 车辆总线网络拓扑图

按照网络通信功能划分，TCN 网络主要包括 5 类设备，其中 1、2、3、4 类为 MVB 设备，TCN 网关为 5 类设备，TCN 网络通信系统各类设备性能见表 1-1。

表 1-1 TCN 网络通信系统各类设备性能

设　备	性　能
1 类设备	具有过程数据通信和设备状态轮询能力
2 类设备	具有设备轮询、过程数据通信和消息数据通信能力
3 类设备	具有设备轮询、过程数据通信、消息数据通信能力和用户可编程能力
4 类设备	具有设备轮询、过程数据通信、消息数据通信能力和总线管理能力
5 类设备	具有设备轮询、过程数据通信、消息数据通信能力，具有总线管理能力和网关路由功能

MVB 负责车辆内部的数据通信，采用曼彻斯特编码方式，数据传输速率为 1.5 MBit。MVB 多功能车辆总线支持双线冗余功能，可根据实际需要采用 ESD+、EMD 双绞线或者 OGF 光纤。

MVB 支持过程数据、消息数据和监视数据三种数据类型。

MVB 过程数据为周期性源寻址数据，由 MVB 总线按主帧表的配置周期性发送过程数据主帧，用于传送对实时性要求严格的数据，例如控制命令等。MVB 消息数据为非周期性数据，用于传送数据量大但对时间不敏感的数据，例如故障诊断数据。

MVB 监视数据主要实现设备状态查询、事件仲裁和总线主权转移。

WTB 负责列车车辆间的数据通信，数据传输速率为 1MBit，通信介质为屏蔽双绞线。

WTB 最显著的特色是它能以连续顺序给节点自动编号和能让所有的节点识别何处是列车的左侧或右侧。每当列车组成改变时（如连挂或摘除车辆），列车总线各节点执行初运行过程，该过程会在电气上将各节点连接起来，并给每个节点分配连续地址。初运行后，所有车辆均可以获得整个列车的结构信息。

5. ARCnet 简介

ARCnet 是基于 1977 年美国 Datapoint 公司提出的令牌传输协议，定义为 ANSI/ATA 878.1，数据传输速率最高为 2.5MBit，采用令牌机制仲裁总线使用权，数据的传输具有确定性。其网络具有自动重构功能，具有较好的扩展性。ARCnet 支持总线型、星型以及分布式星型拓扑结构，支持同轴电缆、双绞线、光纤等传输介质。

三、列车网络控制系统与车辆及信号各系统的关系

城市轨道交通车辆由多个功能系统组成，列车网络控制系统是让所有系统都能正常有序地工作，保证列车安全、舒适运行的重要环节，其主要实现以下功能。

1. 使车辆控制单元（VCU）参与牵引系统的控制

司控器的参考值信号通过 SIBAS KLIP 的模拟输入模块读入，并发送到 MVB 车辆总线，牵引/制动指令在经过 VCU 的评估后，通过 MVB 车辆总线传递给牵引控制单元（TCU）和制动控制单元（BCU）。当牵引/制动参考值信号中断时，硬线的紧急牵引功能可以保证列车的基本运行。

VCU 中的牵引起动有封锁保护功能（通过软件实现），例如车门未关闭牵引起动封锁；停放制动未缓解牵引起动封锁；空气制动未缓解牵引起动封锁；总风欠压起动封锁等。VCU 中还能实现列车超速保护、列车冲击限制保护等牵引/制动的保护控制功能。

2. 使车辆控制单元（VCU）参与制动系统的控制

列车制动采用电制动与空气制动实时协调配合、电制动优先、空气制动延时投入的混合制动方式。电制动和空气制动均可由车载列车自动驾驶系统（ATO）控制或人工操纵司控器控制，同时列车自动保护系统（ATP）可参与控制。每辆车的制动系统的制动电子控制单元（BECU）应能随时根据车辆载荷及电制动的反馈信号来调节空气制动力，如果电制动力不能满足制动指令要求，则由空气制动自动补足，以满足不同工况时制动指令对制动力的要求。连续的混合作用可随时改变制动缸的空气压力，从而使电制动力和空气制动力之和满足制动指令要求；使空电相互平滑转换，列车无冲撞；实现保持制动功能及列车停稳后制动系统的自动施加功能；确保在 AW3（超员载荷，9 人 $/m^2$）工况的最大坡道下，保证列车有不发生溜滑的制动力。起动牵引力必须克服保持制动的制动力后，保持制动才能缓解。

3. 使车辆控制单元（VCU）参与车门系统的控制

VCU 接收司机给出或由车载信号设备发出的开门、关门、再开门指令，并通过 MVB 车辆总线发送到各车门控制子系统。VCU 通过车门控制子系统发送的开门、关门到位的反馈信息监视列车的车门动作情况并记录车门故障，同时监控门使能信号，在司机室显示器上显示车门状态和车门故障提示。

4. 使车辆控制单元（VCU）参与辅助电源系统的控制

每列车包含两套辅助逆变器箱体，每个箱体中包含两台辅助逆变器（DC/AC）和两台蓄电池充电器（DC/DC）。辅助逆变器的控制、调节、保护等系统采用微处理器技术，保证在规定条件下，输出电压和电流稳定。控制单元的时钟与列车上其他微机系统同步。

辅助逆变器发生故障时，故障逆变器将通过切断相应的输出接触器来使故障逆变器与列车三相交流母线隔离。当一台辅助逆变器发生故障时，不需切断任何交流负载；当两台辅助逆变器发生故障时，VCU 负载管理单元将切断每节车一半的空调，保留全部通风；当三台辅助逆变器发生故障时，VCU 管理单元将切断全部空调，仅保留全部通风。当一台至两台蓄电池充电器故障时，整个系统由另外两台正常的蓄电池充电器供电，系统不会切断任何 110V 直流负载。当三台至四台蓄电池充电器故障时，VCU 将切断所有的蓄电池充电器，由蓄电池供电，并切断相应的直流负载，转入紧急负载供电。

5. 使车辆控制单元（VCU）参与空调系统的控制

空调机组的运行模式和故障诊断由微处理器控制，通过其控制可实现客室通风、预制冷、制冷、预制热、制热、紧急通风等功能，并根据运行条件自动调节制冷量大小。通过 MVB 车辆总线将相关接口的有关信息传递给空调控制系统，能保证机组的正常运行、停机和可靠的监控保护。每节车空调机组的运行状态会通过 MVB 车辆总线传递给 VCU，并在显示屏显示。在 VCU 中可以读取空调控制系统的所有相关信息，并可对客室内的温度值进行强制干预，即直接设定温度值。

6. 使车辆控制单元（VCU）参与乘客信息系统的控制

乘客信息系统可以完成车载自动广播，提供时钟信号，提供下一站名称、下一站到达时间（倒计时，要求精确到秒）、终点站名称、线网（接触网）电压有无信号等。紧急车门开锁装置启动后，会自动触发车载视频监视系统，对相应的客室进行监视，并将监控图像传送至运营控制中心，并存储相关的视频信息。

7. 车辆驾驶模式控制

城市轨道交通车辆在运营过程中常用的驾驶模式有 5 种，车辆控制单元根据指令信号完成相应的驾驶模式设置。

（1）列车自动驾驶（ATO）模式　ATO 模式不需要司机驾驶列车，通常司机仅需监控列车运行，在遇到突发情况时采取紧急措施。ATO 采用先进的自动控制技术，包括列车自动监视（ATS）、地域控制器（DC）、车载控制器（CC）。如果对 ATO 系统各部分的功能作一个简单的比喻，即 ATS 相当于行车调度员，DC 相当于车站值班员，CC 相当于列车驾驶员。ATO 与列车控制的接口通过 CC 实现连接，CC 通过该接口不仅能获取列车状态，还可对列车进行控制，发出牵引、制动、开关门等控制命令。

（2）列车自动保护（ATP）监控下的人工驾驶模式　在该模式下 ATP 子系统能确定列车运行的最大允许速度，司机驾驶列车在 ATP 的保护速度曲线下运行，ATP 子系统实现列车自动防护的全部功能。列车的速度、监控、运行及制动在信号车载设备限制下由司机操作。

（3）限速人工驾驶（RM）模式　在此模式下，列车的速度、监控、运行及制动由司机操作，信号车载设备仅对列车速度进行固定限速（如 25km/h），即超速防护。

（4）非限制人工驾驶（NRM）模式　在此模式下，列车的速度、监控、运行及制动均由司机操作，没有 ATP 防护。此时，所有信号车载设备对牵引、制动等的控制功能均失效。

（5）自动折返（ATB）模式　当列车在折返站规定的停车时间结束，在旅客下车完毕，车门和站台屏蔽门关闭的情况下，经过必要的操作确认司机下车，由司机按压站台"无人自动折返"按钮后采用此模式。列车可在无人驾驶的情况下，从到达站台自动驾驶进入和折出折返线，最后进入发车站台，自动打开车门和站台屏蔽门，在整个折返过程中无须司机在车上对列车进行操作。列车到达出发站台停稳，确保司机进入另一端司机室后方可起动列车。

四、HXD1B 型电力机车网络控制系统

1. HXD1B 型电力机车的网络拓扑

HXD1B 型电力机车的网络拓扑采用 SIBAS32 控制系统和列车通信网络（TCN），还另外安装了 Locotrol 动力分布控制系统和 CCB Ⅱ 制动系统，在制动单元（Brake Unit）中加了监测滑动的装置（Slip Device）(图 1-9)。

2. 主要部件介绍

（1）中央控制单元（CCU）　机车安装有两个 CCU，分别工作为主、从模式，互为热备份，安装在司机室后墙柜的上方。

1）CCU 包括：TCN 6U 网关（6U Gateway）、CPU 板（CPU Card）；电源板（PCS）；风扇层（Fan subassembly）。

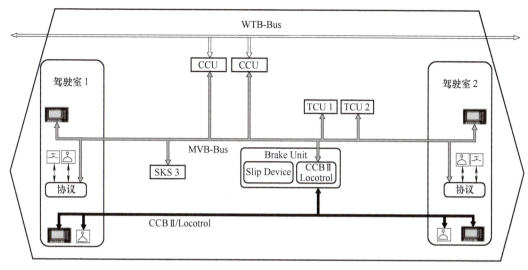

图 1-9　HXD1B 型电力机车的网络拓扑

2) CCU 主要功能：实现列车级的重联控制；控制受电弓、主断、牵引系统及电制动；管理列车通信网络（TCN），设置命令及给定值；实现整车故障诊断，收集相关维护信息；实现系统自检及库内动车功能。

（2）司机室信号采集单元（CIO）　安装在司机室副台下柜，用于读取或输出司机指令。

1) CIO 包括：32 路二进制输入；8 路二进制输出；20 路数字量输入。

2) CIO 主要功能：输出司机指令，例如升弓、合主断信号；司控器的格雷码（一种可靠性编码，在任意两个相邻数之间转换时，只有一个数位发生变化，可以避免数字变化时的混淆）信号输入，例如牵引/制动级位、速度给定等；控制指令输入，例如方向、工况等。

（3）KLIP Station（SKS3）　SKS3 安装在机械间的低压柜内。SKS3 由 MVB 接口模块、数字信号输入模块（DI）、数字信号输出模块（DO）、模拟信号输出模块（AO）及电源模块组成，模块安装在标准导轨上，各模块之间采取扁平电缆内部总线连接。机械间内各个开关的状态信号或有关电信号通过较短的电缆连接到 SKS3 的模块，SKS3 与 CCU 通过 MVB 进行通信，使得机车布线很简洁。KLIP Station（SKS3）结构示意图如图 1-10 所示。

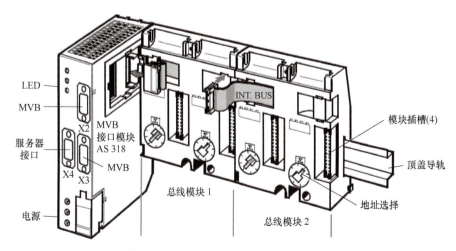

图 1-10　KLIP Station（SKS3）结构示意图

五、HXD1C 型电力机车网络控制系统

1. HXD1C 型电力机车网络控制系统

HXD1C 型电力机车采用 DTECS 进行列车的网络控制。基于 TEG 成熟的、模块化设计的 DTECS 产品平台，软件开发依照 CMMI-3 级标准与规范。该系统采用模块式方案，不同的功能模块构成了 CCU、CIO、MIO 等子系统，与 IDU、TCU、ACU、BCU 等部件采用 MVB 连接，预留了 Locotrol 动力分布控制系统接口。

DTECS 是专门为干线机车、动车组、地铁等应用设计的网络控制系统；具有完全自主知识产权，拥有多项核心专利；系统由一系列的功能模块组成，各功能模块通过 WTB、MVB 进行连接，能完成列车控制、信息传输、状态监视、故障诊断等功能。系统完全符合 TCN 标准，支持冗余的 WTB、MVB，可以实现故障无缝切换。HXD1C 型电力机车的网络拓扑示意图如图 1-11 所示。

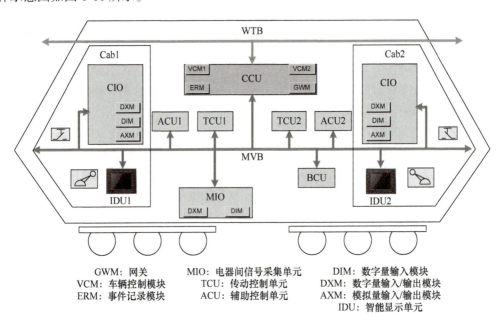

图 1-11 HXD1C 型电力机车的网络拓扑示意图

2. 主要部件介绍

1) GWM：网关模块，主要为 WTB/MVB 网关，MVB 5 类设备。其接口为冗余的 WTB；冗余的 MVB ESD+；以太网、USB、串口。其处理器为 MPC5200B（533MHz）。其操作系统为 VxWorks。

2) VCM：车辆控制模块，MVB 4 类设备，具有 MVB 管理器功能。其接口为冗余的 MVB ESD+；以太网、USB、串口。其处理器为 MPC5200B（533MHz）。其操作系统为 VxWorks。

3) ERM：事件记录模块，MVB 3 类设备。其接口为冗余的 MVB ESD+；以太网、USB、串口。其存储器容量为 256MB~8GB。其处理器为 MPC5200B（533MHz）。其操作系统为 VxWorks。

4) AXM：模拟量 I/O 模块，MVB 1 类设备。其接口为冗余的 MVB ESD+，采用 8 路模拟量输入和 4 路模拟量输出。采集精度为全程 1%。

5) DXM：数字量 I/O 模块，MVB 1 类设备。其接口为冗余的 MVB ESD+，采用 16

路数字量输入和 8 路数字量输出。其驱动能力为 1A（持续电流）。

6）DIM：数字量输入模块，MVB 1 类设备。其接口为冗余的 MVB ESD+，采用 32 路数字量输入。

7）6U MVB 网卡：MVB 3 类设备。其接口为冗余的 MVB ESD+；以太网、串口。其处理器为 ColdFire MCF5235。其操作系统为 VxWorks。

8）IDU：智能显示单元，MVB 3 类设备，采用 Linux 操作系统。其接口为冗余的 MVB ESD+；以太网、串口等。

3. 网络系统冗余方案

1）WTB/MVB 总线冗余：实时监视、无缝切换、故障报警。

2）VCM 热备冗余：实时监视、自动切换、故障提示。

3）I/O 节点冗余：重要 I/O 信号冗余采集、支持"跛行"功能。

4. 网络系统故障诊断

网络系统故障诊断内容：CCU 实时监视设备状态，进行故障诊断；IDU 显示故障信息及操作提示；对主要操作按控制逻辑进行条件诊断；严重故障记录故障前 1.5s、后 0.5s 环境数据；每个故障支持 19 个模拟量、16 个数字量环境数据记录；最小记录周期 128ms。

5. 网络系统主要功能

1）控制功能包含牵引/制动特性控制、牵引/制动力分配控制、顺序控制、机车逻辑控制、主电路控制、辅助系统控制、防空转/滑行控制、空电联锁制动控制、重联运行控制、过分相控制、轴重转移补偿控制、轮径修正功能、自动换端功能、无人警惕控制、冗余控制功能和机车定速控制。

2）保护功能包含列车级保护、车辆级保护和部件级保护。

3）监视功能是对 MVB 设备状态、机车运行数据及司机操作指令进行监视。

4）诊断功能可以记录故障的发生时间、结束时间、故障位置、名称、环境数据、故障处理指南及新故障/故障消除状态。

六、列车网络控制系统

1. HXN5 型列车网络控制系统的特点及功能

HXN5 型列车网络控制系统采用集中控制；采用 ARCNET 网络；以智能显示器作为控制核心，每个司机室设有 3 台显示器。

智能显示器是主要的控制计算机，利用 ARCnet 执行大量功能：读取操作者的输入；控制辅助设备的运行（散热器冷却、牵引电动机冷却、交流发电机励磁、蓄电池充电等）；管理柴油机的运行；控制电能的转换并传输到牵引电动机；操纵电流接触器和继电器来执行其他必要的任务。

2. HXN5 型列车网络拓扑

HXN5 型列车采用 GE 公司的集中控制系统（CCA），以智能显示器作为主要的控制计算机，它们通过使用一个串联的通信网络控制机车上所有其他计算机和装置的运行。HXN5 型列车网络拓扑示意图如图 1-12 所示。

3. HXN5 型列车网络系统构成

HXN5 型列车网络系统主要由智能显示器 DS1、DS2、DS3（图 1-13），集成输入/输出控制板（CIO）(图 1-14)，协议转换板（PTP）(图 1-15)，电子控制单元（ECU），牵引交流发电机控制器（TAC）、牵引通风机控制器（TBC）、牵引电动机控制器（TMC）、辅助交流发电机励磁控制器（AAC）、蓄电池充电控制器（BCC）、散热器风扇控制器RFC1、RFC2构成。

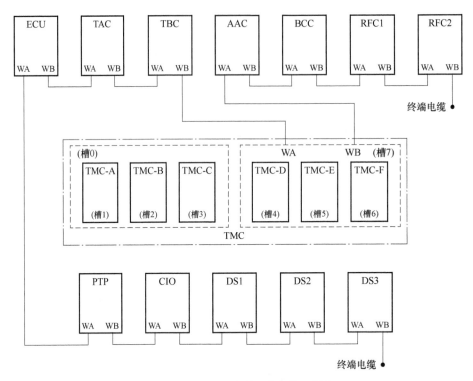

图1-12　HXN5型列车网络拓扑示意图

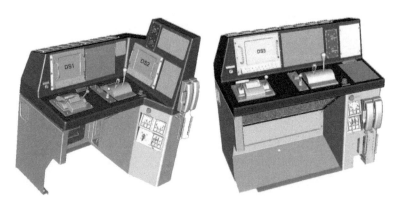

图1-13　智能显示器DS1、DS2、DS3

智能显示器DS1、DS2、DS3是机车的控制微机。它们接收机车操作者（司机）的指令，并读取机车的运行状态。在协调这些信息后，智能显示器产生一组指令并将之传送到机车中其他的微机和装置，以实现司机的命令。

集成输入/输出控制板（CIO）是遍布整个机车的各种电子-机械装置之间的一个主要接口。CIO输入数据给智能显示器或接收来自智能显示器的控制信号。它也输入来自几个传感器的数据，这些数据最终通过CIO的输出模块来控制系统。

  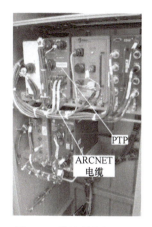

图 1-14　集成输入/输出控制板（CIO）　　　　图 1-15　协议转换板（PTP）

许多第三方设备没有 ARCnet 接口，协议转换板（PTP）提供了与这些设备进行对接的方法。PTP 通过部件箱所支持的通信通道与它们进行对话，并将这些信息转换成智能显示器所支持的 ARCnet 网络标准。

七、网络控制系统检修维护要点

1. 静电防护（ESD）

随着电子电路的日益微型化及电路系统日益高速化，控制器也更加复杂，控制器对静电干扰也更敏感，所以必须考虑静电干扰以确保控制器的功能正常，具体应遵循以下规定：

1）非必要情况下，不要接触这些元件的接线端。

2）模块引脚和印制电路不能触摸。

3）在接近和操作静电敏感元件时必须熟悉保护细则，并严格遵守。

4）ESD 的环境不能接触到带电体（大部分是塑料物质），静电敏感元件不能接近数据终端或电视机，距离屏幕的最小距离不得小于 10cm。

5）只有导电材料才能用于静电敏感元件和模块的运输。

检修维护时应采取的措施：

1）静电敏感元件和模块只有技术服务人员才能触摸，并且技术服务人员必须通过抗静电的接地腕带或导电的地板与接地的鞋带来保证可靠接地。并且工作平台必须导电，模块也要接地。

2）所有这些操作和运输 ESD 的规定也适用于故障模块送返制造商。

3）测试适配器和测试插座与静电敏感元件接触时，电压必须为 0，只有被准许的设备和工具才能使用。

2. 接地

机车上存在大量的电磁干扰，这些干扰通过电源、通信接口或空间耦合进入系统，如果不采取有效的电磁兼容（EMC）措施，设备很有可能被损坏。对于系统的 EMC 设计而言，良好的接地是最根本和关键的因素，在检修维护时应注意以下事项：

1）系统的接地线应确保可靠连接。

2）不能使用普通的电缆代替接地电缆。

3）应注意保持接地点的清洁，防止油污、生锈。

4）更换通信、电源电缆或插接器时，电缆屏蔽层应与插接器外壳可靠连接，或通过专门的接地装置与车体连接。

3. 通信电缆的维护

通信电缆及插接器的正确安装、布置是网络控制系统稳定工作的基础。在检修维护时应注意以下事项：

1）应按照操作规程进行通信电缆的布线，不能随意拉伸、折弯电缆；进行设备维修后，必须按出厂时的要求进行电缆的绑扎。

2）应特别注意通信插接器的可靠连接，插接器的紧固螺钉或装置须按照要求定期检查和维护。

3）在检修时注意不要损坏、弄脏插接器的端子，暂时悬空的插接器应进行包扎。

任务二　系统电路图

城市轨道车辆系统电路图是用特定的符号将地铁车辆的电源以及各种用电设备按照它们各自的电路连接关系，通过导线、开关、电阻、熔断器等配电设备连接起来构成完整电路，表示出来的图形。通过识图可以了解系统的用电设备及装置的构造、功能和工作原理，电路图是设计人员、调试安装人员以及维护人员的工程语言，是排除车辆故障的一种重要手段。

熟练掌握电路识图是相关工作人员必不可少的知识技能，虽然一张电路图通常由几十至上百个元器件组成，但其实电路图本身有很强的规律性，不管多复杂，经过分析可以发现，它也是由少数几个基本单元电路组成的。因此，首先要熟悉常用的基本单元电路，然后再学会分析和分解电路。

一、城市轨道交通车辆系统电路图类型

一般将城市轨道车辆系统电路图按照功能分类，通常采用两位数字编号进行分类。

例如：用 01 或 10 表示主电路，用 02 或 20 表示牵引、制动控制电路，用 03 或 30 表示辅助电路，用 04 或 40 表示列车网络控制/乘客信息电路；用 05 或 50 表示照明系统；用 06 或 60 表示空调电路；用 07 或 70 表示第二辅助设备电路；用 08 或 80 表示车门控制电路；用 09 或 90 表示特殊设备电路。每一大类又包含几个小类，例如 20 表示的牵引、制动控制电路部分包含：21——主断/受电弓控制电路；22——列车控制电路；23——牵引控制电路；27——摩擦制动电路；28——制动电子控制单元。

二、城市轨道交通车辆系统电路图符号

在电路图中经常出现的符号："A"表示主控制器；"K"表示接触器、继电器；"F"表示断路器或熔断器；"Y"表示车钩电气接线盒；"R"表示电阻；"VD"表示二极管；"S"表示按钮或转换开关；"H"表示指示灯。

在城市轨道交通车辆系统电路图中经常会用不同的编号表示各种元器件。编号用数字和英文字母组合而成，第一部分的数字表示具体类型电路的器件，第二部分的字母表示器件的

类型，第三部分的数字表示序号。例如，紧急停车继电器"22-K208"，其中，"22"表示器件属于列车控制电路，"K"表示继电器，"208"表示该继电器的序号；主控制器"2A1"，其中，"2"表示器件属于牵引、制动控制电路，"A"表示主控制器；"1"表示该类器件的第一个设备。

三、城市轨道交通车辆系统电路图绘制说明

1. 电气联锁标注

继电器、接触器等的电气联锁用两位数字标注。第一位表示联锁顺序，第二位则成对出现，"3、4"表示常开联锁的两个节点；"1、2"表示常闭联锁的两个节点。

例如图 1-16 城轨车辆控制电路中继电器"2K07"线圈下部有所有联锁的标注，共有 8 对联锁，6 对常开 2 对常闭。"13-14"表示继电器第 1 对为常开联锁，"61-62"表示继电器第 6 对为常闭联锁。

2. 元件位置、导线的标注

元件的位置用带括号的五位数字标注：前两位表示其所在电路的类型，中间两位表示处于该类电路的第几张图纸，最后一位表示其处在该张图纸中的第几区。例如图 1-16 中（02014）表示该导线来源于牵引、制动控制电路第 1 张图纸的第 4 区。

导线线号也采用五位数字标注：第一位数字表示电路类型，第二、三位数字表示该类电路的第几张图纸，最后两位表示该导线的编号。

3. 车钩装置的触点标注

自动车钩与永久车钩不同：永久车钩采用弹性触点连接形式；自动车钩为了保证可靠连接采用弹性触点并联连接形式。

图 1-17a 所示 9Y06 为 C 车 2 位端车钩电气接线盒的连接：63 与 64 为不可伸缩触点，263 与 264 为可伸缩弹性触点，在另一单元的 C 车 2 位端车钩电气接线盒与之相连接的分别是可伸缩触点和不可伸缩触点，这样可以保证过曲线时每对触点都能够可靠连接。

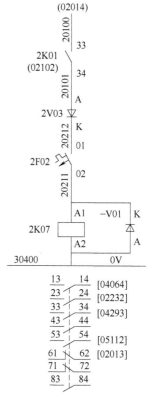

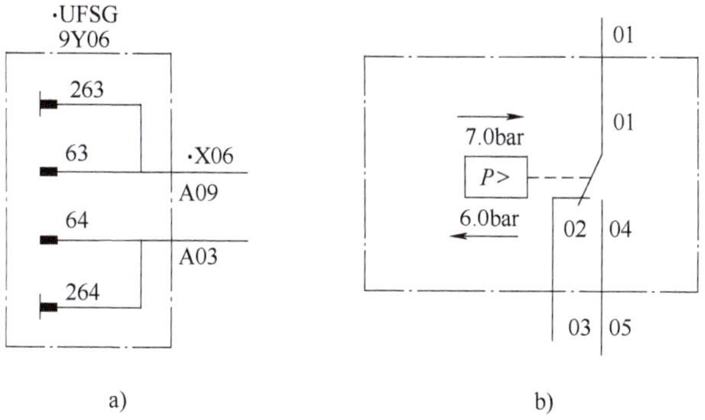

图 1-16 城轨车辆控制电路

图 1-17 城市轨道交通车钩触点和气压开关电路符号
a）车钩触点　b）压力开关

图 1-17b 所示压力开关符号上下的参数为其动作整定值：当气压大于 7bar[⊖]时，节点"01-04"闭合；当气压小于 6bar 时，节点"01-02"闭合；当气压处于 6~7bar 之间时，节点保持先前状态，图中箭头方向即为节点分合方向。

4. 电路图的分区

为了方便查找，城市轨道交通车辆电路图借用平面坐标形式定位。系统电路图中横向平均分成 8 个区，用数字"1, 2, 3, 4, 5, 6, 7, 8"表示，数字下方用字母"Tc, Mp, M"表示处于列车的不同位置，字母下方用文字表示其下方图示的名称或功能，纵向平均分成 6 个区，用字母"A, B, C, D, E, F"表示，在实际应用中所指的区往往都是指横向的。图示最下方的标题框会对电路的设计、审核人员、电路图类型以及代号和页码进行说明，车辆电路图上部的分区、功能及标题框信息指示如图 1-18 所示。

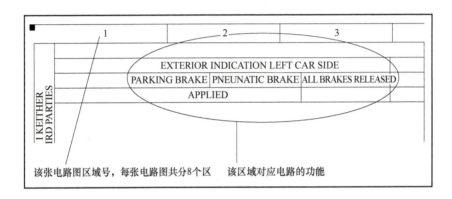

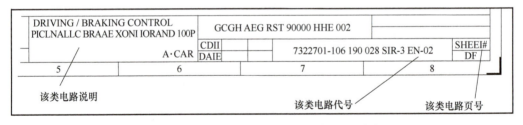

图 1-18 车辆电路图上部的分区、功能及标题框信息指示

5. 电路的结构及逻辑顺序

借用逻辑函数方法来描述电路的结构及逻辑顺序。

1）电路中有关导线、开关、联锁和电器工作线圈的一律用该电器的各车辆规定代号表示。

2）电路中串联的元件用逻辑与（"·"）表示其电路结构，并联的元件用逻辑或（"+"）表示。

3）描述控制电路一般从控制电源正极端开始，但有时为了简明和叙述方便可从重要导线开始。

4）继电器、接触器、开关、按钮等的常开联锁用该电器的代号书写，常闭联锁在该电器的代号上加一短直线（通电断路），电磁线圈用该电器的代号外加方框表示。

⊖ 1bar = 100kPa。——编辑注

四、城市轨道交通车辆系统电路图识图技巧

1. 化整为零，分清主辅电路识图

根据整车电气电路的功能和工作原理可将其划分成若干独立的局部电路，然后分别进行分析。因为城市轨道交通车辆的电路原理图往往都是按各个系统进行绘制的，所以分清主辅电路，不仅可以分清重点，而且识图方便。例如主电路最典型的特征就是电路上连接了用电设备，而辅助电路最典型的特征是通常都具有控制元件（如接触器、继电器、各种控制开关等）。遵循先看主电路再看辅助电路的原则，根据主辅电路各自不同的特征，很容易区分主电路和辅助电路。

2. 从部件功能到系统原理识图

分析某系统的电路图前，要清楚该电路中所包含的电气部件的作用、功能以及技术参数等。例如要看清主电路中的用电设备采用什么样的控制元件，其在什么条件下闭合和断开等。

1）有的用电设备仅用刀开关来进行控制，是一种最简单的控制方法。
2）有的用电设备采用启动器进行控制。
3）有的用电设备采用交流接触器配合其他继电器进行控制。
4）有的用电设备采用程序控制器进行控制。
5）有的用电设备直接采用功率放大集成电路进行控制。

然后再看除了用电设备以外的其他元件，以及这些元件的作用。一般主电路各元件和用电设备比辅助电路中的控制元件少。识读主电路时，可以顺着电源引入端向下（或由下向上）逐次识读。

3. 遵循回路识图原则

工作电流由正极流出，经用电设备流回电源负极，必须构成闭合回路才能形成电流，用电设备只有流过电流时才能工作。

学习识读城市轨道交通车辆系统电路原理图首先要对车辆各系统有一定的了解和认识，然后了解电路中的元件的功能及作用；应由点到面，由简到繁，先弄清楚典型电路再举一反三、触类旁通地弄清楚其他电路图；应注重资料的收集和经验的累积，特别是在现场应根据设备及线缆编号进行查看，这样更有利于认识电路图和查找故障。

项目二

城市轨道交通车辆牵引控制系统

城市轨道交通车辆牵引控制系统是列车完成从起动加速到制动停车一系列操作功能的系统。牵引控制系统的主要任务是通过电能和机械能的相互转换，对传动装置进行控制和调速。近年来牵引系统中主要设备的性能都有不同程度的提高，同时微机、网络、智能控制等先进技术不断地应用在电力牵引控制系统中，完善了牵引控制系统的性能，提高了牵引控制系统工作的安全性。

任务一 牵引系统基础知识

一、城市轨道交通车辆牵引系统发展概况

城市轨道交通车辆牵引系统目前多采用基于电力电子器件控制的大功率牵引逆变器和笼型异步电动机的交流传动系统。牵引技术的发展与电力电子技术的进步、牵引电动机的革新息息相关，伴随着一代代新的电力电子器件与牵引电动机的诞生，牵引技术也有了质的飞跃。

电力电子技术的发展与电力电子器件的发展相辅相成，经历了不可控型器件、半控型器件和全控型器件三个主要阶段。从20世纪60年代起，电力电子开关器件先后从晶闸管（SCR）、电力晶体管（GTR）、可关断晶闸管（GTO）、集成门极换流晶闸管（IGCT）到目前广泛使用的绝缘栅双极晶体管（IGBT），提高了电力电子器件开关的工作电压、电流以及关断频率，降低了功耗。20世纪70年代后期，牵引系统主要采用快速晶闸管，但其存在开关频率低和有繁杂的开关吸收电路等缺点。20世纪80年代中后期，集成门极换流晶闸管应用于大功率交流传动轨道列车，使得车辆的综合性能得到了很大程度的提高。进入20世纪90年代，中高压绝缘栅双极晶体管的问世，使得变流传动机组又得到了更新换代。自2002年起，绝缘栅双极晶体管已应用在轻型及重型城市轨道交通车辆的牵引传动系统中。同时，各种大功率电力电子器件及先进的控制技术出现，确立了现代交流传动技术的优势，使城市轨道交通车辆电传动技术发生了根本变革。

二、城市轨道交通车辆牵引系统分类

城市轨道交通车辆牵引系统根据采用的驱动电机不同，分为直流牵引电动机驱动的直流传动系统和交流牵引电动机驱动的交流传动系统两类。

直流牵引电动机的转速易于控制，调节过程平缓，所以在早期变速传动领域得到了广泛应用。北京地铁于1969年开始正式通车，采用直流电动机作为牵引电动机。但由于直流电动机中机械换向器和电刷的存在，使其结构复杂，极大地限制了直流电动机调速控制技术的发展，因此逐步被交流电动机取代。

交流传动具有牵引功率高、结构简单、重量轻、易维修保养、可减少谐波量、可极大减少对通信的电磁干扰等优点。目前除尚在运行的北京地铁1号线等早期的地铁车辆使用直流牵引电动机外，2000年以后建设的地铁列车几乎都采用交流电动机驱动。

另外，轨道交通领域中采用的直线电动机也为交流驱动。我国采用直线电动机的地铁线路有广州地铁4号线和5号线、北京机场线、重庆地铁1号线等。

任务二　牵引系统的结构

一、受流装置

1. 受电弓

受电弓是从接触网向整个列车电气系统供电以及输送再生制动能量的必要部件。

（1）受电弓结构　受电弓的驱动方式有电动和气动两种，结构形式有单臂弓和双臂弓两种，均由接触滑板、弓头、端角、底架、拉伸弹簧、传动气缸、绝缘子等部件组成。另外，按照弓头滑板数量，可分为单滑板与双滑板受电弓两种。城轨车辆以气动、单臂、双滑板受电弓居多，受电弓结构图如图2-1所示。

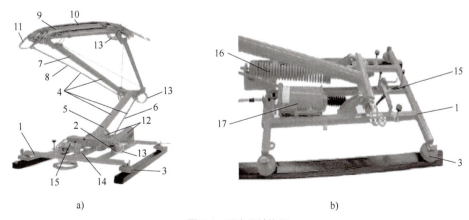

图2-1　受电弓结构图

1—底架　2—高度止挡　3—绝缘子　4—构架　5—下臂　6—下导杆　7—上臂　8—上导杆
9—弓头　10—接触滑板　11—端角　12—升降装置　13—电流传输装置　14—锁钩
15—最低位置指示器　16—拉伸弹簧　17—传动气缸

（2）受电弓的工作原理（气动弓）

1）升弓：压缩空气由辅助空压机或储风缸经过受电弓阀板均匀进入气囊或传动气缸，活塞推动杠杆使下臂转动，同时上臂作用于接触滑板和弓头，受电弓均匀上升，并同接触网接触。受电弓升弓气路原理图如图2-2所示。

2）降弓：传动气缸内压缩空气经受电弓快排阀迅速排向大气，在降弓弹簧作用下，克服升弓弹簧的作用力，使受电弓迅速下降，脱离接触网。受电弓降弓气路原理图如图2-3所示。

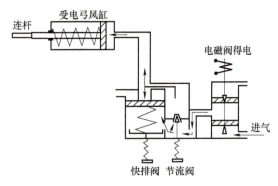

图2-2 受电弓升弓气路原理图

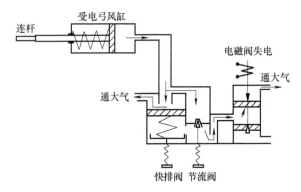

图2-3 受电弓降弓气路原理图

2. 集电靴（受流器）

集电靴又称受流器，它的功能与受电弓类似。集电靴安装在转向架上，是与第三轨接触的受流装置。

（1）集电靴的结构 集电靴的结构如图2-4所示，其实物图如图2-5所示。

（2）集电靴的原理

1）降靴：使用绝缘手柄，下压悬臂，使得楔舌位于挡块的前端，挡块阻挡楔舌，实现锁住功能。

2）升靴：使用绝缘手柄恢复升靴时，将锁臂下压挡块抬起，使得楔舌顺利回位，实现解锁。

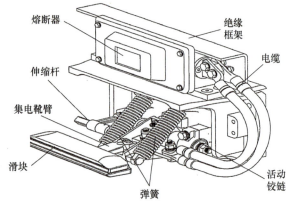

图2-4 集电靴的结构

二、高速断路器

1. 功能

高速断路器（HSCB）主要是对牵引逆变器与高压电路进行隔离，同时对牵引系统进行保护。在列车牵引系统的电路出现异常的情况下（如过电流、逆变器故障或电路短路），高速断路器能够将各牵引设备从受电弓电路上安全断开。VVVF逆变器通过高速断路器连接到接触网上。

a)　　　　　　　　　　b)

图 2-5　集电靴的实物图

2. 高速断路器的结构

高速断路器的结构如图 2-6 所示，其实物图如图 2-7 所示。

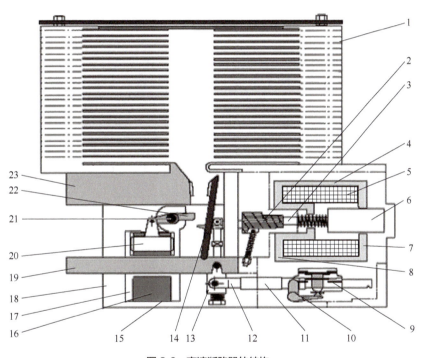

图 2-6　高速断路器的结构

1—灭弧罩　2、12—叉　3—杆　4—缸　5—闭合线圈 E 型　6—芯组成　7—前板　8—后板　9—双触点开关　10、22—控制杆　11—销　13—枢轴承　14—动触头　15—盖　16—层压磁板　17—断路箱　18—绝缘框架　19—下部连接　20—动铁心　21—弹簧　23—上部连接

3. 高速断路器的工作原理

高速断路器的工作状态有合闸、保持、分闸三种。

（1）合闸　HSCB 动触点的关闭是由叉杆提供的，叉杆与关闭设备集成在一起。在列车发出 HSCB 闭合指令后，列车会向闭合线圈输送一个电流脉冲，由此产生的磁场可吸引与叉杆一体的移动线圈心。在其移动过程中，线圈心压缩一个触点压力弹簧产生触点压力。该装置由吸持电流保持闭合。

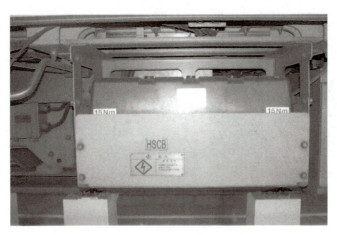

图 2-7 高速断路器的实物图

（2）保持　主触头闭合后，只需借助一个较小的保持电流或者不带电流的磁场来维持接触压力，分别称为电保持和磁保持。

（3）分闸　HSCB 脱扣由故障电流控制，一旦发生过电流（短路、过载或故障），由主电路形成的线圈产生的磁场增强，使铁心向上移动，通过杠杆下压叉杆从而释放动触头，过电流反应阈值从 1200A 到 2000A 可调，调整通过旋钮来完成，调整以后的数值可从与脱扣指示器位置相对应的刻度板上读出。如果主电路断开，当断路器加电压时，在上连接和动触点之间产生的电弧会被主电路生成的自动灭弧系统迅速推入灭弧罩，当动触头被移开时，就可以拉出一道电弧，桥接右连接与左连接。电弧进入灭弧罩以后会被分离，并且留在变流装置之间一直到熄灭。产生的气体在去离子器之间逸出，从灭弧罩的四周消散。

三、牵引逆变器

VVVF 逆变器是将 1500V 恒定电压转换为用于牵引电动机的三相电压输出（针对不同的速度和转矩，频率和振幅可变）。

牵引逆变器电路主要由输入电路、逆变器单元、牵引控制单元构成，另外还包括各种辅助的电源供应、散热系统等。牵引逆变器的实物图如图 2-8 所示，牵引系统电路结构如图 2-9 所示。

1. 输入电路

输入电路包括电路电抗器、电路接触器、电路电容器。它们的设计考虑了牵引逆变器最大输入电流、最大可允许冲击电流、电路电压瞬间变化和 EMC 要求等因素。

牵引系统中的电路电感器与电容器组成 LC 滤波电路，其作用是减少电路电压的瞬变和谐波，稳定逆变单元的输入直流电压，保证逆变单元得到一个优质的直流电压。同时电路电感器也起扼流作用，扼制电感器后端在接地短路或逆变单元故障时产生的大电流。

2. 逆变器单元

（1）逆变器部分　PWM 逆变器由三相组成，每一相带两个开关，它们都使用 IGBT（或 GTO）模块。在输出端子上，它提供可变频率、可变振幅的三相电源，持续改变所连接的牵引电动机的转速和转矩。它可以运行在牵引模式和电制动模式（再生电能）。逆变器逆变原理图如图 2-10 所示。

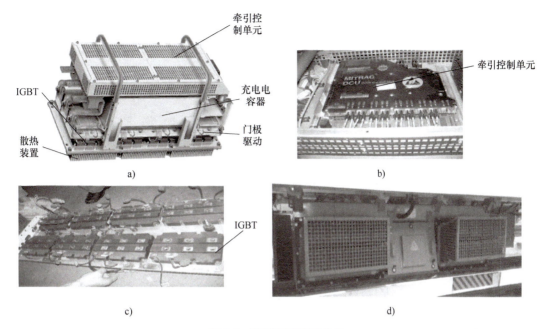

图 2-8 牵引逆变器的实物图

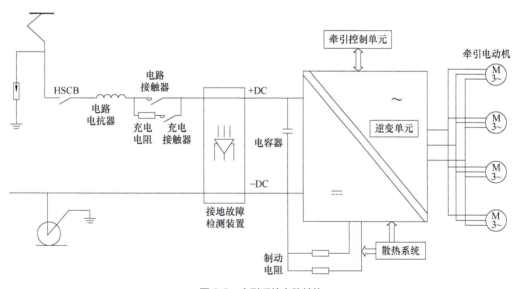

图 2-9 牵引系统电路结构

（2）制动斩波部分（其电路图如图 2-11 所示） 逆变器配有两个或一个制动斩波器，外部制动电阻器与这两个制动斩波器相连。制动斩波器与制动电阻器一起构成制动电路。制动电路的功能是：施加电制动时，牵引电机是作为发电机运行，它将列车动能转换为电能。如果电路能够吸收这部分能量（即未达到电压限制的上限），这部分能量就会通过逆变器进入供电网络；如果电路不能吸收这部分能量（已达到电压限制的上限），制动斩波器在控制单元的控制下会接通。此时，制动能量在制动电阻器中被转换为热能，以阻止电压升高到上限以上。续流二极管还能保证在接触器分断及直流高速开关分断时不至于造成电流突然中断而引起直流电路过电压。

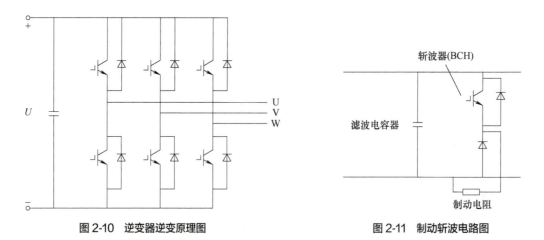

图 2-10　逆变器逆变原理图　　　　图 2-11　制动斩波电路图

逆变器单元的工作原理类似于其他的电源逆变器，功率元件开断的信号由控制单元发出，通过门极驱动单元来驱动。

考虑到电磁干扰、高压隔离等因素，功率元件的控制信号先转换为光信号，使用光纤送入门极控制单元，在门极控制单元上进行光电转换并将信号放大驱动功率元件工作。功率元件连接图如图 2-12 所示。

逆变器单元经过母排连接到高压电路，从而获取高压电源，经过逆变器单元的逆变后向 4 个（1C4M 配置方式）三相异步牵引电动机提供幅值和频率可变的电源。逆变器单元可以分为三相逆变器和过压 / 制动斩波器两个部分。电源流入逆变器的方向由逆变器工作模式确定。牵引过程中，电流从 DC + 经过 IGBT 逆变后流入到电动机；电制动过程中，电流通过二极管流向直流侧。

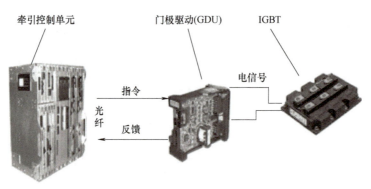

图 2-12　功率元件连接图

（3）IGBT 模块　绝缘栅双极晶体管（Insulated Gate Bipolar Transistor，IGBT）是将金属氧化物半导体场效应晶体管（MOSFET）和电力晶体管（GTR）集成在一个芯片上的复合器件，它综合了 GTR 和 MOSFET 的优点。

IGBT 特点及组成：输入阻抗高、驱动功率小、驱动电路简单、开关速度快、热稳定性能好；它由集电极 C（也称漏极 D）、发射极 E（也称源极 S）和门极 G（也称栅极）组成。

IGBT 作用：它既可以作为开关用，也可以作为放大器件用，很适合用作中频电源的逆变器开关用。IGBT 就是一个开关，非通即断，如何控制其通还是断，就是靠栅源极的电压，当栅源极电压为 12V（大于 6V，一般取 12~15V）时 IGBT 导通，栅源极不加电压或者是加负压时，IGBT 关断（加负压就是为了可靠关断）。IGBT 没有放大电压的功能，导通时可以当作导线，断开时当作开路。

3. 牵引控制单元

牵引控制单元实现对牵引逆变器的控制和检测，每套牵引系统配备一个牵引控制单元。

牵引控制单元为微机控制系统，监测和控制牵引系统的大部分功能，在列车中是分布式控制系统的一部分。牵引控制单元通过列车电路及通信电路（例如 MVB）与列车连接。随着技术和牵引控制理论的不断发展，早期在牵引控制单元完成的部分功能已经在列车控制单元中实现。

牵引控制单元既是软件，又是硬件，具有自诊断、故障诊断、存储和自监视功能。

四、牵引电动机

牵引电动机是驱动车辆动轮轴的主电动机，用于车辆的加速及制动。牵引电动机的定子绕组接通三相交流电，在定子空间将产生旋转磁场。转子绕组在旋转磁场中将产生感应电动势和感应电流，从而使转子受到电磁力的作用而转动。

1. 牵引电动机结构及分类

城轨车辆牵引电动机有直流牵引电动机和交流牵引电动机两种，按运动形式又可分为旋转电动机和直线电动机两种。旋转牵引电动机用于驱动每个动车转向架的动车轮对，而直线牵引电动机用于驱动安装电动机的转向架。牵引电动机是电力机车的重要部件之一，它安装在车体下面的转向架上。通过牵引电动机转子轴端的齿轮与轮对轴上的齿轮啮合，当电力机车在牵引状态时，牵引电动机将电能转换成机械能，使轮对转动而驱动机车运行。牵引电动机主要由定子和转子两部分组成。

2. 牵引电动机参数

某典型牵引电动机的主要技术参数见表 2-1。

表 2-1 某典型牵引电动机的主要技术参数

类　别	项　目	参　数
机械数据	转子直径 /mm	307
	气隙 /mm	1.5
电气数据	额定电压 /V	1000
	额定电流 /A	158
	额定功率 /kW	230
	额定转速 /（r/min）	1900
	额定频率 /Hz	64

五、制动电阻

1. 制动电阻的作用

制动电阻安装在每节动车的车底架上，是牵引系统在电制动时消耗过高电压的耗能设备，能保证线网及列车的安全。在电制动的情况下，当能量不能被电网完全吸收时，多余的能量必须转换为热能消耗在制动电阻上，否则电网电压将抬高到不能承受的水平。

2. 制动电阻结构

（1）自然风冷制动电阻　有些制动电阻采用对流冷却，无须强制冷却，即自然风冷制动电阻。自然风冷制动电阻的典型结构：冷却空气从底部进入制动电阻箱并从带孔侧墙排出。

（2）强迫风冷制动电阻　强迫风冷制动电阻由入风罩、出风防护罩、电动机、叶轮以及主箱体内两个低阻值电阻组成。其整机由安装吊架吊挂在车底架下。

六、浪涌吸收器（避雷器）

浪涌吸收器用于防止来自城市轨道交通车辆外部的过电压（如雷击等）对车辆电气设备的破坏。浪涌吸收器与被保护物并联，当出现危及保护物绝缘板的过电压时放电，从而限制绝缘板上的过电压值，它的保护范围应与变电所过电压保护相配合。浪涌吸收器一般布置在车顶受电弓旁边，第三轨受流车辆布置在车底。浪涌吸收器（避雷器）实物图如图 2-13 所示。

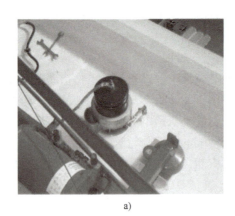 

a) b)

图 2-13　浪涌吸收器（避雷器）实物图
a) 位于车顶　b) 位于车体底架

七、接地装置

1. 接地装置的功能

接地装置的主要作用是为主电路提供回流通路，使电流经轮对到达钢轨，构成 DC1500V（DC750V）完整的电路，同时防止电流通过轴承造成轴承内润滑油层的电腐蚀，以提高轴承的使用寿命。接地装置一般安装在轴端（有的设在轮对内侧车轴上）。

2. 接地装置的外形与结构

城市轨道交通车辆接地装置主要由接触盘、电刷、电刷架、弹簧支撑组成，接地装置实物图如图 2-14 所示。

八、司机控制器

司机控制器是用来操纵城轨车辆运行的控制器，它利用控制电路的低压电器间接控制主电路的电气设备，用来控制列车的运行工况和行车速度。城轨车辆司机控制器有两种类型，一种面板上有钥匙开关、主控制手柄和方向手柄（图 2-15）；另一种是面板上有钥匙开关、模式选择开关和主控制手柄。

无论哪种司机控制器，钥匙开关和各手柄开关之间都有机械联锁关系，防止司机误动作。

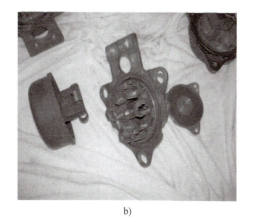

图 2-14 接地装置实物图

图 2-15 司机控制器实物图

任务三　牵引控制系统工作原理和控制过程

一、城市轨道交通车辆牵引系统工作原理

城市轨道交通车辆牵引系统主电路将电网提供的电能传递到用电设备，同时完成电能形式的转换供车内用电设备使用，牵引系统的组成如图 2-16 所示。升起的受电弓将接触网 DC 1500V 的电压传送到 B 车（即带受电弓的动车 MP）中，直流电能在高压箱内分为两路，一路通过高速断路器传递到 B 车和 C 车（即动车 M）的牵引逆变器，直流电由牵引逆变器转换为三相交流电，供本节车的牵引电动机工作；另一路以直流电的形式传送到 A 车（即带司机室的拖车 Tc），由带有蓄电池的辅助逆变器完成逆变和对蓄电池充电的工作。

城市轨道交通车辆的牵引系统由 9 个主要设备组成，主要包括：受电弓、避雷针、闸刀开关、高速断路器、熔断器、牵引逆变器、过电压保护电阻、牵引电动机和接地装置。长春长客 - 庞巴迪轨道车辆有限公司生产的地铁车辆的主要设备配置及安装情况如图 2-17 所示。

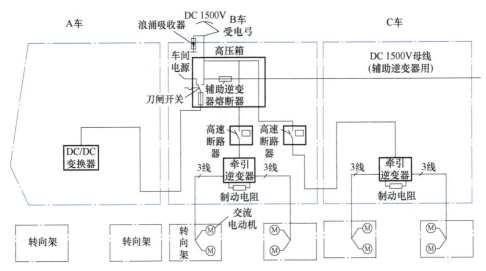

图 2-16 牵引系统的组成

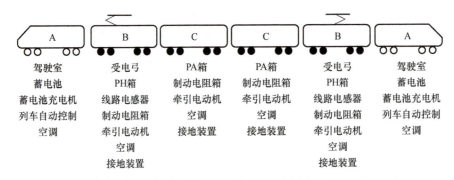

图 2-17 长春长客-庞巴迪轨道车辆有限公司生产的地铁车辆的主要设备配置及安装情况

二、城市轨道交通车辆牵引控制系统工作过程

1. 受电弓控制

受电弓控制分为：气路控制、电路控制。图 2-18 所示为受电弓控制电路。

受电弓电路控制：由列车电源线 30420 提供电源（DC110V），由受电弓和高速断路器控制保护断路器 2F30 进行过电流保护。

操作：升弓开关 2S01 执行"升弓"指令，降弓开关 2S02 执行"降弓"指令。

图 2-18 中 2F30 为受电弓和高速断路器控制保护断路器，2F33 为自动断路器，30420 为电源列车线，2K10 为紧急制动继电器，2K31 为升弓起动继电器，2K32 为降弓继电器，2K33 为受电弓保持继电器。

（1）升弓控制 按下升弓按钮 2S01，升弓起动继电器 2K31 得电。

控制电路逻辑：30420·2F30·2K04·2S02·2S01·2F31·2K31·30400。

1）2K31 控制各自单元车辆受电弓保持继电器 2K33 得电吸合。控制电路逻辑：
30420·2F33·2K10·2K32·(2K31+2K33)·3K08·2K33·30400。

2）2K33 控制开通升弓气路，当风压 ≥ 3bar 时自动升弓。控制电路逻辑：
30420·2F33·2K10·2K32·2K33·2Y01·30400。

项目二 城市轨道交通车辆牵引控制系统 | 29

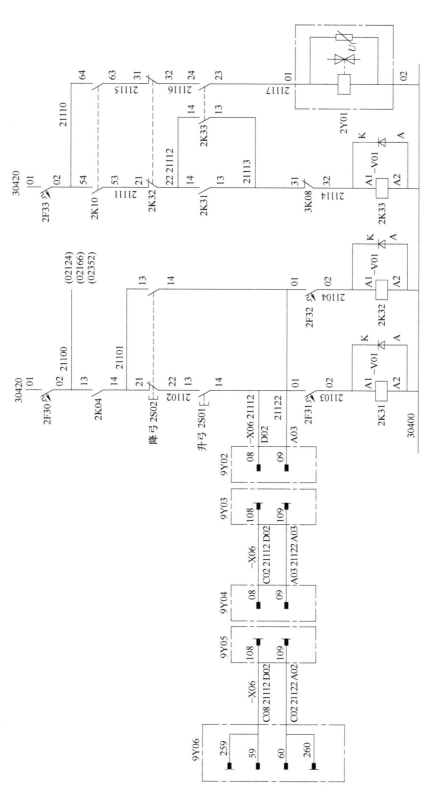

图 2-18 受电弓控制电路

（2）降弓控制　按下降弓按钮 2S02，升弓起动继电器 2K31 失电，降弓继电器 2K32 得电，2K32 控制 2K33 和 2Y01 失电，受电弓落弓。

控制电路逻辑：30420·2S02·2F32·2K32·30400。

（3）紧急情况下的降弓操作　操作设在 A 车司机控制面板的紧急制动开关。

控制电路逻辑：开关被激活，2K10 继电器失电，直接分断 2K33 和 2Y01。

"有电无气"情况下的升弓：当升弓气压低于 3bar 时，先按下升弓按钮，使电磁阀 2Y01 得电开通受电弓气路，然后脚踩位于 A 车 8 号座位下的脚踏泵，人工供风升弓。

2. 高速断路器控制

高速断路器（HSCB）的起动控制由列车电源线供电（DC110V），由受电弓和高速断路器控制自动断路器 2F30 进行过电流保护，高速断路器控制电路如图 2-19 所示。图 2-19 中 2S04 为高速断路器"合"按钮开关，21212 为高速断路器起动"合"列车线，2K34 为高速断路器"合"起动继电器。

（1）合闸控制

1）高速断路器主电路启动环节：高速断路器"合"按钮开关 2S04 置"合"位，高速断路器"合"起动继电器 2K34 得电吸合。

控制电路逻辑：21100·2K04·2S03·2S04·2F34·2K34·30400（图 2-19a）。

2K34 使高速断路器起动，"合"列车线 21212 被激活，并通过车钩连接器传递到另一单元，激活相应的高速断路器"合"起动继电器。

2）高速断路器驱动线圈起动：起动限制时间继电器 2K36 得电。

控制电路逻辑：30420·2F36·21300·2K34·2K36·30400（图 2-19b）。

起动限制时间继电器 2K36 得电会使高速断路器线圈驱动继电器 2K38 得电动作。

控制电路逻辑：21502·2K35·2K33·2K10·2K36·2K38·30400（图 2-19b）。

高速断路器线圈驱动继电器 2K38 得电会使高速断路器 1Q02 得电。

控制电路逻辑：30420·2F36·2K38（01-02）（03-04）（05-06）·1Q02·30400（图 2-19b）。

3）高速断路器保持阶段：随着断路器联锁装置到相应位置，其辅助触点 A3-A4 和 B3-B4 闭合。由于时间继电器 2K36 的延时时间是 1s，之后常开触点断开，此时，高速断路器线圈继续由限流电阻 2R01 电路供电。

控制电路逻辑：30420·2F36·21300·2V10·2R01·1Q02(A3-A4)·1Q02(V-U)·30400（图 2-19b）。

（2）分闸控制　高速断路器"分"按钮开关 2S03 置"分"位，进行人为分断；先分断高速断路器"合"起动继电器 2K34 回路，然后高速断路器"分"起动继电器 2K35 得电，2K35 使高速断路器起动"分"列车线被激活，并通过车钩传递到另一单元激活相应的高速断路器"分"起动继电器。2K35 使高速断路器线圈失电，高速断路器主触点断开。

控制电路逻辑：21100·2K04·2S03·2F35·21204·2K35·30400（图 2-19a）。

三、城市轨道交通牵引控制系统电路

牵引控制系统电路采用继电器联锁方式，对车门、停放制动、疏散门、气制动等实行联锁控制保护。要实现列车牵引，必须给定牵引方向、牵引指令。

1. 牵引方向

牵引方向由司控器方向手柄给定。如果在列车运行过程中改变方向手柄的位置，DCU

项目二 城市轨道交通车辆牵引控制系统

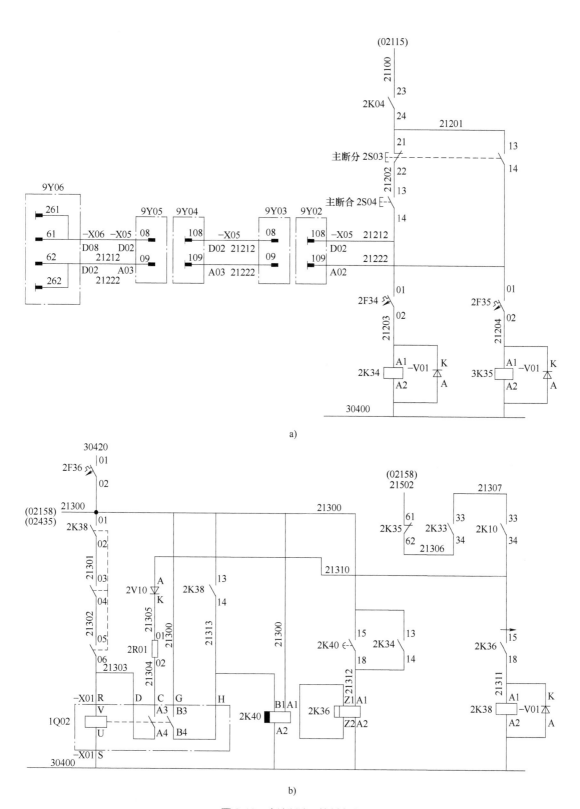

图 2-19 高速断路器控制电路

将会封锁牵引指令。与此同时,"电制动准备好"信号也会被 DCU 取消,不能施加电制动,但气制动仍然有效。如果把方向手柄重新推回原牵引时的位置,列车将恢复到原牵引状态。

2. 牵引指令

列车通过牵引控制保护电路输出牵引指令,主要包括:驾驶控制器警惕按钮控制、牵引起动联锁控制。

图 2-20 所示为驾驶控制器警惕按钮控制电路,图 2-20 中 2K05 为列车起动继电器,2K10 为列车安全回路正常继电器,2A01-S02 为警惕继电器,2K09 为警惕继电器,2K08 为警惕延时继电器。

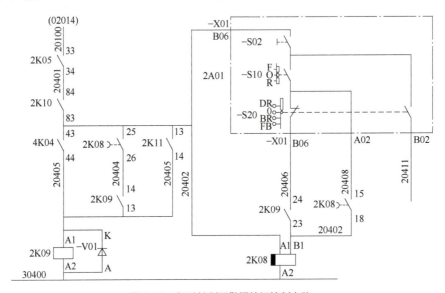

图 2-20 驾驶控制器警惕按钮控制电路

(1) 人工驾驶状态　在人工驾驶状态下,随着列车激活,列车安全回路正常,列车处于静止状态,警惕继电器 2K09 得电,控制电路逻辑:20100·2K05·2K10·2K11·2K09·30400。

只要开始操纵司机控制器,就需要一直操作警惕按钮 2A01-S02。此时 2K08 警惕延时继电器电路得电。

控制电路逻辑:20100·2K05·2K10·2A01-S02·(-S10)[-S20·2K09(24-23)+2K08(15-18)]·2K08·30400。

此时就会构成 2K09 列车非零速供电。

控制电路逻辑:20100·2K05·2K10·2K08(25-26)·2K09(14-13)·30400。

(2) 自动驾驶模式　在自动驾驶模式下,警惕按钮不起作用,其被 ATC 旁路,但功能仍在。

1) 主风缸压力启动联锁保护。6 节车主风缸压力检测通过 6 个压力开关并联进行检测,形成"或"的关系,各车辆的压力检测开关检测的是列车管压力,主风缸压力大于 7.0bar 时闭合,小于 6.0bar 时断开。只要有一节车的主风缸压力检测开关闭合,主风缸压力检测继电器 2K56 即得电吸合。一旦列车主风缸压力小于 6.0bar,6 节车的检测开关将都断开,继电器 2K56 失电打开,列车牵引指令中断,封锁列车牵引。列车主风缸压力检测电路如图 2-21 所示。

项目二　城市轨道交通车辆牵引控制系统

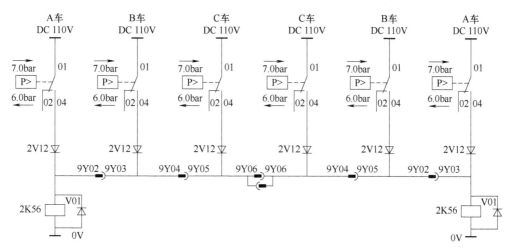

图 2-21　列车主风缸压力检测电路

2）疏散门起动联锁保护。每个 A 车驾驶室都设有一疏散门，用于在紧急情况下疏散乘客。

列车须随时监测疏散门的状态。只有两个 A 车的疏散门全部都关好，列车疏散门监测继电器 7K06 才得电，列车才能进行牵引，否则，列车牵引指令中断，封锁列车牵引。

3）停车制动起动联锁保护。停车制动是列车在库内停车时防止在非正常情况下的滑动而施加的一种机械制动。停车制动采用弹簧制动方式，停车制动气缸充气缓解、排气施加。只有在所有 6 节车的停车制动全部缓解后，列车才能进行牵引。列车通过监测停车制动气缸压力来监测停车制动的状态。单节车停车制动检测电路如图 2-22 所示。

图 2-22 中 2K51 为每节车停车制动缓解继电器，2K50 为每节车停车制动施加继电器，停车制动气缸压力检测开关在风管电磁阀 2Y02 中，其动作值为停车制动气缸压力大于 4.5bar 时闭合，小于 3.0bar 时断开。

检测控制过程分析：

① 当停车制动气缸压力小于 3.0bar 时，2K50 施加继电器得电动作。

控制电路逻辑：30420·2F40·2Y02（01-02）·21901·2K50·30400。

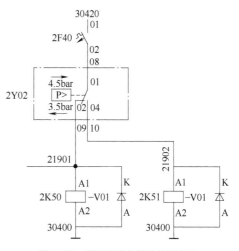

图 2-22　单节车停车制动检测电路

2K50 通过列车线 21901 将信息送到电子制动控制单元（EBCU）中，停车制动气缸放风制动。

② 当停车制动气缸压力大于 4.5bar 时，2K50 施加继电器失电，断开施加指令，2K51 缓解继电器得电动作，停车制动气缸充风缓解。

控制电路逻辑：30420·2F40·2Y02（01-04）·21902·2K51·30400。

③ 手动停车制动的操作——驾驶室司机控制面板上设置有停车制动施加按钮 2S06 和停车制动缓解按钮 2S05，通过司机室操作按钮控制停车制动气缸的风管电磁阀 2Y02 实现。电磁阀 2Y02 开通列车风管和制动气缸的通路，给气缸充气，压缩空气克服弹簧作用缓解制动。

④ 应急缓解停车制动的操作：拉动停车制动气缸的手动缓解拉杆，进行人工缓解。停车制动缓解与施加控制电路如图 2-23 所示。停车制动缓解按钮 2S05 和停车制动施加按钮 2S06 是带指示灯的按钮，在司机控制面板上的指示灯反映列车停车制动的状态。按下施加按钮 2S06，电磁阀 2Y02 制动线圈得电。

控制电路逻辑：21100·2K04·2S06·2S05·2F38·2Y02 制动线圈·30400。

电磁阀 2Y02 开通制动气缸和大气的通路，制动气缸排气，在弹簧作用下停车制动施加。按下缓解按钮 2S05，电磁阀 2Y02 缓解线圈得电。

控制电路逻辑：21100·2K04·21601·2S06（13-14）·2F39·2Y02 缓解线圈·30400。

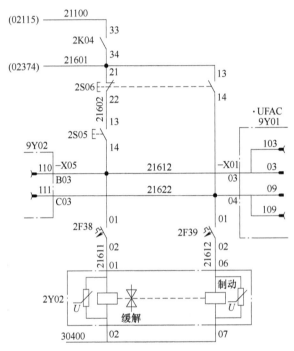

图 2-23　停车制动缓解与施加控制电路

⑤ 当列车在激活端操纵停车制动施加和缓解按钮时，通过停车制动缓解列车线 21612（图 2-23），车钩连接器会将电源传递至各个车辆的 2Y02，控制每节车的 4 个停车制动器进行缓解；同理，通过停车制动施加列车线 21622，车钩连接器会将电源传递至各个车辆的 2Y02，控制每节车的四个停车制动器施加，从而实现整个列车同时实施缓解和施加的动作。通过 9Y01（图 2-23）可以在连挂时将信息传递给相互连挂的列车或车辆。当全列车施加停车制动时，各车辆的 2K50 都得电，此时停车制动指示灯亮，列车停车制动检测控制电路如图 2-24 所示。

列车停车制动检测控制电路逻辑：9Y06·23604·2K50·9Y05-9Y04·2K50·9Y03-9Y02·2K50·2K03（14-13）·2S06-R02·2S06-R01·2S06。

所有 6 节车的停车制动全部缓解，即每节车 2K51 全部得电，列车停车制动缓解继电器 2K57 才得电，各车辆之间的停车制动缓解继电器的常开联锁通过列车线串联形成"与"的关系，对停车制动状态指示灯和列车停车制动缓解继电器进行控制。控制电路逻辑：9Y06·23602·2K51·9Y05-9Y04·2K51·9Y03-9Y02·2K51·2K03（24-23）·2K57·30400。

项目二 城市轨道交通车辆牵引控制系统 35

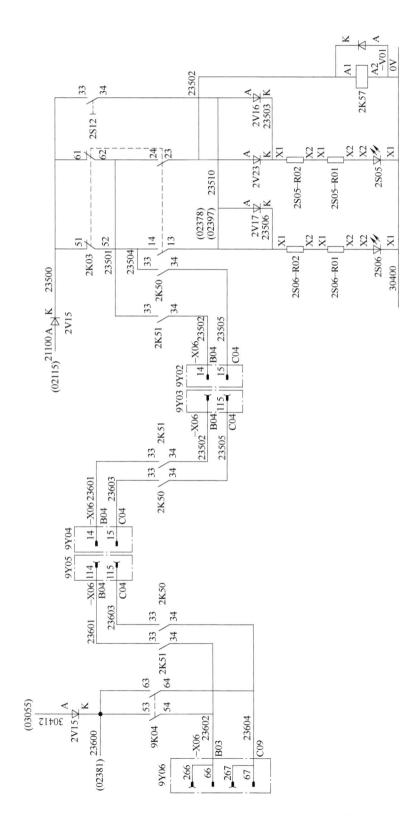

图 2-24 列车停车制动检测控制电路

试灯按钮 2S12，车辆司机控制面板上用于检测指示灯是否有损坏。控制电路逻辑：21100·2V15·23500·2S12·23510·(2V17·2S06-R02·2S06-R01·2S06+2V16·2S05-R02·2S05-R01·2S05)。

4）车门起动联锁。

① 设置目的：车门作为乘客进出列车的通道，其安全保障十分重要，特别在乘客被夹住、车门没关好的情况下，列车一旦起动，将会直接危及乘客的生命安全。

② 检测设备：主要由车门锁好行程开关、车门关好行程开关和车门紧急解锁行程开关检测车门的状态，列车单个车门检测控制原理图如图2-25所示，图2-25中S01为车门锁好行程开关，S02为车门关好行程开关，S03为车门紧急解锁行程开关。

③ 控制原理：车门锁好和关好行程开关串联后与紧急解锁行程开关并联。只有当列车所有车门全部关好，列车车门关好继电器8K10、8K09才能得电吸合，这时牵引指令才能形成回路，牵引指令才能发出。

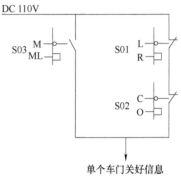

图2-25 列车单个车门检测控制原理图

5）气制动起动联锁保护。

① 分类：城市轨道交通地铁制动系统包括电制动和气制动，其中常用制动以电制动为主，在电制动力不足或低速停车时（8km/h），才施加气制动。

② 环节设置目的：为了防止在列车牵引时气制动不能缓解而对轮对造成危害，必须对列车气制动状态随时进行检测。单节车气制动检测控制电路如图2-26所示。图2-26中2B02、2B03分别为一节车两个转向架的气制动压力检测开关，其动作值为当气制动压力大于1.2bar时断开，小于0.8bar时闭合；2K52为气制动监控继电器；2K53为单节车气制动施加继电器；2K54为本节车气制动缓解继电器；2K55为本节车全部制动缓解监控继电器。

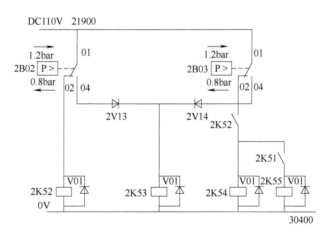

图2-26 单节车气制动检测控制电路

缓解时，通过2B03转向架气制动压力检测开关和2K52串联，组成"与"关系。控制电路逻辑：21900·2B02（01-02）·2K52·30400；21900·2B03（01-02）·2K52·2K54·30400。

制动时，当两个转向架任意一个气制动施加，施加继电器2K53得电，通过2B02、

2B03气制动压力检测开关与二极管2V13、2V14组合形成"或"关系。控制电路逻辑：21900·[2B02（01-04）·2V13+2B03（01-04）·2V14]·2K53·30400。

通过"与"和"或"的关系，可反映气制动的原理，即只要有气制动施加就认为车辆气制动施加，必须所有气制动缓解才能认为车辆气制动缓解，同理也能够推广到整列车。

当本节车气制动缓解继电器2K54满足得电条件时，本节车的停车制动缓解继电器2K51得电吸合后，本节车所有气制动缓解监控继电器2K55才能得电，这样通过2K55的状态就能知道车辆的气制动情况。

气制动缓解监控继电器2K55得电的控制电路逻辑：21900·2B03（01-02）·2K52·2K51·2K55·30400。

任务四　牵引控制系统常见故障分析

一、列车运行前故障处理建议

城市轨道交通车辆按照正确的步骤和方法操作时如果出现故障，应先根据"处理建议"处理，若故障消除，则投入运营；若故障仍然存在，立即报告OCC。故障处理时，如需断开激活，要确认司机室司机台上落弓指示灯（=21-S01）亮后方可断开激活；若显示屏上出现的故障仅需要按压"确认"键即消除，相应设备功能正常，可视为假故障，无须处理。

1. **故障现象：列车无法激活，电压表显示0V**

处理建议：检查两端A车微型断路器（=32-F05）是否闭合，若有跳闸则闭合；若蓄电池电压表显示正常（96V以上），则投入运营。

2. **故障现象：列车无法激活，电压表显示低于96V**

处理建议：按照无电有气升弓程序进行升弓。若主风缸压力低于400kPa，则按无电无气程序升弓，升弓后，将司机室通风机打至"通风"位，操作充电器应急起动按钮（=31-S104），司机室通风机起动后5min尝试再次激活列车，若列车能正常激活，则投入运营，否则换车出库。

3. **故障现象：HMI显示网压为0V**（确认两个弓都未升起，若两个弓都升起，报告OCC）

处理建议：

1）检查主风缸压力是否足够（大于400kPa），若压力低，则按有电无气程序升弓。

2）检查紧急停车按钮是否恢复。

3）确认微型断路器状态，本单元A车受电弓控制（=21-F101）和两个B车受电弓控制（=21-F201）是否跳闸，跳闸则闭合。若未跳闸，报OCC。

4）确认两个B车本弓隔离旋钮（=21-S205）是否处于隔离位，隔离则报OCC。

5）两个B车受电弓气路截断塞门U01是否在水平位，若不在水平位，则报OCC。

4. **故障现象：HMI显示单弓未升起**（确认单弓实际状态，若升起报OCC）

处理建议：

1）检查相应车受电弓气路塞门U01是否打至水平位。

2）检查相应 B 车受电弓控制（=21-F201）、本弓隔离（=21-S205）的状态，若有异常，则复位。

3）以上状态确认均无异常，确认受电弓仍未升起，报 OCC。

5. 故障现象：HSCB 无法闭合，"HSCB 合"指示灯不亮（按灯测试按钮 =73-S105 确认指示灯正常）

处理建议：

1）检查两个 B 车 HSCB 控制（=21-F202）、两个 C 车 HSCB（=21-F302）的状态，若有跳闸，则闭合，重新按压 HSCB 合按钮。

2）若没有跳闸，则先断开再闭合，然后重新按下 HSCB 合按钮。

3）若故障未消除，重启列车；若故障仍未消失，报 OCC。

6. 故障现象：牵引状态图标（电动机图标）**黄色、蓝色或红色**

处理建议：ICU 设备图标出现黄色、蓝色或红色故障时，首先分合一次高速断路器，若故障未消失，则重新分合一次相对应的 ICU 微动开关；若故障仍未消失则重新起动一次列车。成功则继续上线运营，若仍有故障，报 OCC。

二、典型故障分析

1. 显示车间电源盖打开

（1）**故障现象**　正线车辆屏显示车间电源盖打开，ATO、ATP 模式无法动车。

（2）**故障分析**　车辆回库后检查库用电源盖，发现库用电源盖均锁闭良好。但 HMI 的事件信息显示"车间电源盖打开"。

正常情况下，司机台激活后，电流从非激活端的 =22-K101 流下，流经非激活单元的车间电源插座的触点，再流经激活单元的库用电源插座，通过 =22-K101 的 43/44 触点，为 =31-K103 供电，同时 DE 模块的 E112_10 点得电反馈至 VCU。此时，VCU 认为列车的库用电源盖没有被打开。

下载该车的事件记录仪，查看故障记录数据后，发现检测回路显示车间电源盖打开，并且 SKS 检测 E112_10 的值为"1"，即此时"无库用电源供电"继电器 =31-K103 失电。使用万用表测量 =22-K101 的 43 点位，显示电压为 0V。测量 =72-K305 的 24 点位，显示电压为 125V。

最后打开车间电源盖，发现车间电源盖的检测回路的一个触点表面氧化严重。将该触点的氧化层清除后，列车恢复正常，HMI 显示的"车间电源盖打开"事件信息消失，同时使用万用表测量 =22-K101 继电器的 43 点位，该点位电压值恢复至 125V。因为库用电源触头被严重氧化，导致触头接触不良，从而使该电路无法导通，因此库用电源盖检测回路 E112_10 的值为"0"，通过软件逻辑取反后，输入至 VCU 的值为"1"，此时 VCU 逻辑判断为库用电源盖被打开，在 HMI 上显示"车间电源盖打开"。

（3）**故障原因**　库用电源插座内的监控回路的触点氧化，导致监控回路接触不良，使无库用电源供电继电器 =31-K103 无法得电所致。

（4）**故障处理**　对库用电源插座的触点进行清理。

2. 显示受电弓位置传感器故障

（1）**故障现象**　车辆屏图标显示受电弓自动降下，并且显红，高速断路器自动断开。正线车辆屏显示车间电源盖打开，ATO、ATP 模式无法动车。

（2）故障分析　工程师对故障车现场检查，发现受电弓能正常升起，但是 HMI 仍显示受电弓降下，HMI 显示红色。技术人员分别进行升弓和降弓操作，不管是升弓还是降弓，MHI 显示该车受电弓都为红色，因此判断是 VCU 读取的受电弓状态数据信误，受电弓的监视回路存在故障。

随后在升弓和降弓操作时，专业人员分别测量了 21-K208 的 22 触点电压，发现不管是升弓还是降弓，22 点位的电压都是 0V，证明 21-K208 始终处于工作状态。将继电器的 A1 端线拔出，继电器断电，测量 22 触点是 110V，因此可以判定该继电器是完好的。在继电器完好的情况下，21-K208 始终处于工作状态，只能是 11-X11 有故障，其始终是导通的。11-X11 的通断是由受电弓的位置传感器来控制的，因此判断是位置传感器有故障。

（3）故障原因　受电弓位置传感器故障，导致降弓继电器一直得电。

（4）故障处理　更换该位置传感器，车辆正常。

项目三

城市轨道交通车辆制动控制系统

任务一　制动系统基础知识

对轨道交通运输来讲，制动系统作用的可靠性是列车行车安全的基本保证。列车若在运行中因制动装置故障不能停车，后果是不堪设想的。所以我国制动控制系统设计理念是采用多级制动控制方式和制动能力冗余设计，安全第一，"不止不行"。对现代轨道交通而言，制动不仅是安全问题，也成了限制列车运行速度和牵引重量进一步提高的重要因素。

一、基本概念

1. 制动和缓解

制动作用是指人为施加外力使运动的物体减速或阻止其加速或保持静止的物体静止不变的作用。实现制动作用的力称为制动力，制动作用强调人为施加的外力作用，意味着制动力的大小可以人为调节。从能量变化的角度理解，制动过程是一个能量转移的过程，是将列车运行所具有的动能人为控制地转变成其他形式能量的过程。从作用力的角度理解，制动装置产生与列车运行方向相反的力，使列车尽快减速或者停车。

缓解作用是指对已经施行制动的物体，解除或减弱其制动作用。

对于运动着的列车，欲使其减速或停车，就要根据需要施加列车一定大小的与其运动方向相反的外力，以使其实现减速或停车，即施行制动；列车制动停车后起动加速前或运行途中限速制动后加速前均要解除制动作用，即施行缓解。

2. 列车制动系统

过去由于列车上安装的制动装置比较简单、直观，而且用压缩空气传递制动信号，因此制动系统是列车上单独的一套装置。但是随着城市轨道交通车辆技术的发展，制动装置越来越多地采用了电气信号和电气驱动设备。微机和电子设备的出现使制动装置变得无触点化和集成化，并且使制动控制功能融入了其他电路，不能独立划分。因此只能按照现代方法将具有制动功能的电子电路、电气电路和气动控制部分归结为一个系统，统称为列车制动系统。

现代轨道交通列车制动系统是由动力制动系统和空气制动系统及指令和通信网络系统三部分组成的。

（1）动力制动系统　它一般与牵引系统连在一起形成主电路，包括再生反馈电路和制动电阻器，其将动力制动产生的电能反馈给供电接触网或消耗在制动电阻器上。

（2）空气制动系统　它由供气部分、控制部分和执行部分等组成。供气部分有空气压缩机组、空气干燥器和风缸等；控制部分有电-空转换阀（EP）、紧急阀、称重阀和中继阀等；执行部分有闸瓦制动装置和盘形制动装置等。

（3）指令和通信网络系统　它既是传送司机指令的通道，同时也是制动系统内部数据交换及制动系统与列车控制系统进行数据通信的总线。

3. 制动机

制动机是指产生制动原动力并对制动进行操纵和控制的设备。

4. 基础制动装置

基础制动装置是指传送制动原动力并产生制动力的制动执行装置。

5. 制动距离

制动距离是指从司机施行制动的瞬时起，至列车速度降为零时列车所行驶的距离。制动距离是综合反映列车制动装置的性能和实际制动效果的主要技术指标。

上海地铁规定：列车在 AW2 载荷情况下，在任何初速度下，其紧急制动距离不得超过 180m。

广州地铁规定的制动距离见表 3-1。

表 3-1　广州地铁规定制动距离

初速度 /（km/h）	常用制动距离 /m	紧急制动距离 /m
40	65	56
60	136	118
80	234	200

二、城市轨道交通制动系统的制动模式

根据车辆的运行要求，制动系统采用以下几种制动模式。

1. 常用制动

常用制动是为了调解或控制列车速度，包括进站停车所实施的制动，由列车司机操纵司控器主控制器手柄施加，或者通过列车自动控制系统（ATC）自动控制。其特点是作用比较缓和、制动力可以连续调节。常用制动状态下电制动和空气制动都处于激活状态，制动过程中优先施加电制动，当电制动不足时，空气制动能够迅速、平滑地补充，实现混合制动。制动过程能够根据车辆载荷自动调整制动力的大小，并且受到列车冲击极限的限制。当常用制动力最大时即为常用全制动，最大常用制动平均减速度设定为 1m/s^2。

2. 紧急制动

紧急制动是在列车遇到紧急情况或发生其他意外情况时，为使列车尽快停车而实施的制动。其特点是作用比较迅速，而且将列车制动能力全部使用。"失电制动，得电缓解"的紧急空气制动系统，通过贯穿整个列车的 DC110V 连续电源线控制该制动作用的发生，电路一旦断开，所有车辆立即施加紧急制动，以确保列车安全。其制动力与快速制动相同。紧急制动时考虑了脱弓、断钩、断电等故障情况，紧急制动施加的过程电制动不起作用，只采用空气制动，列车高速断路器断开，受电弓降下，不受冲击极限的限制，施加后不能缓解，列

车必须减速，直至列车完全停下来。它还具有防滑保护和载荷修正功能。

3. 快速制动

快速制动是为了使列车尽快停车而实施的制动，由列车司机操纵司控器主控制手柄至"快速制动位"施加。这种制动方式是在紧急情况下、制动系统各部分作用均正常时所采取的一种制动方式。其制动力大小与紧急制动相同，但其制动施加过程与常用制动相同。制动过程列车司机操纵司控器主控制器手柄回"0"位，可缓解，受冲击极限的限制，具有防滑保护和载荷修正功能。

4. 保压制动

保压制动是为防止列车在停车前的冲动，使列车平稳停车，通过制动微机控制单元内部设定的执行程序来控制。

第一阶段：当列车制动到速度 8km/h 时，牵引微机控制单元触发保压制动信号，同时输出给制动微机控制单元，这时，由牵引微机控制单元控制的电制动逐步退出，而由制动微机控制单元控制的气制动来替代。

第二阶段：接近停车时（列车速度 0.5km/h），一个小于制动指令（最大制动指令的 70%）的保压制动由制动微机控制单元开始自动实施，即瞬时地将制动缸压力降低。如果由于故障，制动微机控制单元未接收到保压制动触发信号，其内部程序将在 8km/h 的速度时自行触发。

5. 弹簧停放制动

为防止车辆在线路停放过程中，发生溜逸，城轨车辆设置停放制动装置。为解决库内停车时制动缸压力会因管路漏泄，在无压力空气补充的情况下压力逐步下降到零，而使车辆失去制动力的停放问题，停放制动通常是将弹簧停放制动器的弹簧压力通过闸瓦作用于车轮踏面来形成制动力。在正常情况下，弹簧力的大小不随时间而变化，由此获得的制动力能满足列车较长时间断电停放的要求。弹簧停放制动的缓解风缸充气时，停放制动缓解；弹簧停放制动的缓解风缸排气时，停放制动施加；其还附加有手动缓解的功能。停放制动是列车停车后，为使列车维持静止状态所采取的一种制动方式。

三、城市轨道交通制动机的分类

1. 按动能转移的方式分类

按照制动时列车动能的转移方式不同，制动机的制动方式可以分为摩擦制动和动力制动。

（1）摩擦制动　通过摩擦副的摩擦将列车的运动动能转变为热能，消散于大气，从而产生制动作用。城轨车辆常用的摩擦制动方式主要有闸瓦制动、盘形制动和磁轨制动。

1）闸瓦制动。闸瓦制动又称踏面制动，如图 3-1 所示，它是一种最常用的制动方式。闸瓦制动时闸瓦压紧车轮，轮、瓦之间发生摩擦，将列车的运动动能通过车轮、闸瓦摩擦转变为热能，消散于大气中。每节车各有 4 个闸瓦制动基础制动单元，其中两个基础制动单元块装有附加的弹簧制动器，起停车制动的作用。

目前城轨车辆中大多采用合成闸瓦，但合成闸瓦的导热性较差，因此目前也有采用导热性能良好，且具有较好的摩擦性能的粉末冶金闸瓦。

2）盘形制动。盘形制动是在车轴上或在车轮辐板侧面安装制动盘，用制动夹钳上的两个闸片紧压制动盘侧面，通过摩擦产生制动力，把列车动能转化为热能，消散于大气从而实现制动。制动盘安装在车轴上的称为轴盘式盘形制动，如图 3-2 所示；制动盘安装在车轮侧面的称为轮盘式盘形制动，如图 3-3 所示。两个制动类型可以组合使用，非动力转向架一般采用轴盘式盘形制动，动力转向架由于轴身上装有齿轮箱，安装制动盘困难，所以采用轮盘式盘形制动。

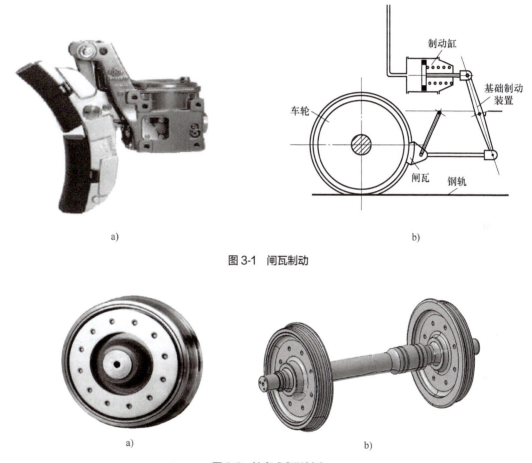

图 3-1 闸瓦制动

图 3-2 轴盘式盘形制动

3）磁轨制动。磁轨制动又称轨道电磁制动，如图 3-4 所示。其优点是制动力不受轮轨间黏着的限制，不易使车轮滑行。但其增加了车辆的自重。其在高速旅客列车上与空气制动机并用时（特别是在紧急制动时），可缩短制动距离。例如北京地铁机场线由于列车运行速度较高，最高时速可达 100km/h，因此该车组上装有轨道电磁制动机。

（2）动力制动　动力制动也称电制动，列车制动时，牵引电机转变为发电机，使动能转化为电能，对这些电能不同处理方式形成了不同方式的动力制动。城轨车辆上采用的动力制动的形式主要有再生制动和电阻制动。

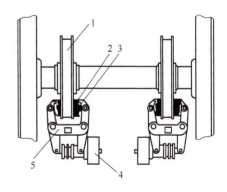

图 3-3 轮盘式盘形制动
1—制动盘　2—闸片　3—闸片托
4—制动缸　5—杠杆

 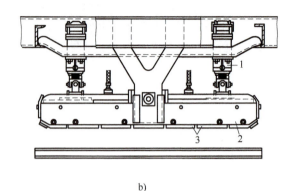

a)　　　　　　　　　　　　　　b)

图 3-4　磁轨制动

1—升降风缸　2—电磁铁　3—磨耗板

1）再生制动。再生制动是把列车的动能通过电机转化为电能后，再使电能反馈回电网。显然，再生制动比电阻制动更加经济，既节约能源，又减少制动时对环境的污染，并且基本上无磨耗。因此，20世纪90年代后再生制动在各国的动车组和城市轨道交通车辆上获得了广泛应用。

2）电阻制动。电力机车、电传动的内燃机车、带动力驱动的动车组和城市轨道车辆等，在制动时，使自励牵引电机变为他励发电机，将发出的电能消耗于电阻器上，采用强迫通风，使热量消散于大气而产生制动作用。其高速时制动力大，低速时效率降低，所以与空气制动机同时采用。电阻制动一般能提供较稳定的制动力，但车辆底架下需要安装体积较大的电阻箱，增加了车辆自重。

2. 按制动力的获取方式分类

根据列车制动力的获取方式不同，制动机的制动方式可分为黏着制动与非黏着制动。

（1）**黏着制动**　以闸瓦制动为例，制动时车轮与钢轨之间有3种可能的状态：

1）纯滚动状态。此状态车轮与钢轨的接触点无相对滑动，车轮在钢轨上做纯滚动。这时，车轮与闸瓦之间为动摩擦，车轮与钢轨之间为静摩擦，车轮与钢轨之间可能实现的最大制动力是轮轨之间的最大静摩擦力。这是一种难以实现的理想状态。

2）滑行状态。此状态车轮在钢轨上滑行，此时车轮与钢轨之间的滑动摩擦产生列车制动力。这是一种必须避免的事故状态，由于滑动摩擦系数远小于静摩擦系数，因此一旦发生这种工况，制动力将大大减小，制动距离会延长；同时车轮在钢轨上长距离滑行，将导致车轮踏面的擦伤，危及行车安全。

3）黏着状态。此状态列车制动时，车轮与钢轨的接触处既非静止，也非滑动，车轮在钢轨上滚动的同时又有滑动趋势，这种状态称为黏着状态。黏着状态下车轮与钢轨间的最大水平作用力称为黏着力。制动时，可能实现的最大制动力不会超过黏着力。黏着力与轮轨间垂直载荷的比值，称为黏着系数。

依靠黏着滚动的车轮与钢轨黏着点之间的黏着力来实现的车辆制动称为黏着制动。黏着制动时，为了能得到较大的制动力，需要具有较高的黏着系数。然而黏黏着系数受列车运行速度、气候条件、轮轨表面状态以及是否采取增黏措施等诸多因素的影响，是一个有很大的离散性参数。所以目前尚未有黏着系数的理论公式。轮轨间的黏着系数随列车运行速度的提高而下降，一般都采用大量的试验来获得经验公式。

（2）非黏着制动　列车制动时，制动力大小不受黏着力的限制的制动方式称为非黏着制动，非黏着制动的制动力不从轮轨之间获取，因而它可以得到较大的制动力。

显然，在上面已经介绍的制动方式中，闸瓦制动、盘形制动、电阻制动和再生制动均属于黏着制动，而磁轨制动属于非黏着制动。

3. 按制动源动力分类

在目前列车所采用的制动方式中，制动的源动力主要有压缩空气的压力和电磁力。以压缩空气为源动力的制动方式称为空气制动，例如闸瓦制动、盘形制动、自动空气制动、电空制动等都为空气制动方式；以电磁力为源动力的制动方式称为电制动，例如动力制动、磁轨制动、轨道涡流制动、旋转涡流制动等均为电制动方式；还有机械制动、液压制动、翼板制动等方式。下面重点介绍五种制动方式。

（1）自动空气制动　自动空气制动是以压缩空气为动力来源，用空气压力的变化来操纵的制动方式，自动空气制动机如图3-5所示。这种制动机能够较好地满足现代轨道交通对制动性能的要求，所以应用最为广泛。我国的机车车辆均采用这种制动机。

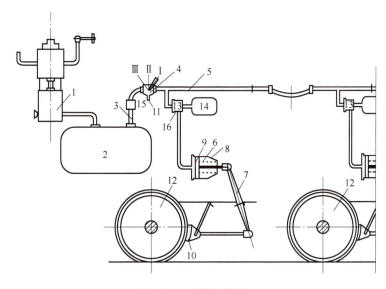

图3-5　自动空气制动机

1—空气压缩机　2—总风缸　3—总风缸管　4—制动阀　5—制动管　6—制动缸　7—基础制动装置
8—制动缸缓解弹簧　9—制动缸活塞　10—闸瓦　11—制动阀EX口　12—车轮　13—三通阀
14—副风缸　15—给气阀　16—三通阀排气口　Ⅰ—缓解位　Ⅱ—保压位　Ⅲ—制动位

自动空气制动的特点是制动管减压制动，增压缓解。因此当列车分离时，自动空气制动机可发生制动作用，实现自动停车。由于这种制动机构造和作用都比较完善，目前我国车辆上使用的各型空气制动机，例如货车120型制动机和客车用104型、F8型制动机等，都采用这种形式。

（2）电空制动　电空制动是以压缩空气作为动力来源，用电操纵的制动方式。它一般是在空气制动方式的基础上加装电磁阀等电气控制部件，用电来操纵制动机的作用。它可以提高列车前后部车辆制动和缓解作用的一致性，减少车辆间的冲击，使制动距离显著缩短。所以许多高速列车都采用这种制动方式。为防止电控系统发生故障使列车失去制动控制，现今的电空制动机仍保留着压缩空气操纵装置，以备在电控系统发生故障时，能自动地转为压缩空气操纵。目前我国铁路客车使用的电空制动机主要有 104 型电空制动机和 F8 型电空制动机两种。

（3）轨道涡流制动　轨道涡流制动与磁轨制动很相似，也是把电磁铁悬挂在转向架构架侧梁下面同侧的两个车轮之间。不同的是，轨道涡流制动的电磁铁在制动时只放到离轨面 7~10mm 处而不会与钢轨发生接触。轨道涡流制动原理如图 3-6 所示。轨道涡流制动是利用电磁铁和钢轨的相对运动使钢轨感应出涡流，产生电磁吸力作为制动力，并把列车的动能转换为热能消散于大气。作为非黏着制动方式的轨道涡流制动具有对钢轨无磨耗、高速时制动力大、制动力可控制、可在常用制动时作用、结冰时没有任何失效的危险等优点。因此在高速列车上轨道涡流制动方式比磁轨制动方式得到更多采用。例如德国 300km/h 的 ICE3 型高速动车组的拖车每台转向架上，就采用了两组轨道涡流制动器及两组轴盘式铸钢盘形制动装置；上海磁浮列车的制动控制系统采用的是轨道直线涡流制动。

（4）旋转涡流制动　旋转涡流制动是利用电磁感应产生制动力的。它是将制动圆盘作为可旋转的导体安装在车轴上，电磁铁固定在转向架上，并防止其转动。旋转涡流制动原理如图 3-7 所示。制动时金属盘在电磁铁形成的磁场中旋转，盘的表面被感应出涡流，产生电磁吸力，并消散于大气，从而产生制动作用。此种制动方式广泛应用于日本新干线 100 系、300 系和 700 系动车组的拖车上。

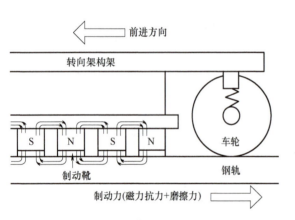

图 3-6　轨道涡流制动原理

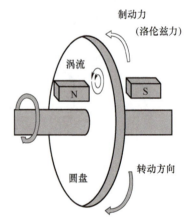

图 3-7　旋转涡流制动原理

（5）液压制动　为了确保行车安全，在高速动车组上都装有传统的空气制动系统。但是空气制动系统有质量大、体积大和响应速度慢等缺点。为了实现轻量化和高响应特性，可将空气制动部件改进为液压部件。液压制动的控制过程如图 3-8 所示。制动电子控制单元将制动指令、电制动的反馈信号和液压传感器信号进行计算、处理和控制。液压制动系统由装在车体上的制动电子控制单元和装在转向架上电液制动装置构成。与空气制动相比，其质量可减小 1/3 左右。例如北京地铁机场线制动系统采用电液盘型制动和磁轨制动系统的混合制动，电制动优先。

4. 按制动的控制方式分类

制动的总体控制方式有车控、架控两种形式。

制动系统制动力的控制以单辆车、转向架或者车轴为制动力最小单元进行控制的称为总体控制方式。制动过程中根据制动力最小控制单元的不同，对应的控制方式是不一样的。以单辆车、转向架或车轴为制动力最小控制单元的分别称为车控、架控、轴控，例如车控方式进行的制动力控制系统的制动力以车为控制单元进行计算和控制,而架控方式以转向架为单元进行计算和控制。车控方式为当前高速列车和城轨车辆的主流,架控方式以 EP2002 和 EP09 为典型。

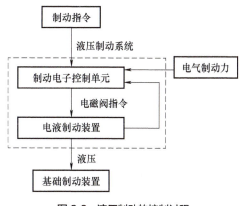

图 3-8 液压制动的控制过程

(1) 车控式 车控式(集中式)制动系统包括集中电子控制单元、集中气动控制阀和本车转向架气动控制阀。车控式制动控制是由一个电子控制单元(包括制动控制电子装置和防滑电子装置)控制一节车两个转向架,车控式制动系统原理图如图 3-9 所示(彩图见文后彩插)。

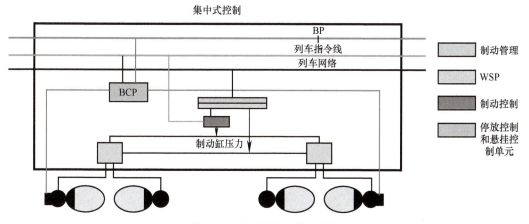

图 3-9 车控式制动系统原理图

(2) 架控式 架控式制动控制是指一个电子控制单元控制一个转向架。制动系统将制动控制和带气动阀的制动管理电子装置结合,安装于每个转向架上,架控式制动系统原理图如图 3-10 所示(彩图见文后彩插)。例如德国克诺尔公司生产的 EP2002 型制动系统和我国铁科研和广州地铁公司共同研制的 EP09 型制动系统都是架控式。

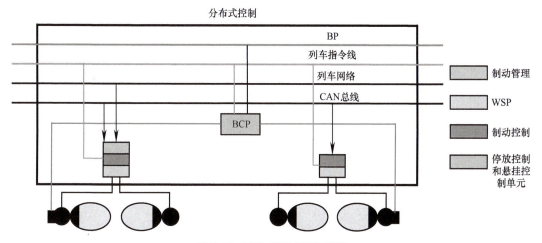

图 3-10 架控式制动系统原理图

四、城市轨道交通车辆制动系统应具备的条件

为了使列车按需要及时平稳地停车或方便地调整列车运行速度，保证运行安全，车辆制动系统应具备下列条件：

1）具有足够的制动力，发生紧急情况时能确保列车在规定的制动距离内安全停车。

2）制动与缓解作用灵敏、准确，制动力大小能按需要进行调节。制动波速要快，具有在长的列车中能使前后部车辆制动机作用一致的性能，避免发生过大的纵向冲动。

3）对新型的城市轨道交通车辆，一般要求具有电制动的功能，并且在正常制动过程中，应尽量发挥电制动能力，这样能减少对城市环境的污染和噪声以及降低运营成本。同时，还应具有电制动与摩擦制动协调配合的制动功能。

4）有可靠的紧急制动作用性能，并且除了可由机车司机操纵外，必要时还可由其他行车人员利用紧急制动装置进行操作，确保行车安全。

5）列车在运行途中发生车钩分离、降弓、断电、制动系统故障和危及行车安全的事故时，全列车应能自动、迅速地产生紧急制动作用，在短距离内停车。

6）在不致擦伤车轮的前提下，能充分利用车轮与钢轨间的黏着力实现制动作用；安装防滑装置，以发挥制动机的最大效能。

7）基础制动装置各部件应有足够的强度，且结构合理，各联结部分灵活耐磨，具有较高的制动效能；闸瓦耐磨耐热，其摩擦因数应与轮轨黏着系数相适应。

8）构造简单，便于制造和检修；尽量采用膜板结构等新技术、新材料，减少研磨件，尽可能采用标准件、通用件。

五、空气制动系统组成

1. 压缩空气供给装置 -A 组

该组设备负责为列车提供并储存充足、干燥、洁净、压力合适的压缩空气，主要包括电动压缩机组、空气干燥器、压力开关等。

2. 制动控制装置 -B 组

该组由一个模拟的单通道摩擦制动系统构成，系统为架控型电-空控制，其核心部件是 EP2002 网关阀和智能阀。它们包含了制动控制和车轮防滑系统两大主要微机控制功能，其余外围控制散件主要集中布置在辅助控制模块中。

3. 基础制动装置 -C 组

该组安装在转向架上的制动设备主要是两种单元制动器，其中一种带停放制动功能。两种单元制动器数量相等，每轴安装一个带停放功能的单元制动器，在转向架内部斜对称布置。

4. 车钩操作装置 -W 组

该组设备主要用于车辆之间的连挂和解编工作，包括电磁阀、手动解钩阀、软管和塞门等。

5. 空气悬挂装置 -L 组

该组设备用于控制车辆地板在设定的高度上不随载荷的变化而变化，系统采用三点调平式。

6. 空气信号装置 -P 组

该组主要包含一个由电磁阀控制的风笛。

7. 防滑装置 -G 组

车轮防滑设备主要是转向架上安装在轴箱外侧的车轴速度传感器等信号采集设备等。

8. 轮缘润滑装置 -V 组

该组设备主要是一个球阀，控制主风管向轮缘润滑设备的气源供应。

9. 其他部件 / 系统

其他部件还有塞门、管路等。

任务二 供风系统

供风系统是向整个列车提供压缩空气的风源。供风系统制造的压缩空气为用风设备的驱动提供动力，而压缩空气的净化和干燥处理是不可或缺的，其目的是除去压缩空气中所含有的灰尘、杂质、油滴和水分等，以此保证制动系统及其他用风设备能长时间可靠地工作。

一、供风系统的组成及工作原理

供风系统也称压缩空气供给系统，主要由空气压缩机、空气干燥过滤器、主风缸、车间供气设备、脚踏泵组成。

供风系统包括压缩空气的产生、净化、传输、存储和压力控制等环节。图 3-11 所示为供风系统原理图。

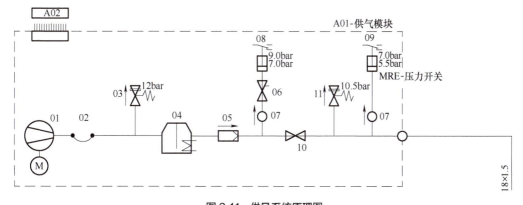

图 3-11 供风系统原理图

01—空气压缩机 02—软管 03、11—安全阀 04—干燥器 05—精细过滤器
06、10—截断塞门 07—压力测试口 08、09—压力开关

空气压缩机（01）是产生压缩空气的装置，它产生的压缩空气紧接着进入干燥器（04）及精细过滤器（05）净化，净化后的压缩空气进入总风联管，进而通过车钩气路装置向相邻车辆传输；列车中的每节车均从总风联管获取本车所需使用的压缩空气，储存在总风缸中，同时供本车用风系统使用。

压力控制包括压缩机管理、压力限制、压力调整等内容。压力开关（08）设定两台压缩机同时工作的压力转换点。压力开关（09）用于监测主风管压力。配套的测试头（07）用于调整压力开关设定值时外接压力表显示。安全阀（03）限定空压机组出口处的最高压力，安全阀（11）限定总风管系最高压力。

当主风管（缸）空气压力低于 7.5bar 时，当天的主压缩机开始工作；当主风管（缸）空气压力低于 7.0bar 时，两台压缩机同时工作，若持续超过 5min，压力仍然低于 7.0bar，HMI 给出提示信息，列车在停放制动未施加的前提下可继续运行。若主风管（缸）空气压力低于 600kPa，则警告并可运行到下一站后封锁牵引阻止列车的运行。待主风管（缸）压力恢复至 7.0bar 以上，列车牵引封锁解除。当主风管（缸）空气压力低于 5.5bar 时，列车立即实施紧急制动。

主风管主要向下列系统提供干燥的压缩空气：制动系统、空气悬挂装置、车钩驱动装置、空气信号装置（喇叭）、轮缘润滑装置。

二、空气压缩机

城市轨道交通车辆每个固定编组设置了一套供风系统。由空气压缩机提供压缩空气，空气压缩机由三相 AC380V 交流电动机驱动，电动机和空气压缩机之间的联轴器采用弹性结构。

1. 空气压缩机的控制原则

正常情况下，空气压缩机可以采用主辅空压机工作管理，当在一个固定编组中的空气压缩机作为主压缩机工作时，另一固定编组上的空气压缩机就作为备用压缩机工作。当总风压力低至 7.5bar 时，主压缩机开始工作，并在压力达到 9bar 时停止。当主压缩机在总风压力低至 7.5bar 已开始工作的情况下，总风压力仍继续降低到低于 7bar 时，备用压缩机开始工作，两个压缩机同时工作充风，并在总风压力到达 9bar 时两个空压机同时停止。这样主风缸压力一直被控制在规定的范围之内。

2. 活塞式空气压缩机

（1）结构组成　活塞式空气压缩机由固定机构、运动机构、进/排气机构、中间冷却装置和润滑装置等几部分组成。其中，固定机构包括机体、气缸、气缸盖；运动机构包括曲轴、连杆、活塞；进/排气机构包括空气滤清器、气阀；中间冷却装置包括中间冷却器（简称中冷器）、冷却风扇；润滑装置包括润滑油泵、润滑油路等。活塞式空气压缩机作用原理图如图 3-12 所示。

（2）工作原理　电动机通过联轴器驱动空压机曲轴转动，曲柄连杆机构带动高、低压缸活塞同时在气缸内做上下往复运动。由于曲轴中部的三个轴颈在轴向平面内互成 120°，两个低压缸活塞和一个高压缸活塞分别相隔 120° 转角。

当低压活塞下行时，活塞顶面与缸盖之间形成真空，经空气滤清器的大气推开进气阀片（进气阀片弹簧被压缩）进入低压缸，此时排气阀在弹簧和中冷器内空气压力的作用下关闭。当低压活塞上行时，气缸内的空气被压缩，其压力大于排气阀片上方压力与排气阀弹簧的弹力之和时，压缩排气阀弹簧而推开排气阀片，具有一定压力的空气排出缸外，而进气阀片在气缸内压力及其弹簧的作用下关闭。

两个低压缸送出的低压空气，都经气缸盖的同一通道进入中冷器，经中冷器冷却后，再进入高压缸，进行第二次压缩，压缩后的空气经排气口、主风管路送入主风缸中储存。高压活塞的进、排气作用与低压活塞的进、排气作用相同。

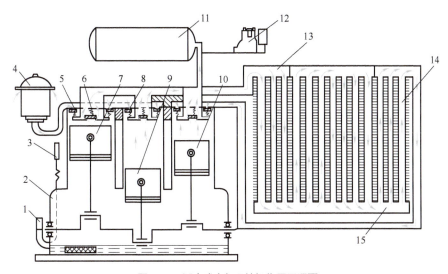

图 3-12 活塞式空气压缩机作用原理图

1—润滑油泵 2—机体 3—油压表 4—空气滤清器 5、8—进气阀片 6—排气阀片 7、9—低压活塞 10—高压活塞 11—主风缸 12—压力控制器 13—上集气箱 14—散热管 15—下集气箱

3. VV120 型活塞式空气压缩机

VV120 型活塞式空气压缩机结构如图 3-13 所示。此压缩机为 3 个缸，其中 2 个缸为低压缸，1 个为高压缸，3 个缸呈 W 形排列，两级压缩带有 2 个空气冷却器。其排气量为 920L/min，输出压力为 1000kPa，转速为 1450r/min，由 380V、三相、50Hz 交流笼型异步电动机驱动，电动机与压缩机之间是永久连接，不需要维护，它由一个自对中心的法兰连接，这种布置就不需要在电动机和压缩机之间有很精确的直线连接。

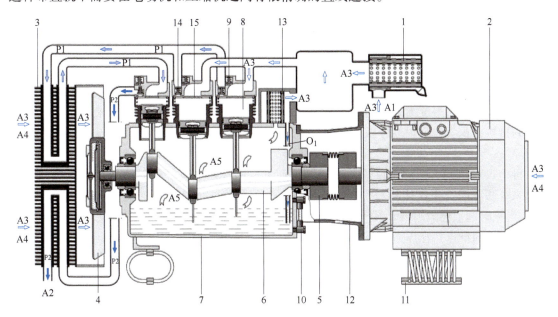

图 3-13 VV120 型活塞式空气压缩机结构

1—空气滤清器 2—电动机 3—冷却器 4—带黏液偶合器的风扇叶轮 5—波纹管联轴器 6—曲轴 7—曲轴箱 8—气缸 9—防护阀 10—油位显示管 11—弹性零件（图示为钢丝弹簧） 12—中间法兰 13—压缩空气除油过滤元件 14、15—阀门 A1—进气口 A2—排气口 A3—抽吸气体 A4—冷却空气 A5—含油气体 P1—中间压力 P2—高压 O_1—注油

VV120型空气压缩机的气路示意图如图3-14所示，压缩机分两级工作——2个气缸在低压级（Ⅰ），1个气缸在高压级（Ⅱ）。由低压气缸吸入并被干式空气滤清器清洁的气体经预压缩之后，流过中间冷却器。经过冷却之后，气体进入高压气缸中，被压缩至最终压力。二次冷却器（3.2）对进入储压罐之前的压缩空气进行二次冷却。通过后冷却器之后的压缩空气，以合适的温度排出进入空气干燥器，确保干燥效果达到最佳条件。

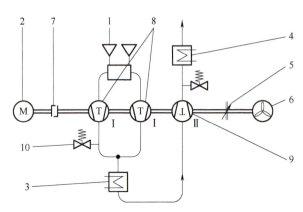

图3-14　VV120型空气压缩机的气路示意图

1—干式空气滤清器　2—电动机　3—中间冷却器　4—二次冷却器　5—黏液偶合器　6—风扇叶轮　7—联轴器　8—2个气缸（Φ95），第Ⅰ级（低压）　9—1个气缸（Φ75），第Ⅱ级（高压）　10—防护阀

三、空气干燥器

空气压缩机输出的压缩空气必须经过空气干燥器将其中的水分、油分和机械杂质除去，才能达到车辆上用风设备对压缩空气的要求。液态的水、油微粒及机械杂质在滤清器（或油水分离器）中基本被除去，压缩空气的相对湿度降低（通常相对湿度35%以下）是避免用风过程中出现冷凝水危害的主要方式，它依靠空气干燥器来完成。

1. 空气干燥器的基本原理

吸附过程是一个平衡反应，即在吸附剂（干燥剂）和与其接触的压缩空气之间使湿度趋向于平衡，而相对湿度大的压缩空气与吸附剂的表面接触时，由于吸附剂具有大量微孔，与空气的接触面积大，吸附剂可以大量、快速地吸附压缩空气的水蒸气，达到干燥压缩空气的目的。

再生过程也是一个平衡反应，用于吸附剂再生的吹扫气体是由较高压力的压缩空气膨胀而来，膨胀时，空气体积增大而压力降低，获得的吹扫气体的相对湿度较低，因而易于"夺"走吸附剂上已吸附的水蒸气，使吸附剂恢复干燥状态，达到再生的目的。

吸附剂的特点是在压力下吸附，在大气或负压下再生。所以对任何一种吸附剂来说，它与被吸附的水蒸气的关系是：温度越低，压力越高，单位吸附剂所吸附的水分量就越多；反之，吸附量就少。其原理简言之为"压力吸附与无热再生"。

2. 双塔式空气干燥器

双塔式（又称双筒式）空气干燥器的除湿原理为压力吸附与无热再生，它设有2个轮流除湿的干燥塔，可以连续向外输出干燥的压缩空气。

（1）构造组成　双塔式空气干燥器的构造如图3-15所示，它由干燥筒、干燥器座、双活塞、电磁阀4个主要部分组成。2个干燥筒除了装有干燥空气用的吸附剂外，在其下部均装有油水分离器。干燥器座上设置有再生节流孔、2个止回阀、1个旁通阀和1个预控制阀。电磁阀和电子循环控制器相配合，控制干燥器的干燥和再生循环。

另外，每一个干燥筒还有一个压力指示器，压力指示器红针显示压力为干燥工况；相反，红针复位则为再生工况。进气口 P_1 可选择为前面或右侧，排气口 P_2 可选择为左侧或右侧。

（2）工作原理

1）作用原理。双筒干燥器工作为干燥与再生两个工况同时进行，压力空气在一个筒中流过并干燥时，另外一筒中的吸附剂即再生。从空气压缩机输出的压力空气首先经过装有"拉希格"圈的油水分离器，除去空气中的液态油、水、尘埃等。然后，压力空气再流过干燥筒中的吸附剂，吸附剂吸附压力空气中的水分。

一部分干燥过的压力空气（13%～18%）被分流出来，经过再生节流膨胀后，进入另一个干燥塔，对已吸水饱和的吸附剂进行脱水再生，再生工作后的压力空气经过油水分离器时，再把积聚在"拉希格"圈上的油、水及机械杂质等从排泄通路排出。

2）作用过程。双筒式空气干燥器的作用原理如图3-16所示，左侧干燥筒处于吸附工作状态，右侧干燥筒则处于再生工作状态。循环控制器控制电磁阀，当电磁阀得电时，开启阀座 V_3；从干燥后的压力空气中部分分流出来的用于控制的压力空气，通过打开的阀座 V_2 和阀座 V_3 后，到达双活塞阀。预控制阀用来防止双活塞阀动作时处于中间位置；阀座 V_2 是在双活塞阀需要的"移动压力"达到时才打开。这个"移动压力"推动双活塞阀的两个活塞克服各自的弹簧力，使右活塞移到顶部，而左活塞则移到底部，因此导致阀座 V_5 及阀座 V_8 开启，其流程如下：

空气压缩机输出压力空气→进气口 P_1→阀座 V_5→左侧干燥筒中油水分离器、吸附剂→左侧干燥筒中心管，由此分两路，一路到止回阀阀座 V_1→旁通阀阀座 V_{10}→出气口 P_2→总风缸；另一路到再生节流孔→右侧干燥筒中吸附剂、油水分离器→阀座 V_8→消声器→排泄口→大气。

这样，左侧干燥筒对空气压缩机输出压力空气进行油水分离和干燥，右侧干燥筒则对吸附剂再生及排除油污。

当左侧干燥筒中吸附剂达到饱和极限后，两个干燥筒转换工作状态，此时电磁阀失电，阀座 V_3 关闭而阀座 V_4 开启，连通双活塞阀，控制压力空气排至大气，双活塞阀在各自弹簧力作用下复位，结果阀座 V_6 及 V_7 开启。流程如下：

空气压缩机输出压力空气→进气口 P_1→阀座 V_7→右侧干燥筒中油水分离器、吸附剂→右侧干燥筒中心管，再分两路，一路到止回阀 V_9→旁通阀阀座 V_{10}→出气口 P_2→总风缸；另一路到再生节流孔→左侧干燥筒中心管→左侧干燥筒中吸附剂、油水分离器→阀座 V_6→消声器→排泄口 A→大气。

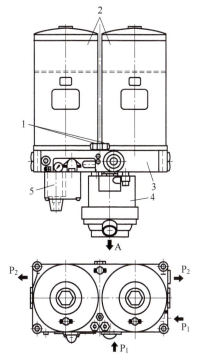

图3-15 双塔式空气干燥器的构造
1—压力指示器 2—干燥筒 3—干燥器座
4—双活塞阀 5—电磁阀 A—排泄口
P_1—进气口 P_2—出气口

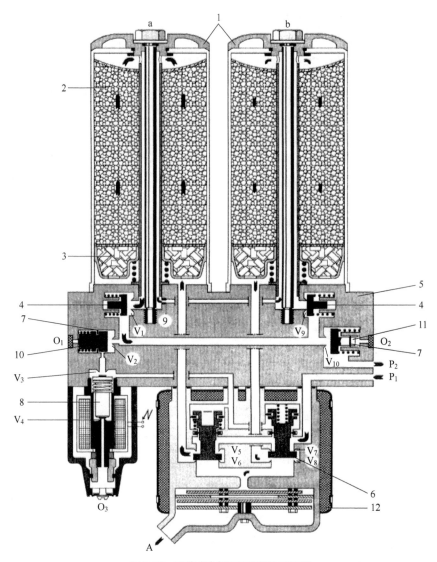

图 3-16 双筒式空气干燥器的作用原理

1—干燥筒 2—吸附剂 3—油水分离器 4—止回阀 5—干燥器座 6—双活塞阀 7—克诺尔 K 形环 8—电磁阀 9—再生节流孔 10—预控制阀 11—旁通阀 12—隔热材料 A—排泄口 $O_1 \sim O_3$—排气口 P_1—进气口 P_2—出气口 $V_1 \sim V_{10}$—阀座

右侧干燥筒对空气压缩机输出的压力空气进行油水分离和干燥,而左侧干燥筒则对吸附剂再生及排除油污。

为了保证干燥器工作的准确性,干燥器内部要求达到一定的"移动压力"时,预控制阀才开启,双活塞阀才能够移动到位,旁通阀保证"移动压力"迅速建立。当压缩空气压力超过这个"移动压力"之后,才能打开旁通阀 71,使压力空气流向总风缸。这种设置也可防止右侧干燥筒出现干燥时间的延长(不能迅速转换工作状态),而使其中的吸附剂产生过饱和。

两个止回阀的作用是防止当空气压缩机不工作时压力空气逆流。

3) 循环控制。双筒式空气干燥器工作循环如图 3-17 所示。循环控制器在空气压缩机起动的同时也开始工作,它根据规定的程序控制电磁阀的开关时间,从而控制双干燥筒的工作循环，每 2min 转换一次工作状态。

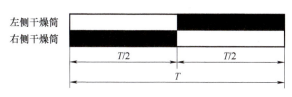

图 3-17 双筒式空气干燥器工作循环

T—工作循环

当空气压缩机停止工作或空转时，循环控制器记忆下实际的循环状态，当空气压缩机重新起动后，循环控制器从原有的状态上执行控制，这样就可以保证吸附剂充分地再生，并保证吸附剂不会因工作循环的重新设置而产生过饱和。

如果循环控制器或电磁阀出现故障，空气压缩机输出的压力空气仍可以通过干燥器中的一个干燥筒干燥，保证压力空气的供给。

可以看出，双筒式空气干燥器是采取轮换工作的方法，即一个筒对进入筒内的压缩空气进行去油脱水，另一个筒则进行干燥剂再生，按一定周期两筒进行功能对换，以达到压缩空气连续去油脱水的目的。

双筒式空气干燥器设有一个定时脉冲发生器，使两个干燥塔的电磁阀定时地轮换开、关，以使两个筒的功能定时进行轮换。

任务三 电 制 动

电制动是车辆在常用制动下的优先选择，仅带驱动系统的动车具有电制动，电制动又有再生制动和电阻制动两种形式。电制动具有独立的滑行保护和载荷校正功能。因此每节动车上安装有：1 个三相调频调压逆变器（VVVF）；1 个驱动控制单元（DCU）；1 个制动电阻；4 个自冷式三相交流电机 M1、M2、M3、M4（每轴一个，相互并联）。

1. 再生制动

当发生常用制动时，电机变成发电机状态运行，将车辆的动能变成电能，经 VVVF 中 6 个二极管组成的桥式整流电路整流成直流电反馈于接触网，供列车所在接触网供电区段上的其他车辆牵引用和供给本车的其他系统（如辅助系统等），此即再生制动。再生制动的基本原理如图 3-18 所示。

再生制动取决于接触网的接收能力，也就是取决于网压高低和负载利用能力。当列车进站前开始制动时，列车停止从接触网受电，电机改为发电机工况，将列车运行的动能转换为电能，产生制动力，使列车减速。设接触网额定电压为 U，当满足以下两个条件时列车可以实行再生制动并向接触网反馈电能：一是接触网电压在 $1 \sim 1.2U$ 范围内；二是再生电能必须要由一定距离内的其他列车吸收。图 3-19 所示为再生制动原理示意图，当车辆 2 距离车辆 1 足够近且接触网电压在 1500～1800V 之间时，车辆 2 可以吸收车辆 1 所产生的反馈电能，从而使车辆 1 产生再生制动。

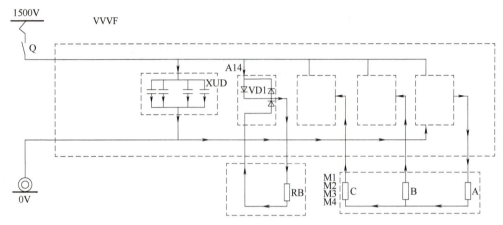

图 3-18 再生制动的基本原理

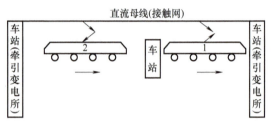

图 3-19 再生制动原理示意图

当接触网过电压、欠电压或一定距离内无其他车辆吸收反馈能量时,通过车辆驱动控制单元可切断向接触网反馈的电能,再生制动不能实现,此时列车会自动切断反馈电路,实施电阻制动。当列车速度小于 8km/h 时,利用压缩空气作为动力源,可对车辆实施机械制动,直至列车停止。

2. 电阻制动

在电制动的情况下,能量不能被电网完全吸收时,多余的能量必须转换为热能消耗在制动电阻上,否则电网电压将抬高到不能承受的水平。制动斩波器的存在能确保大部分的能量反馈回电网,同时又保护了电网上其他设备。

如果制动列车所在的接触网供电区段内无其他列车吸收该制动能量,则 VVVF 将能量反馈在电路电容器上,使电容器 XUD 电压迅速上升,当 XUD 电压达到最大设定值 1800V 时,DCU 启动能耗斩波器模块 A14 上的门极可关断晶闸管 GTO,GTO 打开制动电阻 RB,制动电阻 RB 与电容器并联,将电机上的制动能量转变成电阻的热能消耗掉,即电阻制动(亦称能耗制动)。电阻制动能单独满足常用制动的要求。电阻制动原理如图 3-20 所示。

电阻制动是承担电机电流中不能再生的那部分制动电流。再生制动电流加电阻制动电流等于制动控制要求的总电流,此电流受电机电压的限制。再生制动与电阻制动之间的转换由 DCU 控制,能保证它们连续交替使用,转换平滑,变化率不能被人感受到。当列车处于高速时,动车采用再生制动,将列车动能转换成电能;当再生制动无法再回收时(当网压上升到 1800V 时),再生制动能够平滑地过渡到电阻制动。

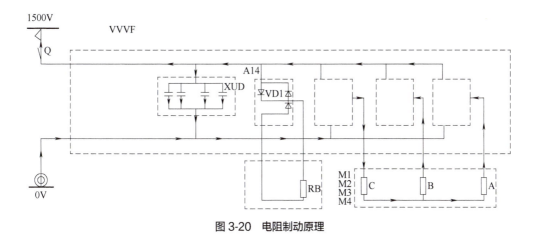

图 3-20　电阻制动原理

任务四　EP2002 制动系统

EP2002 制动系统是德国克诺尔公司生产的轨道车辆制动控制系统，为电气模拟指令式制动控制系统。其核心部件为 EP2002 阀，负责空气制动系统的控制、监控和车辆控制系统的通信。EP2002 制动控制系统与常规制动控制系统的最大区别在于设计思想不同：常规的制动控制系统采用车控式，即 1 个制动电子控制单元控制同一节车的 2 个转向架；而 EP2002 制动控制系统采用架控式新概念，即 1 个 EP2002 控制 1 个转向架。这样当 1 个 EP2002 出现故障时，只有 1 个转向架空气制动时失效，减少了对车辆的影响。由于其与常规制动系统相比具有相对突出的优点，因此目前在国内多条新建轨道交通车辆上得到广泛应用。

EP2002 制动系统将制动控制和制动管理电子设备以及常用制动（SB）气动阀、紧急制动（EB）气动阀和车轮防滑保护装置（WSP）气动阀都集成装在各转向架上的机电包中。

EP2002 制动系统的设计寿命为 40 年，大修周期间隔为 9 年，而且所有设备都有一个基于软件的寿命过期指示器，可提示系统部件何时需要预防性大修。

整个 EP2002 制动系统，包括它的空气压缩机、空气干燥塔、大小储风缸、控制单元和检测点，均采用模块化设计。因此，它的结构紧凑、重量轻，适用于各种不同的安装方式，使用、维护方便。

一、系统组成

EP2002 制动系统组成示意图如图 3-21 所示。它主要由供气单元、制动控制模块（EP2002 阀）、基础制动单元以及其他辅助部件组成，其中 EP2002 阀的核心部件是 3 个机电一体化的电磁阀，即网关阀、智能阀和输入/输出（RIO）阀。

网关阀和 RIO 阀外形如图 3-22 所示，智能阀外形如图 3-23 所示。智能阀外部连接口比 RIO 阀和网关阀少，其电气功能相对简单。

3 个阀分别装在其所控制的转向架上（每个转向架对应 1 个阀），3 个阀通过专用的 CAN 总线连接在一起。

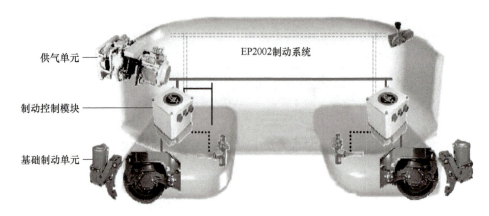

图 3-21　EP2002 制动系统组成示意图

图 3-22　网关阀和 RIO 阀外形

图 3-23　智能阀外形

EP2002 制动系统配备的供气单元主要由空气压缩机、空气干燥塔、储风缸及供气压力控制部件等组成。它的主要功能是向列车提供压缩空气（风源）。压缩空气不仅是空气制动系统的风源，而且是列车上其他气动设备，例如空气弹簧、升弓风缸和刮水器等使用的风源。供气单元的所有部件被集成在一个安装架上，既节省了安装空间，又缩短了气路管，减少了漏泄，方便检修。

一般空气压缩机配置 VV120 型活塞式空气压缩机，空气干燥塔配置双塔式空气干燥器；基础制动装置是空气制动系统的执行机构，大多选用德国克诺尔制动机公司的单元制动机，其中一半为带停放制动机构的单元制动机。

在每个司机室内设有一个双针压力表，如图 3-24 所示，它用于显示主风缸的压力和第一根车轴上的单元制动机的制动缸压力。双针压力表带有内部照明，并有常规测试 / 校正接口。

图 3-24　双针压力表

二、EP2002 阀的结构

一个 EP2002 阀就相当于一般空气制动系统中的微机控制单元加上制动控制单元的组合，此外，它还具有网络通信的功能。根据架控的需要，装备了 EP2002 制动控制系统的列车，每节车均装有两个 EP2002 阀，并且分别安装在其控制的转向架附近的车体底架上。EP2002 阀根据具体的功能不同可以分为网关阀、RIO 阀和智能阀。EP2002 阀结构如图 3-25 所示。可以看出智能阀的功能最单一，网关阀的功能最全面，但是它们都能够完成最基础空气制动的控制。

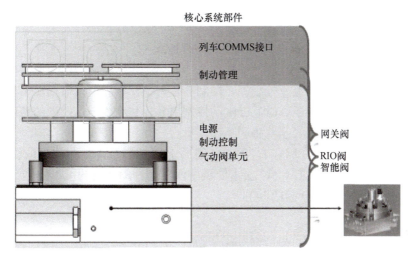

图 3-25　EP2002 阀结构

1. 智能阀

智能阀是一个"机电 EP"装置，其中包括一个电子控制段（RBX 卡），该电子控制段直接装在一个称为气动阀单元（PVU）的气动伺服阀上。起控制作用的 EP2002 网关阀通过 CAN 制动总线传达制动要求，每个阀门据此控制着各自转向架上制动调节器内的制动缸压力（BCP）。本设备通过转向架进行常用制动和紧急制动，同时通过车轴进行车轮防滑保护控制。阀门受软件和硬件的联合控制和监控，并可以检测潜在的危险故障。结合使用各车轴产生的车轴速度数据和其他阀门通过专用 CAN 制动总线传来的速度数据即可进行车轮防滑保护。智能阀 I/O 图如图 3-26 所示。

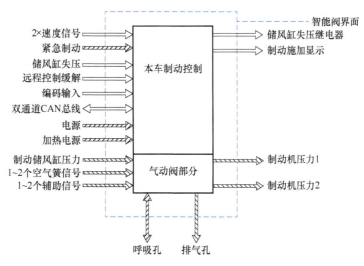

图 3-26　智能阀 I/O 图

从输入输出关系可以看出，智能阀的主要功能有以下几方面：

1）常用制动时根据转向架的负载对输出制动压力进行调整并输出制动机压力。
2）紧急制动时根据转向架的负载对输出制动压力进行调整并输出制动机压力。
3）对每个轮对的滑行进行保护（WSP 控制）。
4）制动应用显示。
5）储风缸失压时向继电器输出断开信号。
6）通过 CAN 总线向网关阀报告本车故障监视情况。

2. RIO 阀

RIO 阀比智能阀多了两块电子控制板，即制动控制单元板和模拟输入输出板。除了具有智能阀的所有功能外，RIO 阀还可以通过制动控制单元板和硬线与其控制的转向架上的驱动控制单元通信，使电制动和空气制动协调工作。

RIO 与网关阀有着相同的 I/O 口，但并不进行制动控制运算。可编程的输入被 RIO 阀读取，然后通过 EP2002 双通道 CAN 总线传至主网关阀。RIO 阀的可编程输出状态由主网关阀控制。图 3-27 展示了 RIO 阀的 I/O 图。

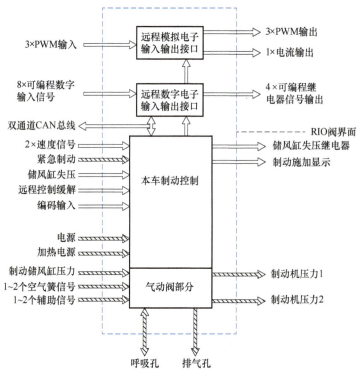

图 3-27　RIO 阀的 I/O 图

3. 网关阀

网关阀的内部结构如图 3-28 所示，它比 RIO 阀又多了一块电子控制板——网络通信板。网关阀具有 RIO 阀和智能阀的所有功能，并能将常用制动压力要求分配至所有装在本地 CAN 网络中的 EP2002 阀门。网关阀也可以提供 EP2002 控制系统与列车控制系统的连接。

在 EP2002 系统中，一个 EP2002 网关阀中的制动要求分配功能可以将 SB 制动力要求分配至列车装有的所有制动系统，以达到司机 /ATO 要求的制动力。图 3-29 展示了网关阀的 I/O 图。

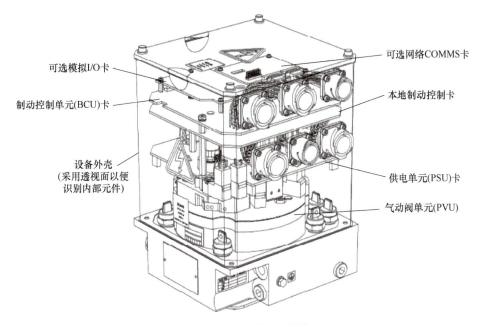

图 3-28 网关阀的内部结构

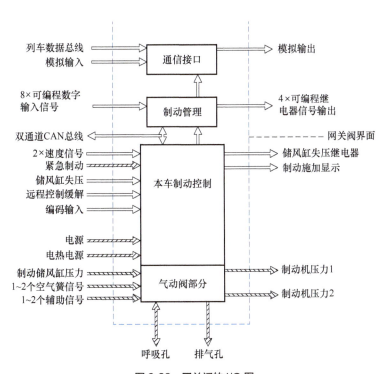

图 3-29 网关阀的 I/O 图

4. 阀相关设备结构

（1）设备外壳　外壳由阳极氧化铝重载挤出成形。外壳保护内部电子部件，与外部工作环境隔离并为设备提供 IP66 级密封。

（2）气动阀单元（PVU）　此单元由本地制动控制卡发出指令，用来控制常用制动、紧急制动和车轮防滑保护的各车轴上的 BCP 压力。

（3）供电单元（PSU）卡　供电单元卡接收所输入的蓄电池供电和加热器供电。主供电经调控后在内部被传送至设备内的其他电子元件卡上。加热器供电则被传输至加热器单元，使其可以在极低温度下进行工作（如果已在原装设备制造商处安装）。

（4）本地制动控制卡　本地制动控制卡根据主网关单元通过专用CAN总线传达的制动要求来控制PVU以进行常用制动、紧急制动和车轮防滑保护。

（5）制动控制单元（BCU）卡　制动控制单元卡仅安装在EP2002网关阀中，它包括对整列列车进行制动控制的所需功能，而且还可以支持可配置的I/O端口。如果使用主网关阀，则制动控制功能激活并且与所有其他的智能阀和网关阀通过CAN总线建立通信。如果未使用主网关阀而仍使用一个普通网关阀，则BCU卡将作为一个远程输入/输出（RIO）工作，可以允许直接进入制动CAN总线而无须直接发送电缆信号至主网关阀。

（6）可选网络COMMS卡　可选择的网络通信卡仅安装在EP2002网关阀中。此卡可以符合MVP、FIP、LON和RS485接口标准（一个通信卡对应一种协议标准）。通信连接可以用于控制和诊断数据传输。

（7）可选模拟I/O卡　可选择的模拟I/O卡可安装到各种型号的网关阀和RIO阀上以提供进行常用制动控制所需的模拟信号。

5. EP2002阀的气动结构

网关阀、智能阀和RIO阀中的EP2002阀气动段均相同，并且被视作气动阀单元（PVU）。其功能区域可分为下列组别。EP2002制动系统气路图如图3-30所示。

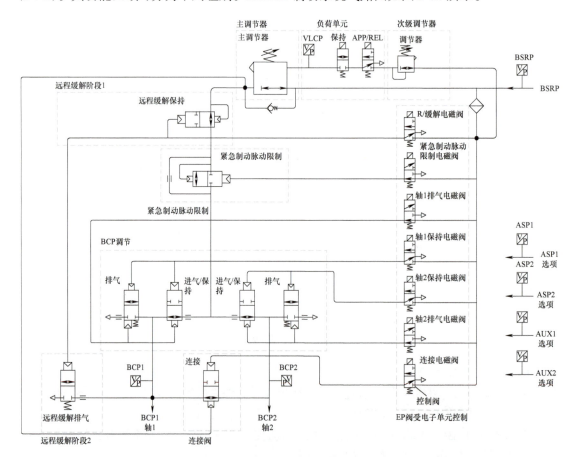

图3-30　EP2002制动系统气路图

（1）次级调节器　次级调节器相当于一个减压阀，负责将供给制动缸的压力限定在最大紧急制动压力，在 AW3 载荷情况下压力限定 400kPa。

（2）负荷单元　负荷单元用于向主调节器继动阀提供一个按负荷增减的紧急制动控制压力。此控制功能一直保持激活状态并与空气悬挂系统压力成一定比例。

负荷单元包括 APP/REL 和保持电磁阀以及 VLCP 气电转换阀，通过对 APP/REL 和保持电磁阀得失电时间的控制，能够准确地控制紧急制动的压力与空气悬挂系统压力成一定比例，另外 VLCP 气电转换阀可以将控制后的压力信号转换成电信号形成闭环控制。APP/REL 和保持电磁阀得失电功能见表 3-2。

表 3-2　APP/REL 和保持电磁阀得失电功能表

保　持	APP/REL	控 制 压 力
通电	通电	充风
通电	不通电	排风
不通电	通电	保压
不通电	不通电	保压

（3）主调节器　主调节器相当于一个中继阀和减压阀的组合，接收负荷单元产生的压力信号，负责调节装置的供风压力并将其降低至一个按负荷增减的紧急制动压力水平，同时在电子负荷系统出现故障时提供机械系统产生的最小紧急制动压力。

（4）BCP 调节　BCP 调节功能负责从主调节器处接收输出压力并进一步将其调节至常用制动所要求的 BCP 等级。在进行车轮防滑保护时，BCP 调节段同样负责对制动缸压力进行气动控制。每根车轴的 BCP 调节都是 2 个电磁阀和 2 个压力控制阀的组合作用。电磁阀不同的得失电关系控制压力控制阀不同的通路关系，实现了对制动缸充气、保压、排气控制。表 3-3 以轴 1 排气 MV 电磁阀、轴 1 保持 MV 电磁阀、排气压力控制阀、进气 / 保持压力控制阀为例分析制动缸压力控制。

表 3-3　制动缸压力控制表

轴 1 排气 MV 电磁阀	轴 1 保持 MV 电磁阀	排气压力控制阀	进气 / 保持压力控制阀	制动缸
不通电	不通电	下位	下位	充风
不通电	通电	下位	上位	保压
通电	通电	上位	下位	排风
通电	不通电	上位	下位	禁用

（5）连接阀　连接阀可以使 BCP 输出以气动方式汇合或分开。连接 MV 电磁阀失电，连接压力控制阀处于联通状态，制动时，制动控制模块产生的制动缸压力同时进入同一转向架的两根轴，BCP 一个控制模块可以控制同一转向架上两根车轴制动缸压力；连接 MV 电磁阀得电，连接压力控制阀处于断开状态，这时候需要 BCP 两个控制模块分别控制同一转向架上两根车轴制动缸压力。在常用制动或紧急制动时，两个 BCP 输出汇合以通过转向架进行控制。在经车轴进行车轮防滑保护的系统上，当 WSP 动作时，两车轴互相被气动孤立，每个车轴上的 BCP 都通过 BCP 调节段得到独立控制。

（6）远程缓解　远程缓解功能可以使用也可以不使用。作为 EP2002 阀功能的一个组成部分。当远程缓解输入得电时，供风压力被隔离，制动缸经阀门的输出被排向大气。该系统还具有一个硬件互锁功能，可以在出现紧急制动要求时防止 EP2002 阀被远程缓解。

（7）**紧急制动脉动限制**　施加在制动缸上的紧急制动压力可以按比率进行设定，以满足不同的要求。

三、EP2002 制动系统的作用原理

1. 常用制动

在进行常用制动时，本地制动控制（RBX）卡为网关阀制动管理（BCU）卡提供悬挂负荷信息，并根据网关阀制动管理（BCU）卡通过双线 CAN 总线通道传达的命令控制常用制动缸压力。常用制动缸压力的控制是一个闭环过程，同时还需使用 PVU 上安装的压力传感器和 EP 阀。

2. 快速制动

当司机手柄处于快速制动档时，快速制动被触发。快速制动与紧急制动的制动力相同，但是快速制动是可逆的。快速制动也是优先使用电制动，当电制动故障或不足时，由空气制动来补充。快速制动有防滑保护和冲动限制，其工作原理与常用制动相同。

3. 紧急制动

紧急制动功能独立地控制每个转向架上的一个按负荷增减的制动缸压力（BCP）并同时切断常用制动（SB）控制。紧急制动功能通过列车控制系统发出的紧急输入的失电来触发。负荷增减功能为电子控制，而且能够通过编码输入进行预设，可将不同车辆的重量纳入考量范围。紧急制动的制动压力被机械地限定在规定的最大和最小压力之间，既可防止紧急制动压力完全失去，也可避免制动压力过量施加。

4. 停放制动

停放制动采用带弹簧制动器的基础制动单元，利用释放弹簧的弹性势能来推动弹簧制动缸活塞，带杠杆使闸瓦制动。停放制动的缓解需要向弹簧制动缸充气，通过活塞移动使弹簧压缩，从而使制动缓解。停放制动具有手动缓解功能。EP2002 阀将实时监控停放制动缸的空气压力变化。

5. 车轮防滑保护

车轮防滑保护在 EP2002 阀门内部进行，系统将进行检测并通过控制制动力来修正车轮滑动。在每个轴上都安装有一个加速探针来监测车轴速度；车轴速度信息会在同一个 CAN 段中的 EP2002 阀之间共享。

列车若在制动时发现滑动，则车轮防滑控制可以独立地控制各个车轴的制动力。系统中应用了两种滑动检测方法以检测持续的低附着力的情况：

1）单车轴上减速过量。

2）车轴与车轴最高转速之间出现的速度差异过大。

当由上述任意一个条件检测到车轮滑行时，则对应该转向架的 EP2002 阀将快速连通该轴制动缸与大气之间的通路，通过减小制动缸的压力来消除滑行现象；同时，控制系统将定期执行地面速度检测，以便更新计算真实的列车速度。当车轮防滑保护装置计算确定的黏着条件回到正常状态时，系统将返回到最初的状态，地面速度检测将结束。

为了确保制动在延长期内不出现缓解，硬件监视器定时器电路会在持续保持超过 8s 和持续排气超过 4s 内监测阀门的状态。

每个车轴的减速检测是独立于其他车轴的，而且车轴之间的补偿也不会影响精确性，但该系统会使用从维护连接处输入的实际车轮尺寸信息来对每个车轴进行准确的减速检测。

四、EP2002 制动系统的优缺点

1. 优点

（1）减小了故障对列车的影响 如果一个 EP2002 阀出现故障，则只有一个转向架的制动失效，列车只需要对此转向架损失的制动力进行补偿；而一般制动控制系统中的制动电子控制单元（ECU）出现故障，列车需要对本节车损失的制动力进行补偿。因此，使用架控方式的 EP2002 制动控制系统尤其适合于短编组的地铁列车。

（2）提高了制动精确度 常规制动控制系统的精确度为 $\pm 0.2 \times 10^5 Pa$；而 EP2002 制动控制系统提供给制动缸制动力的精确度可达到 $\pm 0.15 \times 10^5 Pa$。

（3）减少了空气消耗量 由于 EP2002 阀靠近转向架安装，从 EP2002 阀到制动缸的管路长度减小，所以在制动时的空气消耗量将减小，同时空气泄漏量也将减小。

（4）节省了安装空间 节省安装空间的同时减轻了重量、减少了布管和布线数量。

（5）提高了可靠性和可用性，降低了故障率 根据克诺尔制动机公司的计算，EP2002 制动控制系统的故障率比常规制动控制系统的故障率降低了约 50%。

（6）减少了维护工作量 EP2002 制动控制系统部件集成化程度较高，需要维护的部件较少，大修期从常规制动系统规定的 6 年提高到 9 年。缩短了安装和调试时间。

（7）降低了总体成本 EP2002 制动控制系统的产品价格基本与一般制动控制系统价格相同；但是由于缩短了安装和调试时间并降低了后期维护费用等，EP2002 制动控制系统的总体成本将低于一般制动控制系统。

（8）提高了控制精确度 EP2002 制动控制系统可以根据每个转向架的载荷压力调整施加在本转向架上的制动力，比一般制动控制单元以每节车载荷压力进行制动力控制更加精确和优化。

2. 缺点

（1）关键部件维护难度增大 由于 EP2002 阀的技术含量和集成化程度提高，如果 EP2002 阀出现故障，基本上都需要将整个阀送回制造厂家进行维修，维修周期长；而如果一般制动控制系统出现故障，只需要有经验的工作人员直接查找并更换故障部件（如压力传感器、防滑阀和插件板等），减少了对车辆使用产生的影响，缩短了维护周期。

（2）互换性差 在 EP2002 制动控制系统中如果一个 EP2002 阀出现故障，只能够用相同类型的阀进行更换；而一般制动控制系统中的制动电子控制单元（ECU）甚至 ECU 中单独的插件板在所有车上都可以互换。

（3）无直观的故障码显示 一般制动控制系统中的制动电子控制单元（ECU）安装在车上电器柜内，可以提供四位数字的故障码显示，有利于检修人员查找故障；而 EP2002 制动控制系统没有直观的数字故障码显示功能，检修人员只能通过专用软件才能查找故障，需要的维修技能较高。

项目四

城市轨道交通车辆车门控制系统

任务一　车门系统基础知识

车门系统是城市轨道交通车辆的一个重要组成部件，对车体强度及车辆整体形象影响很大，在车辆的运营中扮演着重要的角色。车门系统的结构及控制原则直接影响着城市轨道交通车辆安全运营。对于城市轨道交通列车司机，车门系统的应用及故障处理是其必须掌握的操作技能。

一、车门系统的设计要求

城市轨道交通车辆的车门系统结构和类型多种多样，但无论结构形式如何变化，都应满足城市轨道交通的运行要求。车门设计的要求如下：

1）要有足够的有效宽度。
2）车门要均匀分布，以方便乘客上下车。
3）要有足够数量的车门，可使乘客上下车时间满足运行密度的要求。
4）车门附近要有足够的空间，方便乘客上下车时周转。
5）要确保乘客的安全。
6）要具有较高的可靠性。

车门的数量应与车门承担的地板面积相匹配，使车厢乘员尽可能多。若增加车门的数量，上、下车人数可增加，但车厢座位数将减少。要考虑高峰期与平峰期，站立面积与客室面积比例要适当。另外，大宽度的车门必然会削弱车体强度，门的宽度一般为1400mm左右。

二、车门系统的分类

1. 按功能的不同分类

对城市轨道交通车辆而言，按照功能不同，车门可分为客室侧门、司机室侧门、司机室后端门和紧急疏散门四类，各类车门的位置如图4-1所示。

（1）司机室侧门　司机室侧门多采用一扇单叶车门，在司机室两侧墙上分别设置，司机室侧门由人工控制，没有气动或电动驱动装置，以供乘务人员上下车。城轨车辆司机室侧门一般有内藏门、塞拉门及折页门三种类型。

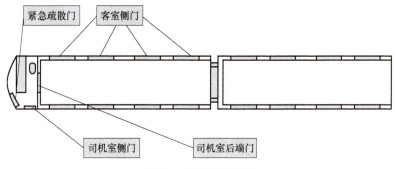

图 4-1 各类车门的位置

（2）司机室后端门　司机室后隔墙中间为司机室通向客室的通道门，是司机室通向客室的通道，可用于客车司机在紧急情况下的应急处理。司机室后端门开门方向朝司机室一侧，在司机室锁闭，司机室方向设开门把手，在客室一侧没有开门把手，但设置了紧急开门装置，正常情况下不允许乘客开启，当乘客发现危险性事故的特殊情况时，可以起用紧急拉手，开启后端门。

该门采用司控器钥匙，通常锁闭，以防止乘客未经允许进入司机室。该门尺寸为 600mm×1860mm，门上设有仅能从司机室观察客室的猫眼。

（3）紧急疏散门　紧急疏散门设置在司机室车厢的前端墙上（图 4-2）。列车在隧道内运行时一旦发生火灾等危险事故时，司机可打开紧急疏散门，释放紧急疏散梯，引导乘客通过紧急疏散梯走向路基中央，然后向两端的车站疏散。

a)

b)

图 4-2 紧急疏散门

分析：从图上我们可以看出，紧急疏散门的位置有很大区别，为什么？目前应用的部分车辆没有紧急疏散门，为什么？

（4）客室侧门　客室侧门是列车运营重要部件之一（图 4-3），它为乘客上、下车提供通道。由于其使用频率高，安全性、可靠性要求高，因此客室侧门一直是城市轨道交通车辆专业的重点研究领域。

2. 按照车门的驱动方式不同分类

（1）电控风动门　电控风动门由压缩空气驱动传动气缸，再通过机械传动系统和电气控制系统完成车门的开关动作。机械传动系统的作用是将传动气缸活塞杆的运动传递至车门，使车门动作。电气控制系统的作用是为了保证车门动作。

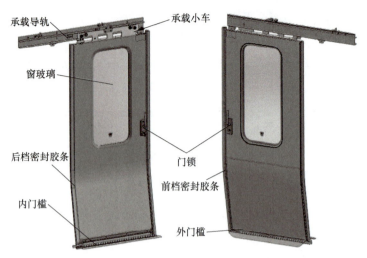

图 4-3 客室侧门示意图

（2）电传动门　电传动门由电动机、传动装置、控制器、闭锁装置和紧急开门装置组成。电动机使齿带绕着齿带轮作旋转运动，同时带动左右门页作相反方向的运动实现开门。另一种电传动门的电动机通过一根左右同步的丝杆和球形螺母驱动滚珠摆动导向件来实现开门。

3. 按开启方式及结构形式的不同分类

（1）内藏嵌入式滑动门　内藏嵌入式滑动门简称内藏门（图 4-4），车辆开关门时，门页在车辆侧墙的外墙板与内饰板之间的夹层内移动，传动机构设于车厢内侧车门的顶部，装有导轮的门页可在导轨上移动，传动机构的钢丝绳、传动带或丝杠与门页连接，气缸或电动机驱动传动机构，从而使钢丝绳或传动带带动门页动作。

（2）外挂式滑动门　外挂式滑动门简称外挂门（图 4-5），外挂门与上述内藏嵌入式滑动门的驱动结构和工作原理相同，主要区别在于开关门时，外挂门门页和悬挂机构始终位于侧墙的外侧。

图 4-4　内藏门示意图

图 4-5　外挂门示意图

（3）塞拉门　塞拉门（图 4-6）借助车门上端的传动机构和导轨开闭。开启状态时，门页贴靠在侧墙外侧，关闭状态时，门页外表面与车体外墙成一平面，这不仅使车辆外观美观，而且有利于在列车高速行驶时减小空气阻力，车门不会因空气旋流产生噪声，也便于自动洗车装置对车体的清洗。

a)   b)

图 4-6　塞拉门示意图

三、车门系统的编号

为便于识别、车门定位、检修、客室车厢设备定位及乘客遗落物品的找寻，车门会进行编号。

1. 车门编号的规则

门页的编号：自 1 位端到 2 位端，每辆车沿着左侧为由小到大的连续奇数；沿着右侧为由小到大的连续偶数。车门的编号则由该车门两个门页的号码合并而成：自 1 位端到 2 位端，左侧车门的编号由两门页的连续奇数组成，例如 1/3、5/7；右侧车门的编号由两门页的连续偶数组成，例如 2/4、6/8。

2. 确认客室车门编号的方法

当车门出现故障需要站务人员协助司机处理时，首先必须准确找到并确认故障门的位置，登上列车前（车外）通过在滑动门右侧立柱上方贴的车门、安全门编号，或者车身外部印刷的编号来确认；登上列车后（车内），通过乘客报警器下方的车厢编号和车门编号、每个门旁扶手上方的车门编号、车厢内连接处的车厢编号来确认。

任务二　车门系统的组成及主要功能

对于不同类型的车门，其组成略有不同，但都包括车门承载驱动装置、传动机构、支撑导柱、紧急解锁装置、乘务员钥匙开关（或称为紧急入口装置）、一套安装在车体上的密封型材（上、左和右）等机械部件，以及电子门控单元（或称为气动控制单元）、电气连接件、负责监测的各类行程开关、指示灯等电气或气动部件。图 4-7 所示为电动塞拉门的组成。

一、车门系统的组成

1. 承载驱动装置

整个客室门系统的驱动装置、传动机构、承载装置都集成在门头机构上，电动机、丝杆、长短导柱等提前预装在门头机构上，然后门头机构可以通过安装架直接安装在车体上，图 4-8 所示为门头机构示意图。

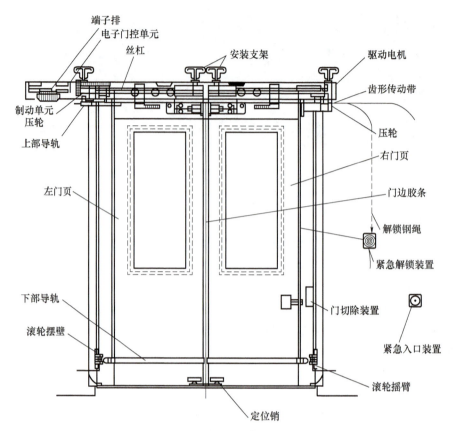

图 4-7 电动塞拉门的组成

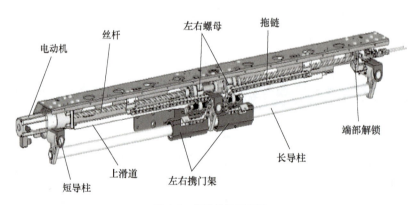

图 4-8 门头机构示意图

2. 传动机构

传动机构（图 4-9）为门扇运动提供动力，由电动机、电动机安装座、丝杆螺母副及各支撑组成。一套客室门的两个门扇使用一套驱动装置。采用丝杆——螺母的传动方式，驱动电动机通过连轴节带动丝杆螺母副，携门架通过铰链机构与螺母相连接，螺母带携门架运动来驱动两个门扇，丝杆一半左旋另一半右旋，因此可以在旋转时带动门页向两个方向相向运动以实现车门的开与关。驱动电动机采用无刷电动机。电动机使用寿命应不低于 30 年，电动机的防护等级应不低于 IP44。

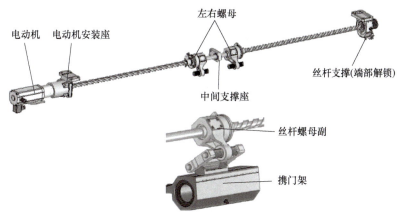

图 4-9 传动机构

3. 支撑导柱

长导柱安装在3个挂架上，3个挂架分别在3根短导柱上移动，3根短导柱通过整个机构的一个机架安装在车体结构上。长导柱为门的纵向移动提供自由度并保证在开／关门过程中门板与车体平行。短导柱承受门板的重量并为门提供横向移动自由度。支撑导柱如图 4-10 所示。

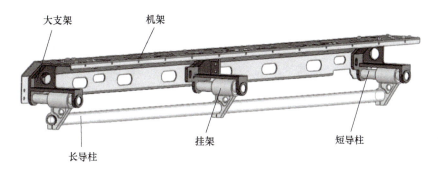

图 4-10 支撑导柱

4. 携门架

门扇通过携门架与丝杠、长导柱连接，实现车门的运动。携门架上设有缓冲头，用于关门终端的缓冲。携门架如图 4-11 所示。

5. 上部导向装置

上部导向装置（图 4-12）通过滑道（呈一定的形状，实现相关的横向和纵向运动）实现门扇沿设定的轨迹运动。上滑道安装在顶部机构上。携门架上有一滚轮在滑道里运动。

6. 锁闭装置

门系统的锁闭装置（图 4-13）集成在丝杆螺母中。车门锁闭直接采用机械方法，门关到位后自动进入锁闭阶段。车门解锁采用电动操作，电动机反转带动锁自动打开。

变升程丝杆的螺旋槽分为三段：一段是普通工作段，一段是升程为零的锁闭段，以及介于这两者之间的过渡段。在与门连接的传动螺母上，有2只滚动销，滚动销在丝杆螺旋槽中滚动。在普通螺旋槽中，传动螺母与丝杆可以互相驱动，但在丝杆关门的末端，当传动螺母的滚动销进入零升程自锁段时，仅丝杆能驱动传动螺母，而传动螺母不能驱动丝杆。

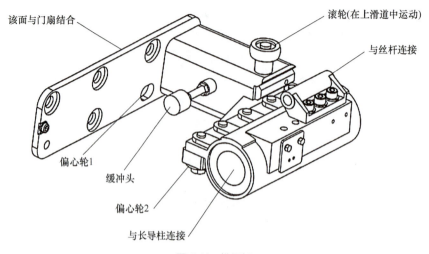

图 4-11 携门架

当紧急情况下需要解锁而电动机不能反转时,可以通过紧急解锁手柄带动丝杆反转,从而退出锁闭段实现解锁。无论供电与否,车门系统都具有机械锁闭功能。锁闭装置设置在门上方,每个门机构上都设有锁到位开关,以检测门机构锁闭状态。锁闭装置主要有以下功能:

1)关门自动锁闭。
2)开门前自动解锁。
3)手动紧急解锁。

7. 平衡轮装置

每扇门板的后沿有一个平台,同安装在车体上的平衡轮相配合,以防止任何可能的侧向移动力使车门偏移。平衡轮装置(图 4-14)设有长圆孔,安装位置有垫片,用于后续安装的调整。

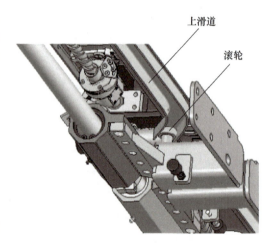

图 4-12 上部导向装置

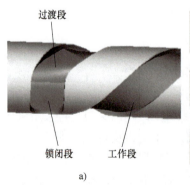

a)

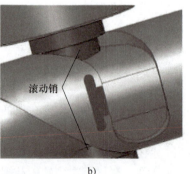

b)

图 4-13 锁闭装置

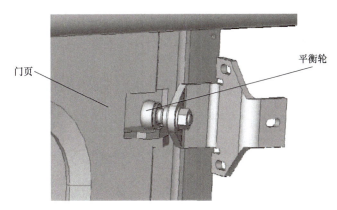

图 4-14　平衡轮装置

8. 滚轮摆臂装置

车体入口左右门立柱上装有左、右滚轮摆臂装置（图 4-15）。该装置和门扇上装有可更换的不锈钢导轨，该导轨和下摆臂配合，为车门在下部提供运动导向。摆臂上设有防脱销，当滚轮摆臂损坏或脱落时，可防止门页摆出。

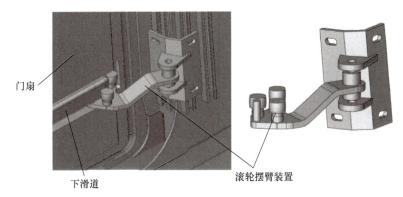

图 4-15　滚轮摆臂装置

9. 紧急出口解锁装置

靠近每扇门附近有一个手动解锁装置，用于紧急情况下乘客操作解锁开门。紧急解锁设有手柄，操作手柄的解锁力应不大于 150N，利用四方钥匙操作力矩应小于 6N·m。手柄为红色，并设有有机玻璃盖防止滥用。紧急情况下乘客可拉碎有机玻璃盖并旋转把手将相应的门解锁，平时工作人员可以通过 7cm×7cm 四方钥匙旋转把手使车门解锁，而不需要拉碎有机玻璃盖。

门机构上设有紧急解锁限位开关，当操作紧急解锁装置后会触发紧急解锁限位开关为车门提供紧急解锁信息。紧急出口解锁装置如图 4-16 所示。

10. 单门隔离装置

在每套门系统的右门扇（从内往外看）的右下角装有单门隔离装置（图 4-17），隔离装置由装在门板上的退出服务锁和装在车体门框上的隔离开关组件两部分组成。

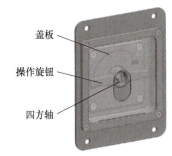

图 4-16　紧急出口解锁装置

当车门出现故障时，可将门扇移动到关闭位置，并通过 7cm×7cm 四方钥匙操作门板上的退出服务锁。当旋过 90° 后锁舌会伸出触碰到安装在车体门框上的隔离开关组件，并触发隔离开关组件的限位开关，使得该门脱离安全联锁回路，实现电气隔离；同时伸出的锁舌会卡在车体门框上安装的车门左右密封型材上，实现车门的机械锁闭。隔离装置在车内、外均可操作，操作该装置力矩小于 4N·m。

11. 紧急入口解锁装置

每辆车每侧的一套门外都设有一个专供乘务员和维修人员使用的门锁，即紧急入口解锁装置（图 4-18），它具有车外解锁功能，操作该装置力矩小于 10N·m。利用四方钥匙操作紧急入口解锁装置，也可以触发门机构上的紧急解锁限位开关，为车门提供紧急解锁信息。

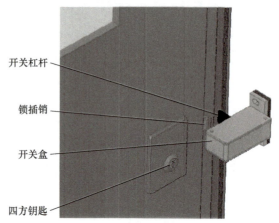

图 4-17 单门隔离装置

12. 车门限位开关

每个车门都设置有门锁到位限位开关、关到位限位开关、紧急解锁限位开关、门隔离限位开关。限位开关采用单元更换型组件，在开关更换调整好位置以后不需要再做调整。限位开关采用模块化设计，限位开关组件上设有长圆孔，用于安装调节，保证限位开关的触发。车门限位开关模块如图 4-19 所示。

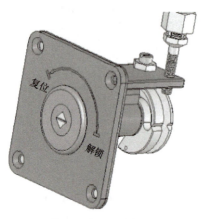

图 4-18 紧急入口解锁装置

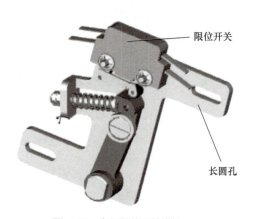

图 4-19 车门限位开关模块

13. 门页

门页采用铝合金框架外加蒙皮的复合结构，厚度为 32mm。框架用铝型材焊接而成，蒙皮为 1mm 厚的铝板，蒙皮之间填充铝蜂窝，铝蒙皮采用结构胶粘接在门页内外表面。其两门页的关闭接合面上装有专用的手指保护橡胶，以保护它所碰到的阻挡物。

14. 门页密封

为了满足通过隧道等情况对车门密封性及乘客舒适度的要求，防止窜风等情况的发生，城市轨道车辆车门密封性要求都比较严格。

固定在门页的三条边（除左右门页配合边外）上都装有密封楔和外围密封胶，它们起到一般的密封作用，而左右门页配合边装有专用的手指保护胶条（图 4-20），以保护它所碰到的阻挡物。密封胶与固定在车体框四周的铝型材密封框形成密封结构。

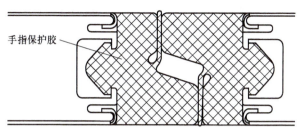

图 4-20　门页手指保护胶条

密封胶表面需要日常清洁维护,定期涂硅油或喷涂橡胶保护剂保护,这样可以减小摩擦力、增强密封性、延长使用寿命。

二、车门系统的主要功能

1. 集中开、关门功能

在司机室可以实现一侧所有客室门的同时打开和关闭,车门的开关由开门列车线、关门列车线、门使能信号线、零速列车线四条来控制,开关门逻辑见表 4-1。

表 4-1　开关门逻辑

门使能信号线	零速列车线	开门列车线	关门列车线	门的状态
0/1	0	0/1	0/1	关闭
0	1	0	1	保持
0	1	0	1	关闭
0	1	1	1	关闭
0	1	1	0	保持
1	1	0	0	保持
1	1	0	1	关闭
1	1	1	1	关闭
1	1	1	0	保持

2. 障碍物自动检测和防夹功能

每套车门的控制单元具有障碍物探测功能。在关门过程中,EDCU 将探测到大于 25mm × 60mm 的探测物。

关门过程中障碍物探测功能启动,第一次车门将保持 150N(可调)的有效力并保持 0.5s(时间 0~1s 可调)后,车门重新开启 200mm(打开宽度 50~200mm 范围可调)并停留 1s(时间 0~1s 可调),然后车门重新关闭;若障碍物还是存在,第二次车门将保持 200N(可调)的有效力并保持 0.5s(可调),车门重新开启 200mm(打开宽度可调)并停留 1s(时间 0~1s 可调),然后车门重新关闭;若障碍物仍存在,第三次车门将保持 300N(可调)的有效力并保持 0.5s(时间 0~1s 可调),之后车门将打开到全开位置。障碍物探测次数以及相关参数可通过修改控制软件进行调整。

车门完全关闭时,车门防夹密封条允许检测不到的细小物体能从关紧的门页之间拉出。

小于 10mm×50mm 的障碍物可用小于 150N 的力移开。开门过程中如果有障碍物存在，车门也将启动开门障碍物探测功能。其探测过程与关门障碍物探测相反。

3. 车门故障切除功能（客室内外都可操作）

每个车门都设置隔离装置，通过操作故障隔离装置，能够实现故障门的电气与机械隔离，使得故障车门不影响其他门的正常使用。

4. 紧急解锁功能

每套车门均设有单门紧急解锁装置，在车辆处于零速状态下，可以通过操作紧急解锁装置打开车门。

5. 列车车门监控旁路功能

在司机室隔墙柜中设有旁路按钮，由于车门故障导致门联锁回路终端中断时，可在硬线电路上旁路门联锁信号，使列车牵引允许，这种情况下安全由司机负责。

6. 车门故障显示和诊断功能

门控器可以诊断、储存、显示车门的故障；在司机室显示屏上可以显示门控器传送的故障信息。储存的故障信息至少包括：故障名称、代码、发生日期和时间、消失日期和时间。每个门控单元设有标准的 USB 调试、维修插口，并可在司机室下载已上传的上述列车车门故障信息。

7. 乘务员门锁功能（部分车门）

车辆每侧各有一套门配有乘务员门锁，采用乘务员四方钥匙操作，可以从车辆外部解锁车门。

8. 车门状态内外指示灯及开关门声响提示功能

在车辆每个客室侧门内设有一个橙黄色开关车门指示灯和红色车门故障指示灯，车辆每侧每个车门附近设有车门外侧指示灯，内侧车门指示灯状态见表 4-2。

表 4-2 内侧车门指示灯状态

序号	车门状态	橙黄灯（客室内部）	红色灯（客室内部）
1	门关好	灭	灭
2	门打开	灭	灭
3	开/关门过程	闪	灭
4	车门故障（包括门切除）	灭	亮
5	即将关门	闪	灭

每个车门各有一个外侧车门指示灯，外侧车门指示灯状态见表 4-3。

表 4-3 外侧车门指示灯状态

序号	车门状态	橙黄灯（客室车门外部）
1	本车单门全好且锁好	灭
2	开关门过程中	亮

开关门声音警示由列车广播系统播送，得到开关门指令（即鸣铃）3s（延时可调）以后车门动作。

9. 零速保护功能

若任何一套车门没有关好并锁闭，则列车不能起动。车门只有电子门控器接收到车门允许信号(包含零速信号)时,才允许车门打开。如果零速信号丢失,则车门将关闭。

10. 单门再关功能

当门控单元因重复数次而障碍物仍未排除时,司机可以通过操作司机室的关门按钮对该门单独进行再关门控制。

任务三 车门控制系统的工作原理及操作方法

一、客室车门电气控制原理

门的运动由电子门控器控制,电动机驱动,电子门控单元如图 4-21 所示。电动机通过锁闭装置与丝杠螺母副连接;丝杠上的螺母通过铰链与携门架相连。为了提供门页的摆动和平移运动,门页与携门架应相连,同时,携门架应在纵向长导柱上滑动。长导柱连接在 3 个挂架上,每端各一个,中间再放一个。这 3 个挂架在短导柱上运动,短导柱安装在承载支架上。携门架和挂架内安装有直线轴承,以确保机构运动平稳。门页在摆动和平移过程中的控制,由导向滚轮和上下导轨组成的系统完成。开门时,门页从完全关闭状态开始运动,电动机带动丝杠螺母副,引起携门架、长导柱、挂架、下滚轮导向部件中的转臂动作,并最终使门页在导向系统的引导下向外做摆出运动。在达到完全摆出状态后,导向系统控制门页的直线平移,使门页平行于车辆侧面运动。在平移过程中,携门架使门页沿着长导柱自由滑动,直到门页达到完全打开状态。这样就实现了车门在 X、Y 方向上的运动,完成塞拉动作。关门动作是开门动作的相反过程。

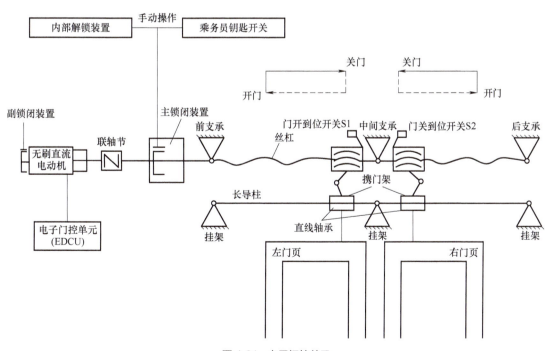

图 4-21 电子门控单元

1. 电气原理概述

电子门控单元（EDCU）是车辆电源和车门机械操纵机构之间的接口，电子门控单元原理框图如图 4-22 所示。车门具有零速保护和安全联锁电路，关门有报警提示装置。

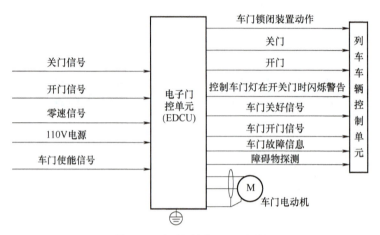

图 4-22　电子门控单元原理框图

2. 电子门控单元（EDCU）

电子门控单元（EDCU）是整个车门系统中一个关键的电气部件，主要用于门的控制，DCU 通过 RS485 插口与其他 DCU 实现信号的通信。DCU 具有方形 USB 插口，可以下载储存信息（如故障信息）用于维护，可上传（如果需要）新的软件。DCU 可以稳定地控制电动机电流和电动机电压，使门的运动快速、平稳。列车的每节车厢装有 8 套门，一边 4 套，对称分布。电子门控单元（EDCU）布局图如图 4-23 所示。

一般每节车客室内每侧各有 4 个双开电动塞拉门，每个门由自己的 EDCU 控制。所有客室车门通过列车线控制，网络控制作为备份。

EDCU 分为 MDCU 和 LDCU。每节车的 EDCU 由 2 个 MDCU 和 6 个 LDCU 组成，LDCU 通过内部网络与 MDCU 相连，MDCU 通过 MVB 总线与 VCU 进行信息交换，传送门的不同状态信息和诊断信息。

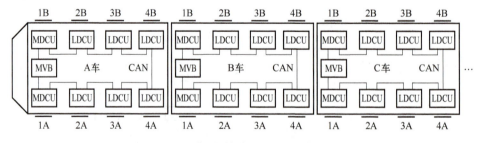

图 4-23　电子门控单元（EDCU）布局图

MDCU 是主门控单元，分别安装在每节车的 1、2 号门。MDCU 与列车控制单元（VCU）之间采用 MVB 总线进行通信，接收并处理 VCU 传给车门的相关信号。MDCU 具有故障记录功能，能存储本节所有车门的故障信息。LDCU 是本地门控单元，安装在 2A、2B、3A、3B、4A、4B 号门上，通过 RS485 总线与 MDCU 进行通信，传送相关故障信息，由 MDCU 通过 MVB 总线将车门信息传送给 VCU。

3. 开 / 关门过程及工作原理

（1）开门　车门开启的前提是开门使能信号和零速信号同时有效，此时 EDCU 收到开门信号后将发出指令使驱动电动机向开门方向转动，驱动电动机通过同步带把电力传送给丝杆，丝杆运动将会带动与之啮合的螺母运动，螺母通过携门架与门页连接，从而带动门页同步运动。

当车门打开到最大开度时，EDCU 将终止车门运动，终止方式主要为通过电动机位置传感器检测车门的位置并通过车门的制动单元锁闭驱动机构。

（2）关门　当车门 EDCU 接收到关门信号时，将发出指令使驱动电动机向关门方向转动，驱动电动机通过同步带把电力传送给丝杆，丝杆运动将会带动与之啮合的螺母运动，螺母通过携门架与门页连接，从而带动门页同步运动。

当车门关好并触动锁闭行程开关时，EDCU 接收到车门已关闭信号后将释放电动机的控制回路，丝杆停止转动，车门保持在关闭位置。同时门页下部止动销进入嵌块的导槽内，以防止门页在纵向和横向上的运动，同时平衡压轮也会把门页压紧在加强点上，以保证门页在运行过程中不会因为负压太大而产生垂向抖动。

（3）开 / 关门控制方式　开 / 关门控制采取网络优先、硬线备份的控制方式。车门的开关首先由网络控制，由 VTCU 通过列车控制总线直接向所有的 EDCU 发出开 / 关门指令，如果网络控制失效，则通过冗余车门硬线控制进行开 / 关门。

4. 车门检测回路（监视回路）

（1）车门的硬线监控　车门监视通过门关到位、门锁到位行程开关来实现。检测回路的行程开关各有一对常开常闭触头，串联在列车的监视回路中，用于控制车门监视继电器的通断。当列车车门关闭时，其常闭触头闭合，接通整节列车的单侧车门，车门监视继电器吸合。若所有列车监视继电器得电，车门关好继电器即可得电；若出现某个车门不能关闭，则列车会产生牵引封锁，保证乘客的安全。

（2）网络监控　车门控制单元通过车门子系统网络直接将单个车门状态信息反馈至列车诊断系统，诊断系统监控开 / 关门、重开门指令以及各个车门的各种状态信息，并将必要的信息显示在车辆屏上。

（3）车门零速保护功能　列车零速是车门开启的充分而必要条件，列车只有在"0"时，车门控制器得到"零速信号"后，开门功能才能起作用。当列车车速大于零，车门仍然处于开启状态时，列车将启动自动关门功能。如果车门未开启，操作紧急解锁装置，车门也无法打开。

（4）行程开关组件

1）门关到位行程开关 S1、门锁到位行程开关 S4：串接在车门检测回路中，用以检测门关闭的状态。

2）门切除行程开关 S2：用以提示门被隔离的状态信息。

3）紧急解锁行程开关 S3：用以检测门解锁的状态。

4）每个行程开关都有一对常开常闭触头用于向车门控制器反馈列车车门当前的状态。

二、紧急疏散门的操作方法

虽然紧急疏散门的控制方法多样，但是基本原理相同，都是手动机械开、关门。下面以北京地铁某线路列车为例，介绍紧急疏散门的开、关门方法。

紧急疏散门开门方式：紧急疏散门门锁在司机室内或室外都可手动开启，一旦门锁开启，通过气簧执行机构机械动作，车门就能自动倒向路基。紧急疏散门开启操作如下。

第一步：利用三角钥匙将紧急疏散门锁闭装置打到释放准备位置。

第二步：推动紧急疏散门上的门锁，门扇必须推动到约 20° 时，松开把手，如果提前松开把手，门扇有可能往回运动。

第三步：及时松开把手，释放紧急疏散梯，扣住紧急疏散梯上的 4 个安全扣件，进行乘客紧急疏散。

紧急疏散门开启操作示意图如图 4-24 所示。

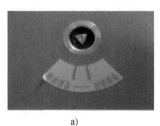  

a)   b)   c)

图 4-24 紧急疏散门开启操作示意图

a) 第一步   b) 第二步   c) 第三步

对于 6 辆编组的 B 型车，紧急疏散门的通过高度应大于 1800mm，通过宽度应不小于 640mm，疏散速度应保证在 30min 内将 6 辆编组列车定员乘客全部疏散完毕。

在车上乘客疏散完毕后，需由司机或站务人员配合回收紧急疏散梯，紧急疏散梯的回收操作如下。

第一步：利用三角钥匙将紧急疏散门锁闭装置打到回收准备位置。

第二步：扳起紧急疏散梯上的 4 个安全扣件。

第三步：用棘轮扳手通过紧急疏散门两侧的螺栓手动回收紧急疏散梯。

第四步：左手握住解锁手柄，右手握住下摆杆向车内方向拉动门扇，结合车门惯性将锁叉卡到轴上。处在二级啮合位置时，应确认紧急疏散门是否完全锁闭到位。

紧急疏散梯的回收操作示意图如图 4-25 所示。

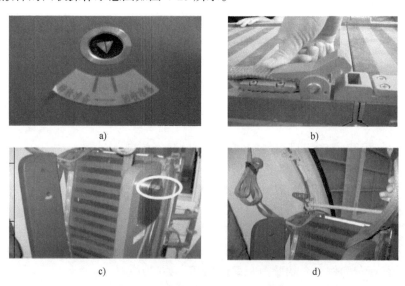

图 4-25 紧急疏散梯的回收操作示意图

a) 第一步   b) 第二步   c) 第三步   d) 第四步

任务四　车门系统日常维护及常见故障分析与处理

一、客室车门的日常维护

客室车门的类型有很多，每一种车门都有其维护与检修特点，在此以典型的塞拉门为例介绍客室车门的维护与检修内容。

1）客室门各装配部件的螺钉应紧固良好、无松动，防松线应标记明显。如果螺钉松动，必须拆除、清洁，再涂上乐泰胶进行紧固，并重新补划防松线。

2）上下导轨清洁且无异物、无变形。丝杠螺母、导柱与轴承间配合良好。

3）门页外观整洁，玻璃无破损，密封良好，门页胶条无异常磨损。门页无变形、损伤。开门后门页上下部摆出尺寸满足 52~58mm（左右门页的摆出距离最大相差 ±12mm）。

4）检查车门电路部分及地线，接线应牢固，应无松动、无虚接。电线表面无破损。

5）检查门控器各插头是否安插到位，通信插头紧固螺栓是否松动，连接控制线是否紧固良好。

6）使用手动润滑枪，用 3 号锂基润滑脂对相应部位进行润滑。

7）用甲基硅油对门周边胶条进行润滑，在润滑后，需用一块干净的布擦干护指胶条。需要注意的是，在涂任何新润滑剂前，必须擦干净部件上原来的润滑剂和灰尘。

二、紧急疏散门的日常维护

1）门外观情况良好、清洁、无损坏。
2）逃生标记、操作指示清晰可见，无损坏。
3）门关闭时，密封良好，胶条无损坏。
4）对紧急逃生门进行淋雨试验，检查其是否有漏雨现象。

三、车门系统常见故障的分析与处理

1. 客室车门系统不能手动开门

（1）故障分析　如果客室车门不能手动开门，则其主要原因如下：

1）若某一车门系统无法从外侧手动解锁，则为外紧急解锁钢丝绳上钢丝绳头松脱。
2）若某一车门系统无法从内侧手动解锁，则为内紧急解锁钢丝绳上钢丝绳头松脱。
3）若某一车门系统无论外侧还是内侧均不能手动解锁，则为隔离锁闭装置被四方钥匙锁闭。

（2）应急处理　在确认客室车门隔离锁闭装置未被锁闭时，可选择其他门进行解锁，手动开门。

2. 客室车门系统不能电动开门

（1）故障分析　当车辆处于相对静止状态（$v<5$km/h）时，在电控方式下，按下集控开门按钮开关，发出开门指令，车辆相应侧的所有车门均可打开，如果某一门系统不能打开，则主要原因如下：

1）门控器无电源。
2）电源开关故障。
3）门控器故障。

4）电磁铁故障。

5）后部密封胶条刮侧墙。

（2）应急处理　在车内用四方钥匙操作隔离锁，将该门系统隔离，待列车下线回库后由车辆检修人员检查处理。

3. 客室车门系统不能电动关门

（1）故障分析　在电控方式下，按下集控关门按钮开关，发出关门指令，车辆相应侧的车门均可关闭，如果某一门系统不能关闭，则主要原因如下：

1）后部密封胶条刮侧墙。

2）地板面导轨槽变形或损伤。

3）门关到位开关和锁到位开关位置松动。

4）门关到位开关和锁到位开关损坏。

5）门控器故障。

6）关门阻力大。

7）下导轨处有障碍物。

8）门板中间有障碍物。

9）门道内有障碍物。

（2）应急处理　原因为上述1）~6）的处理方法同故障2。原因为7）~9）的，应于现场排除障碍物。

4. 客室车门在接近全开时无减速、缓冲功能

（1）故障分析　集控开门指令发出后，门控器控制直流电动机旋转而打开车门，在接触定位止挡后电动机电枢绕组电流迅速增大，门控器检测到增大的电流后发出停止信号给直流电动机，从而实现客室门全开操作。如果门在接近全开时无减速、缓冲功能，则主要原因为门控器故障。

（2）应急处理　对门进行隔离。

5. 客室车门没有防挤压功能

（1）故障分析　集控关门指令发出后，门控器控制电动机正转，从而实现客室车门关闭操作。当客室车门关闭到一定程度时，如果门间有乘客被夹住，门控器将会检测到直流电动机电枢绕组电流增大到允许值以上，进而控制电动机停止并反转打开客室车门。如果客室车门没有防挤压功能，则主要原因如下：

1）门控器内部电流检测模块有故障或损坏。

2）门控器内部程序发生问题。

3）门控器硬件内部板级通信错误。

（2）应急处理　可以对门进行隔离，并待车辆下线回库后由车辆检修人员进行检查处理。

6. 客室车门开、关门速度太慢

（1）故障分析　门控器通过占空比调节直流电动机的驱动电压，从而实现开、关门速度控制。如果开、关门速度太慢，则主要原因如下：

1）门控器内部程序错误。

2）直流电动机驱动模块硬件或软件故障。

3）电动机故障。

（2）应急处理　对门进行隔离，并待车辆下线回库后由车辆检修人员进行检查处理。

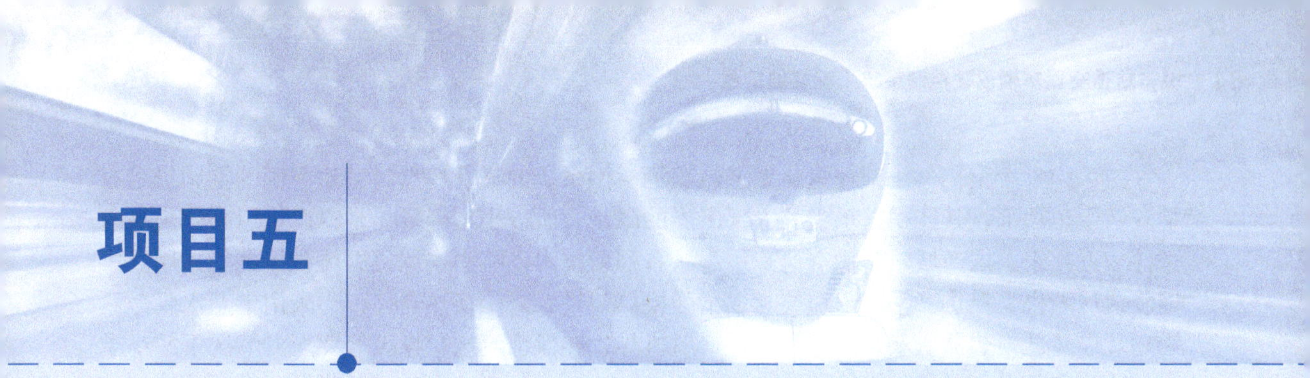

项目五

城市轨道交通车辆空调控制系统

城市轨道交通车辆运行时处于全封闭状态，其内部空气环境对乘客的健康和列车的舒适性有重要影响，车辆空调系统将一定量的车外新鲜空气和车内的循环空气进行混合，经过过滤、冷却或加热、除湿等处理后，以一定的流速送入车内，并将车内的污浊空气排出车外，从而控制车辆客室内的温度、湿度、风速以及清洁度，并使其达到规定标准，以提高车内的舒适性，改善乘客的乘车环境。

任务一　空调系统基础知识

一、城市轨道车辆空调系统概述

1. 空调系统主要参数

额定制冷量：41kW

额定送风量：4250m^3/h

额定新风量：1300m^3/h

制冷剂：R134a

紧急通风量：2000m^3/h

质量：900kg

主回路电源：3 相 380V AC 50Hz

控制回路电源：110V DC

舒适性指标：乘客的舒适性包括客室内的温度、湿度、新风、CO_2 含量、含尘量、微风速、温度场均匀性和噪声等指标。在标准大气压下，人体对舒适度的要求因个人的体质、年龄、地域、生活习惯、衣着服装等不同而有所不同，冷热干湿的要求也有很大差别。例如北京天气炎热、比较干燥，而上海气候除炎热高温外，相对湿度较大，这种差异决定了城轨车辆车内空气参数设定的指标规定应有所不同。

2. 空调系统特点

考虑到实际运行的特点和运营需要，车辆空调系统一般具有以下一些特点。

(1) 小型轻量化 小型轻量化是城轨车辆空调系统的显著特点。城轨车辆的空调机组通常安装于车顶部，其体积重量受到上部限界的限制，所以小型轻量化是空调机组必须满足的条件。近年来，国产城轨车辆空调采用了一系列新技术以缩小空调机组体积，例如采用卧式蜗旋式压缩机，换热器采用内螺纹管以增强换热效果、减少换热器体积，采用带亲水膜轻质铝翅片以降低换热器质量，引进高效进口风机等，在保证流量、噪声等要求的情况下减小了空调体积和重量。

(2) 可靠性高 城轨车辆空调机组应能满足车辆运行振动和冲击条件下的可靠性要求。

首先，空调机组的耐振性要好。车辆在运行过程中会产生振动，空调机组要具备足够的耐振性能。我国铁路行业标准 TB/T 1804—2017《铁道车辆空调 空调机组》中对铁路客车的空调设备提出了抗振要求及试验标准。与国铁线路相比，城市轨道交通线路状况相对稳定、车辆振动较小，所以 TB/T 1804—2017 的标准对于城轨车辆空调系统来说是适用的。

其次，空调机组的耐蚀性要好。现代城市污染程度较大，对暴露在大气中的空调电动机和换热器壳体的耐蚀性要求较高，须采取相应的保护措施。例如采用防护等级较高的电动机，并在电动机外部配合处增加电动机防护技术措施；在换热器上采用耐酸、碱、盐雾腐蚀的覆膜铝翅片，并采用不锈钢板材制造空调机组壳体，以防止腐蚀，延长空调机组使用寿命。

(3) 噪声低 随着生活水平的提高，人们对降低环境污染的要求和对环保的控制水平也越来越高。轨道交通也属于噪声污染源之一，尤其对沿线的影响更大。城轨车辆在选用空调与制冷装置时，必须考虑其噪声的影响。

(4) 免维护程度高 安装于城市轨道交通车辆上的空调机组不能像地面制冷机组那样，可以给检修和维护人员一个易于检视的环境和空间。根据轨道交通空调的使用经验，在条件允许的情况下，空调系统应尽量使用单元式、全封闭式制冷循环系统，并提高免维护的元件使用率。

二、城市轨道交通车辆空调系统在列车上的位置

我国电动列车空调系统主要有两种类型：集中式和车顶单元式。绝大多数车辆空调均采用车顶单元式。空调机组就是应用蒸气压缩制冷的原理将压缩机、冷凝器、节流装置、蒸发器通过管路等组合在一起，成为一个单元，安装在车顶上，故称为"车顶单元式"。各空调单元均设有两套独立的制冷系统，以增加空调系统的可靠性。与空调机组配套的电气控制柜安装在车内配电室，空调机组与电气控制柜通过电气插接器（插头、插座）连接，由车辆逆变器供电，可实现手动控制、自动控制和集中控制。

不同空调厂家及主机厂空调的结构和风道布置方式都不一样，但工作原理相同，机组内各子系统也基本一致。

空调系统由空调机组、控制盘、风道系统、司机室通风装置等组成，每列车的空调系统组成部分及位置如下：

1）位于每节车厢顶部的 2 台相同的单元式空调机组（图 5-1）安装于每节车车顶的端部和尾部，具有制冷和通风功能，每个单元空调机组制冷量为 37～41kW，2 台空调机组同时向客室内提供经过调节的空气。

2）位于每节车厢内的控制盘（内含控制器）同时控制车厢内的 2 台空调机组。

3）一套送风、回风和废排的风道系统。其管道中安装有温湿度传感器，分别用于检测

回风、新风和送风的温湿度。

4）每节 A 车司机室顶部还设有一套司机室通风装置。

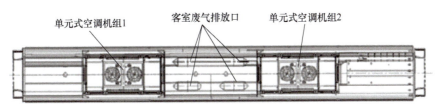

图 5-1　单元式空调机组安装位置

任务二　空调通风系统的组成

广州地铁一号线车辆的每节车配有两台独立的车顶一体式空调机组，用于客室、司机室通风和制冷，每节车两台机组的运行由一个 FPC20/2 控制板来控制。带司机室的 A 车还配有独立的司机室通风机，可通过手动旋钮对风量做多级调节。

一、空调通风系统的组成

空调通风系统一般由客室风道、空调机组、司机室通风单元等组成。

1. 客室风道组成

送风道由铝板和隔热隔音材料构成，缝隙处贴铝箔胶带，以满足设计要求。

回风道由铝板焊接而成，并贴密封条与内装配合，以满足设计要求。风道结构如图 5-2 所示。

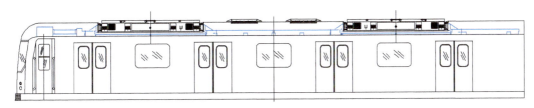

图 5-2　风道结构

2. 空调机组组成

空调机组一般由压缩机、冷凝器、蒸发器和空气处理单元等组成。

广州地铁空调机组采用涡旋压缩机，制冷剂采用 R134a，以热力膨胀阀为节流元件。每台机组具有两个独立的制冷循环系统，可根据车内负荷大小进行控制，实现能量调节。空调机组由 1 个冷凝腔和 2 个蒸发腔组成，冷凝腔内设置了 2 个压缩机、2 个冷凝器和 2 个冷凝风机，冷凝腔位于空调机组中央部位，冷凝器进风口位于机组的两侧，出风口位于机组的顶部；每个蒸发腔内设置 1 个蒸发器和 1 个蒸发风机，2 个蒸发腔分别位于机组的两端，同时向两端送风，回风口位于机组的底部，新风进口位于蒸发腔的两侧。空调机组组成如图 5-3 所示。

车辆的空调机组由空气处理室和压缩机/冷凝器室两部分构成,并被组合在一个不锈钢制的箱体内,通过4个安装座,与减振垫一起被固定在车顶上,包括连接软风道在内的尺寸:长×宽×高为2950mm×1850mm×455mm,每台机组的质量为889kg。

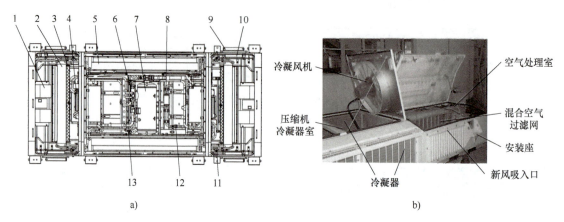

图5-3 空调机组组成

1—送风机 2—蒸发器 3—混合风滤网 4—回风门 5—冷凝器 6—低压压力开关 7—压缩机 8—干燥器 9—新风滤网 10—新风门 11—膨胀阀 12—液路电磁阀 13—高压压力开关和高压负荷开关

空气处理单元主要包括的部件有:回风调节板、新风调节板、蒸发器、送风机、紧急逆变电源、制冷管路电磁阀、热力膨胀阀、空气挡板调节用电磁阀、温度传感器、新风气动风缸、回风气动风缸、新风百叶窗、新风过滤器(金属材料)、混合空气过滤器(无纺布材料)等。

3. 司机室通风单元组成

司机室通风单元安装于头车和车尾的司机室内的顶部,通过风道和相邻的客室空调的风道相连,将经过处理后的空气送至司机室内,可以调节司机室内的温度。

司机室通风单元风速一般分为三级调节,且风向可以通过盖板上的调节风口进行调节,采用的电源为380V、单相、50Hz。司机室通风单元三维图如图5-4所示。

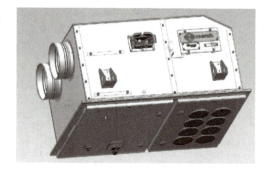

图5-4 司机室通风单元三维图

二、空调机组主要组成部件

1. 制冷压缩机

制冷压缩机的作用是将来自蒸发器的低温、低压气态制冷剂压缩成高温、高压的气体。

空调机组的制冷压缩机采用的是全封闭螺杆式压缩机(图5-5),压缩机、螺杆机构及供油系统组装在一个密封的机壳内。螺杆式压缩机具有结构简单、易损件少、压比大、对湿压缩不敏感、平衡性能好等特点。

图5-5 螺杆式压缩机

由于螺杆具有较好的刚性和强度，吸、排气口又无阀片，故液体制冷剂通过时，不容易产生"液击"。

2. 冷凝器（图 5-6）和冷凝风机（图 5-7）

冷凝器为主要的热交换设备，高压、过热的制冷剂蒸气在冷凝器中放出热量后，凝结成饱和液体或过冷液体。

车辆用空调装置采用的是空气冷却式冷凝器，制冷剂在管内冷凝，空气在管外流动，制冷剂放出的热量被空气带走。检修过程中需定期清扫和清洗冷凝器，其目的是增强换热器的传热系数，提高制冷剂和管壁间的换热系数，保证机组的正常运行和设计的制冷量。为了增强换热时的空气流动循环，空调机组采用强迫通风的对流冷却，并通过两台轴流式冷凝风机来强化制冷剂在冷凝器中的凝结放热过程。两台轴流式冷凝风机通过引接高压处的压力，由控制器根据压力变化情况来控制风机的起停和运转台数。

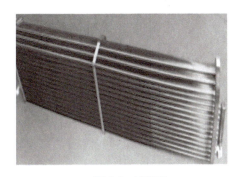

图 5-6　冷凝器

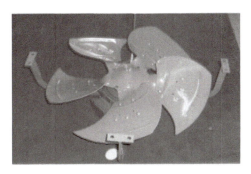

图 5-7　冷凝风机

3. 蒸发器（图 5-8）

制冷剂在蒸发器内吸热汽化，制冷剂在蒸发器内由液态变成气态，制冷剂在蒸发器内为汽化吸热过程。在蒸发器中，来自膨胀阀出口处的制冷剂，通过分配器从管子的一端进入蒸发器，吸热汽化，并在到达另一端时让制冷剂全部汽化，从而吸收管外被冷却的空气的热量，空气的热量被蒸发器内的制冷剂吸收后温度降低，达到冷却空气的目的。

图 5-8　蒸发器

4. 送风机（图 5-9）

送风机为两台离心式风扇，兼有吸风和送风的双重功能。一方面，送风机通过新风格栅吸入新风，并使它与回风混合，另一方面，送风机将经过蒸发器冷却、减湿后的空气输送到客室的送风管道中，送到客室内，达到调节客室温度、湿度的目的。

5. 热力膨胀阀（图 5-10）

热力膨胀阀位于冷凝器之后，它使从冷凝器来的高压制冷剂液体在流经热力膨胀阀后，压力被降低而进入蒸发器，它除了起节流作用外，还起调节进入蒸发器制冷剂流量的作用。通过热力膨胀阀的调节，制冷剂在离开蒸发器时有一定的过热度，这样可避免制冷剂液体进入压缩机。

图 5-9　送风机　　　　　　　　　图 5-10　热力膨胀阀

空调机组的热力膨胀阀采用的是外平衡式膨胀阀，它是通过蒸发器出口处制冷剂蒸气过热度的大小来调节阀口的开度，在蒸发器负荷变化时，可以自动调节制冷剂液体的流量，以控制蒸发器出口处制冷剂的过热度。当实际过热度高于设定值时，热力膨胀阀会让更多的液体制冷剂流入蒸发器；当实际过热度低于设定值时，热力膨胀阀会减小流入蒸发器的制冷剂流量。过热度调节弹簧的张力可对设定值进行调节，顺时针转动螺母可增大过热度设定值，逆时针转动螺母可减小过热度设定值。

6. 阀件

每台空调机组用的阀主要包括：压缩机的卸载阀、制冷管路上的液路电磁阀（图 5-11）和手动截止阀、控制压缩空气风缸的组合电磁阀。

卸载阀为压缩机的能量调节阀，它通过控制压缩机的排气量来控制制冷系统的制冷量。液路电磁阀用于自动接通和切断制冷回路，它是由 110V 电源来启闭的截止阀，电磁阀的开启是依靠线圈通电产生的电磁力，并依靠弹簧和阀芯的自重来关闭。液路电磁阀装在膨胀阀之前的液管上，与压缩机联动，当压缩机起动时，液路电磁阀打开供液管；当压缩机停止时，液路电磁阀切断供液管路。手动截止阀是装在制冷管道上的阀件，在制冷系统需要检修和分解时起着接通和切断制冷剂通道的作用。列车上的 T09 阀通过开启和切断控制着空调机组空气调节挡板驱动风缸的压缩空气。机组内的组合电磁阀由控制系统来控制其电源供给，从而控制着新风、回风风缸的压缩空气供给情况。

7. 储液器（图 5-12）

储液器用于储存从冷凝器来的高压液体制冷剂，以适应工况变化时制冷系统中所需制冷剂量的变化，并减少每年补充制冷剂次数。在储液器的中部设有一个可视液面的浮球，机组运行到稳定状态后，若制冷剂充足则视镜中的小球应上浮。

8. 干燥过滤器（图 5-13）

由于制冷系统在充灌制冷剂前难以做到绝对干燥，总含有少量的水气。当制冷循环系统中存在水分时，一旦蒸发温度低于 0℃，就会在节流机构中产生冰堵，影响系统的正常运行。

干燥过滤器中的干燥剂用来吸收制冷循环系统中的水分，过滤器用来清除系统中的一些机械杂质，例如金属屑和氧化皮等，避免系统中出现"冰堵"和"脏堵"。

图 5-11 液路电磁阀

图 5-12 储液器

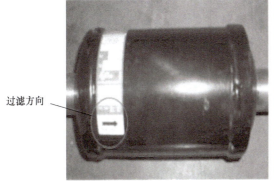

图 5-13 干燥过滤器

9. 流量/湿度指示器

流量/湿度指示器用来显示系统运行时制冷剂的量和流动情况，而示镜中心部位的圆芯则用来指示制冷剂的含水量。当圆芯纸遇到不同含水量的制冷剂时，能显示不同的颜色，从而可根据纸芯的颜色来判断含水的程度。纸芯的颜色变化可显示出制冷剂的含水量情况：正常、警示、超标。当纸芯的颜色为紫色时表明正常，当纸芯颜色开始偏红时说明系统中制冷剂的含水量已到了需加强跟踪的警示位置，当纸芯颜色为粉红色时必须尽快更换干燥过滤器。检修中，在制冷系统运行的情况下，若流量指示器中有气泡出现，则必须确认管路是否有堵塞的问题，否则说明制冷剂量不足，需及时补加制冷剂，否则容易导致系统因低压问题出现的故障。视液镜如图 5-14 所示。

图 5-14 视液镜

10. 压力开关（图 5-15）

广州地铁一号线空调机组共设有 4 个压力开关，分别为高压压力开关 2 个，控制压力开关 1 个，低压压力开关 1 个。当制冷系统的压力异常高时，高压压力开关动作，使压缩机停止运行，避免意外事故的发生和设备的损坏，根据压力动作值的不同设置，高压开关设有自动复位和手动复位两种。

11. 温度传感器（图 5-16）

空调系统分别在客室、新风入口、送风管道处设有温度传感器，用于监测客室温度、环境温度和已处理空气的温度，通过对温度采样值的判断来控制空调机组的运行模式。广州地铁一号线空调机组的温度传感器采用的是 NTC 型，这种传感器的温度与电阻呈负相关关系，即温度值越高电阻值越低。

图 5-15　压力开关

图 5-16　温度传感器

12. 客室空调控制盘

空调控制系统采用 KPC 控制器作为核心控制单元，一台控制盘控制两台空调机组，外围采用接触器、断路器、继电器等控制元件，集成安装在客室内空调电气柜的控制板上，共同完成空调系统的控制、保护和故障诊断功能。控制器采集各传感器以及各元件的保护信息，进行数据的运算、处理，并与车辆控制系统通过 MVB 网络进行通信。空调控制系统通过控制空调机组，将车内保持在舒适的环境下，同时，控制系统将对空调机组进行诊断，将空调系统各元件的状态信息以及故障信息发送给车辆控制器，并可在司机室显示屏显示。

控制盘主要部件由以下部分组成。

（1）微机控制器　微机控制器根据规定的设定温度、室内温度、新风温度等，确定制冷需求，控制空调机组工作在通风、制冷等各工况，微机控制器带有 MVB、RS232、USB 通信接口，通过 MVB 接口与车辆网络进行连接；通过 RS232 接口下载 MVB 网卡程序；通过 USB 接口与 PTU 进行连接或下载控制器程序。

（2）接触器　接触器位于空调控制盘上，是空调控制系统的操作部件，通过接触器的吸合与断开，可控制其相应设备的工作或停机。

（3）热继电器　热继电器位于空调控制盘上，是空调控制系统的保护部件，当冷凝风机过载时，可切断冷凝风机电源，实现过载保护。过载恢复后热继电器自动复位，热继电器的整定值为 2.1A。

速动热继电器位于空调控制盘上，是空调控制系统的保护部件，当压缩机过载时，可切断压缩机电源，实现过载保护。过载恢复后压缩机速动热继电器自动复位。速动热继电器的整定值为 19A。

（4）断路器　断路器位于空调控制盘上，是空调控制系统的手动操作部件，可实现短路保护、过载保护、控制及隔离功能，当断路器由于短路或过载保护跳闸后，需手动重新合闸。

热磁断路器位于空调控制盘上，是空调控制系统的保护部件，当通风过载时，可切断通风机电源，实现过载保护。过载恢复后，通风机热磁断路器需手动复位。热磁断路器的整定值为 2.2A。

（5）**漏电保护器**　漏电保护器位于空调控制盘上，是空调控制系统的手动操作部件，可实现漏电保护功能。当保护后，需手动重新将配套的断路器合闸。

（6）**三相监控继电器**　三相监控继电器位于空调控制盘上，是空调控制系统的保护部件，可实现过电压、欠电压、缺相及相序等保护功能。

（7）**转换开关**　转换开关位于空调控制盘上，是空调控制系统的手动操作部件，可实现各模式切换。

任务三　空调通风系统的工作原理及控制模式

一、空调机组的制冷原理

1. 制冷循环的基本原理

制冷循环：制冷剂在制冷回路中循环流动，并且不断地与外界发生能量交换，即不断地从被冷却对象中吸取热量，向环境介质排放热量。为了实现制冷循环，必须消耗一定的能量。在制冷方法中，液体汽化制冷应用最为广泛，车辆空调机组采用的是蒸气压缩式制冷，它属于液体汽化制冷。

2. 空调机组的制冷过程

图 5-17 所示为空调机组制冷原理，制冷剂 R134a 在压缩机内被压缩，成为高温、高压的气体，被分成两路经两侧冷凝器的冷凝、冷却，通过冷凝风机吸入外界空气来强化对流，增强换热效率，由控制压力开关来控制冷凝风机的运行台数，经过冷凝器后的制冷剂成为高温、高压的液体，液体制冷剂进入储液筒、干燥过滤器、流量显示器后，再次被分成两路，每一路都先通过液体管路电磁阀到达热力膨胀阀，制冷剂在膨胀阀中被节流降压，变成低温、低压的气液混合状态，液体制冷剂在蒸发器管内吸收需冷却的空气热量，并由液态蒸发变成气态，气态的制冷剂被再次吸入到压缩机，重新被压缩，压缩机的不断工作和系统的往复循环，达到连续制冷的效果。

制冷剂在系统中经过蒸发、压缩、冷凝、节流 4 个基本过程，完成一个制冷循环，这个循环过程就是蒸气压缩式制冷的工作原理。

1→2：从蒸发器出来的低温低压的制冷剂气体通过压缩机压缩后，转变成高温高压气体进入冷凝器。

2→3：高温高压的制冷剂气体经过冷凝器时，被环境空气（或水）冷却放出热量后，被冷凝成高温高压的液体。

3→4：高温高压的制冷剂液体经过节流阀（膨胀阀）节流后，变成低温低压的液体进入蒸发器。

4→1：低温低压的制冷剂液体流经蒸发器时，吸收被冷却物质（客室内的空气）的热量，蒸发汽化成低温低压的气体后被压缩机吸入。

这四个阶段周而复始地循环，达到持续制冷的效果。

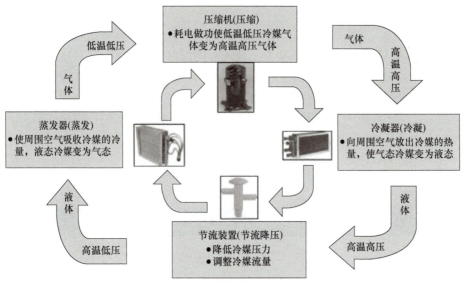

图 5-17 空调机组制冷原理

通过压缩机的（压缩）做功，实现制冷剂在系统管路中的循环；而制冷剂的循环（状态的变化）实现了对周围空气的冷却，达到制冷的目的。空调制冷循环系统结构简图如图 5-18 所示。

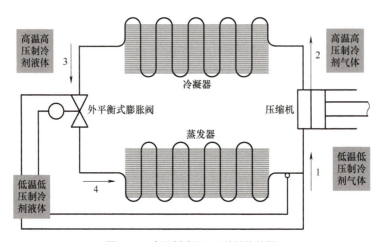

图 5-18 空调制冷循环系统结构简图

二、空调通风系统的功能

根据车厢内部和外部的条件，空调通风系统具备以下功能。

1. 预冷

在车厢空调系统起动之后应先进行预冷。在此模式下新风阀完全关闭，用 100% 的回风来对客室降温以节约能量并缩短预冷时间。司机可通过司机室 MMI 上的按钮结束预冷，此时空调将进入制冷状态。

2. 制冷

制冷模式的运行由 KPC 控制。当制冷剂压力超出设定压力范围或压缩机电动机过载时空调机组将启动保护功能，以免空调机组损坏。

送风温度取决于车外温度（即新风温度）、客室内的实际温度和设定的客室温度。在制冷模式中，当外界环境剧烈变化时空调机组能以两种不同的制冷量运行。在正常情况下空调机组将以 100% 的制冷量运行，在此情况下 4 个新风格栅将引入 1600m³/h 的室外新风。为预防故障，所有的系统功能都由空调控制器（KPC）检查和控制。

3. 通风

在通风模式中，根据新风温度值，压缩机和冷凝器将被关闭，仅有送风机继续运行，为客室提供新风和回风。运行将由空调控制器（KPC）所控制。一旦送风机电动机发生过载，控制器将自动关闭电动机。

送风温度将取决于房间温度和风道温度。一旦房间温度超过设定值，系统将自动切换到制冷模式。为预防故障，所有的系统功能都由空调控制器（KPC）检查和控制。

4. 减载

当一台辅助逆变器发生故障时，系统将切除每台空调中的一台压缩机，发生故障的辅助逆变器所承载的负载自动分散到剩余的辅助逆变器。

5. 紧急通风

在半冷状态中压缩机的起动遵循均衡磨损原则。压缩机 1 和压缩机 2 哪台工作时间短，则哪台投入运行。

（1）紧急通风模式启动　当系统处于自动模式，且满足下列任意条件之一时，系统启动紧急通风模式：

1）MVB 网络正常，且收到"空调起动信号"时，空调控制系统检测到 AC 380V 主电源故障。

2）MVB 故障，且空调控制系统检测到 AC 380V 主电源故障。

紧急通风模式下回风门关闭，新风门完全打开，离心风机由紧急逆变器供电工作。其他设备停止运行。

（2）紧急通风结束　当满足以下条件之一时，空调结束紧急通风模式：

1）空调控制系统检测到 AC 380V 主电源正常。

2）收到停机命令。

空调在紧急通风模式下，不满足紧急通风结束条件时，会持续工作直至紧急通风逆变器亏电。

三、空调通风系统的控制

1. 温度控制

控制盘上设有温度选择开关，温度选择开关一般设 7 档：自动、试验、关断、22℃、24℃、26℃、28℃。

2. 控制方式

在正常运行时，所有空调开关都可设置成"自动"。此时空调温度控制优先执行司机通过 MVB 发送的集控命令，如果司机未进行设定，则车内温度按照 UIC553 标准执行。车内外温度计算满足下式：

$$T_i = 23℃ + 0.25(T_e - 19℃)$$

式中　T_i——车内温度（℃）；

　　　T_e——车外温度（℃）。

如果客室内太冷或者太热，控制开关转至"22℃、24℃、26℃、28℃"其中一个位置时，可以相应地对单个客室进行调整。

控制开关转至"试验"位时，空调机组将进行一次自检，用于检修人员的调试和维修。

3. 列车空调的开启和关闭

列车空调系统必须在激活端的司机室操作其运行或停机，通过按压设在副司机台的空调"开""关"按钮即可开启或关闭整列车的空调机组，若开停"空调A"按钮则仅开停列车头端A车的空调机组。每节车的电子柜内装有一个空调控制板和温度控制板，温度控制板可对单节车空调机组的运行模式和温度值进行设定，空调控制板控制了每节车的两台空调机组，并能完成故障的诊断和记录，通过相关应用软件可以进行实时通信。

4. HMI 状态界面（驾驶室触摸屏）

司机室内除了操纵台上的三个按钮开关之外，其他所有对空调系统的操作均通过 HMI 进行。在 HMI 的主界面选择空调按钮，可进入空调界面图（图 5-19）（彩图见文后彩插）。

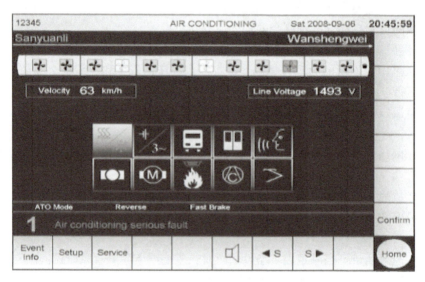

图 5-19　空调界面图

在空调界面中，空调机组的运行状态通过不同的符号予以表示，便于司机快速查看各空调机组的运行状态。空调运行符号如图 5-20 所示（彩图见文后彩插）。

5. 司机室通风单元控制

对于 A 车，除了安装在车顶的两个空调机组以外，还在司机室内还配备了一个通风单元。它安装在司机室的天花板上，通过引入相邻客室的空调风来实现司机室内的空气调节。司机室内部的空气调节通过司机室通风单元上的旋钮开关来实现。

使用司机室通风单元的旋转开关，可以选择 4 种不同的通风状态：0—"关闭"；1—低速通风；2—中速通风；3—高速通风。

此外，气流方向可以通过位于内顶板的送风导向器来调节，可以根据气候条件及司机的喜好任意调节角度。

6. 工作模式

在每个控制盘上设有功能选择开关 SA，SA 设有"自动、测试 1、测试 2、关断、通风"5 个档位，调节空调机组工作在不同的工作模式，具体如下。

优先级	符号	指示的状态
1		空调故障
2		空调警告
3		空调运行在紧急通风模式,由蓄电池供电
4		空调运行在通风模式
5		空调运行在限制制冷模式
6		空调正常运行,无故障
7		空调关闭,无故障

图 5-20 空调运行符号

（1）测试 1/测试 2　当功能选择开关处于此档位时,系统处于测试模式,控制系统单独控制 1 号机组/2 号机组 100% 制冷运行,压缩机起动过程同自动模式下的 100% 制冷,运行时间为 15min,用以对两台机组主要部件进行测试,空调在测试模式下压缩机起动不受允许起动信号限制。

（2）关断　当功能选择开关处于"关断"时,空调机组停止工作。

（3）通风　当功能选择开关处于"通风"时,空调机组强制工作在通风模式,此时仅两个离心风机运转。

1）35% 制冷:两个离心风机运转,两个轴流风机运转,每个空调机组的一个压缩机卸载运转,相应液管、旁通电磁阀均得电。

2）50% 制冷:两个离心风机运转,两个轴流风机运转,每个空调机组的一个压缩机全载运转,相应液管、电磁阀得电,旁通电磁阀失电。

3）70% 制冷:两个离心风机运转,两个轴流风机运转,每个空调机组的两个压缩机卸载运转,相应液管、旁通电磁阀均得电。

4）85% 制冷:两个离心风机运转,两个轴流风机运转,每个空调机组的一个压缩机全载运转,相应液管电磁阀得电,旁通电磁阀失电,另一个压缩机卸载运转,相应液管、旁通电磁阀均得电。

5）100% 制冷:两个离心风机运转,两个轴流风机运转,每个空调机组的两个压缩机全载运转,相应液管、电磁阀得电,旁通电磁阀失电。

（4）自动　当功能选择开关处于"自动"档位时,控制器通过 MVB 接收来自 TMS 的运行信号,此时,空调工作模式受 MVB 网络控制,根据 TMS 发送的不同指令,工作在相应模式。

7. 风阀控制

风阀标称的全开时间为 35s。为保证完全打开或关闭,设定全开或全关时间为 40s,新风量的调节通过自动控制新风阀的开度实现。根据 TCMS 发送来的载客量信号,风阀分为 3

档调节：

1）若接收到载客量信号为 AW1，风阀开度为 1/3 开。
2）若接收到载客量信号为 AW2，风阀开度为 2/3 开。
3）若接收到载客量信号为 AW3，风阀开度为全开。

任务四　空调通风系统常见故障分析

一、空调通风系统故障处理流程

空调通风系统的故障处理流程：发现故障现象，分析故障产生的原因，决定采用哪种方法来确定故障，最后进行故障处理。

二、空调通风系统的故障分析与处理

空调通风系统的故障分析与处理见表 5-1。

表 5-1　空调通风系统的故障分析与处理

故障内容	故障原因	故障的判断方法	处理	工具
不出风	1. 离心风机的配线问题 1）插接器处断线 2）配线处螺钉松弛	查看电路接通情况 查看电路接通情况	修理 拧紧	专用工具 W005
	2. 电动机烧损或断线	测量线圈电阻	更换电动机	
	3. 控制电路及电器故障	检查电路及电器元件	修理或更换	
风量小	1. 离心风机电动机翻转	检查离心风机转向	调换相线	专用工具 W005 化学清洗剂 R001
	2. 混合风滤网堵塞	检查过滤网	清洗滤网	
	3. 蒸发器结霜成冰	检查（目视）	送风融化冰、霜	
	4. 蒸发器散热片脏堵	检查（目视）	清洗	
	5. 送风道等处堵塞	检查	修理	
	6. 风机叶片积垢	检查	清洁	
不冷	1. 压缩机不转 1）电动机断线、烧损 2）高压压力开关动作 3）低压压力开关动作 4）配线端子安装螺钉松弛 5）电气控制柜电器件不良 6）接触器、线圈烧毁或触头故障 7）压缩机故障 8）轴流风机热继电器动作 9）轴流风机电动机烧损或断线 10）离心风机电动机烧损或断线 11）压缩机热继电器动作	测定线圈电阻 见第 6）项 见第 7）项 查看接通情况 检查电器件 检查元件 检查压缩机 检查电动机电流 测线圈电阻 测线圈电阻 检查压缩机电流	更换压缩机 拧紧 查明原因后修理 修理或更换 修理或更换 修理或更换 修理或更换 修理或更换 修理或更换	测量和试验设备 M002

(续)

故障内容	故障原因	故障的判断方法	处理	工具
不冷	2. 压缩机运转，制冷剂泄漏	① 室内吸入和排出空气温差小 ② 回气温度过高 ③ 压缩机运转电流小	修理制冷循环系统，重新充注制冷剂	测量和试验设备 M002
冷量不足	1. 回风滤尘网堵塞	检查滤尘网（目视）	除去筛孔堵塞物	测量和试验设备 M006
	2. 蒸发器、冷凝器过脏	检查（目视）	清扫	
	3. 蒸发器结冰	检查（目视）	送风化冰	
	4. 空调设定温度过高	检查（目视）	调整或修理	
	5. 少量制冷剂泄漏	压缩机运转电流比其他压缩机略小	修理制冷剂循环系统	
	6. 制冷剂充注过多	电流过大	重新充注制冷剂	
	7. 风量不足	见第 2 项		
振动噪声大	1. 风机电动机轴承异常		修理风机	专用工具 W005
	2. 风机叶轮不平衡	检查风机平衡性	调整或更换	
	3. 紧固部位松弛	检查各紧固部位	拧紧	
高压压力开关动作	1. 冷凝器过脏	检查冷凝器	清扫	专用工具 W005 化学清洗剂 R001
	2. 制冷剂充注过多	电流比正常值大	重新充注制冷剂	
	3. 轴流风机反转	检查	将相序调整正确	
	4. 排气管段堵塞	检查高压管路及配件	修理	
	5. 轴流风机不转 1）电动机烧损 2）电动机的轴承损伤	测定线圈电阻是否平衡 检查	更换电动机 更换球轴承	
	6. 空气或不凝性气体混入系统中	电流比正常值大	查明原因，修复后重新充注制冷剂	
低压压力开关动作	1. 制冷剂泄漏	压缩机电流小	检查、修理制冷系统	测量和试验设备 M006
	2. 温度传感器感温不正确	电阻值与温度不对应	校准传感器或更换	
	3. 风量不足	见第 2 项		
	4. 低压管路堵塞	检查（目视）	检查修理制冷系统	
	5. 蒸发器散热片堵塞	检查	清扫	
漏水	1. 回风口漏水，回风短风道密封不良	检查	进行正确安装，密封	化学清洗剂 R001
	2. 出风口漏水	① 蒸发器脏堵 ② 送风面密封处漏水	清洗蒸发器或滤尘网 检查送风面密封情况，正确安装机组	
	3. 车内的风道内凝露形成水珠，从出风口吹出		风道保温	

下面介绍空调通风系统故障分析的几个具体案例。

1. HMI 空调图标显黄

（1）**故障现象**　空调图标显黄，复位微动开关后恢复正常。

（2）**故障分析**　列车回库后，下载该车相关数据发现冷凝风机 22（CFK22）接触器故障，CFK22 故障信息见表 5-2，检查 CFK22 接触器及活动辅助触头电阻、各接线电流后，各部件未发现异常，库内多次试验均无异常，空调机组制冷功能正常，不影响运行。

表 5-2　CFK22 故障信息

记录	列车编号	故障名称	故障等级	故障状态	发生时间	T_i	T_e	T_s	模式
1	66	CFK22 接触器锁死故障	严重	故障发生	2015/3/31 14:47:02	23	21	22.8	50% 制冷
2	66	CFK22 接触器吸合故障	中等	故障发生	2015/3/31 14:47:02	23	21	22.8	50% 制冷
3	66	CFK22 接触器吸合故障	中等	故障消失	2015/3/31 14:47:02	23	21	22.8	50% 制冷
4	66	CFK22 接触器吸合故障	中等	故障发生	2015/3/31 14:46:56	23	21	22.8	50% 制冷

空调系统根据环境温度及载客量自动设定目标温度，根据制冷需求判定空调系统是否开启或开启半冷/全冷模式。冷凝风机接触器动作仅发生在制冷系统开启或停止时，由故障记录可发现，故障首次发生和消失时为 50% 制冷，可判定该故障正是在制冷系统开启时冷凝风机接触器动作时发生。由故障记录可发现，冷凝风机接触器故障时间持续较短，可判定为冷凝风机接触器吸合不畅。

（3）**故障原因**　接触器吸合不畅，导致接触器锁死，造成正线车辆空调故障，HMI 显示空调显黄。

（4）**故障处理**　更换故障接触器，空调系统工作正常。

2. 机组压缩机接触器故障

（1）**故障现象**　机组 1 压缩机 1 接触器故障，机组 1 压缩机 2 接触器故障，HVAC 机组中等故障。

（2）**故障分析**

1）硬件分析。列车回库后检查空调机组压缩机接触器辅助触点通断正常、检测阻值正常、反馈信号线正常导通、插接器处无缩针，相关设备检查无异常。

2）软件分析。结合空调压缩机接触器控制原理图进行分析，空调压缩机在工作过程中会随着外界温度及客室温度变化进行起/停交替的工作，该交替过程中，空调系统可报出如下两种故障。

① 当空调控制器检测到温度过高需要起动压缩机时，空调控制器发出压缩机起动指令，压缩机接触器 CFK11、CFK12、CFK21 及 CFK22 闭合后延时不超过 2s，接触器的反馈触点才会接收到输入信号，压缩机方开始起动，若接触器动作超过 2s 后，该接触器的反馈触点无输入（第一次），则断开相应的接触器。延时 6s 该接触器再次动作，延时 2s 后，若仍无反馈（第二次），则接触器断开，报出故障并锁死故障。

② 当空调控制器检测到温度过低需要停止压缩机时，空调控制器发出压缩机停机指令，压缩机接触器 CFK11、CFK12、CFK21 及 CFK22 断开后延时不超过 2s，接触器的反馈触点

应无反馈输入信号。若接触器断开 2s 后，该接触器触点仍有反馈输入，系统检测断开未成功，则报出故障并锁死故障，此时如果设备有前级限制设备，则前级设备应该能自动起动，保证系统的安全性。

（3）故障原因　空调系统频繁报出压缩机接触器故障（卡分及卡合）、空调系统中等故障的原因为压缩机接触器在闭合之后有输入的延时设定值（2s）时间过短，当实际接触器闭合 2s 之内未有反馈输入时，6s 后继续闭合 2s 之内仍未有反馈输入；当实际接触器断开后 2s 之内，接触器触点仍有反馈输入信号时，系统均立即将故障锁死，并报出"HVAC 机组中等故障""HVAC 压缩机接触器故障"，空调图标显黄。

（4）故障处理　从软件方面对该延时设定值进行优化，重新刷新软件后故障消失。

项目六

城市轨道交通车辆乘客信息控制系统

任务一 乘客信息系统基础知识

一、乘客信息系统的功能

城市轨道交通车辆乘客信息系统（Passenger Information System，PIS）的基本功能包含客室广播、自动报站、乘客紧急对讲、音频播放、音频监控和客室噪声检测等，客室广播和自动报站功能是与车辆接口的最为重要的面向乘客界面的基本功能，乘客信息系统示意图如图6-1所示。乘客信息系统依托多媒体网络技术，以计算机系统为核心，以车站和车载显示终端为媒介，为乘客提供乘车须知、服务时间、列车时刻表、列车到发时间、政府公告、管理者公告等实时动态的多媒体信息，使乘客通过正确的服务信息引导，安全、便捷地乘坐轨道交通。

乘客信息系统通过列车通信控制网络实现控制中心与列车、车站与列车及司机室司机和客室乘客之间的信息传递。其不但可以提高城市轨道交通运营和乘客服务水平，而且也可增加地铁、轻轨等运营部门的收入。乘客信息系统的主要功能是：

1）播放列车到站动态音/视频运营信息，使旅客及时了解列车的运行情况、到站信息等，方便旅客换乘其他线路，减少旅客下错站的可能性。

2）在发生灾害或其他紧急情况下（如火灾、阻塞、恐怖袭击等），进行紧急广播，以指挥旅客疏散，调度工作人员抢险救灾，减少意外造成的损失。

3）为了保障运行安全，在司机室和客室车厢内安装有摄像监视系统。视频监控系统具有停站车门监视功能。

4）提供城市轨道交通乘车须知、服务时间、列车到发时间、列车时刻表、管理者公告、政府公告、出行参考信息、股票信息、媒体新闻、赛事直播、财经信息、天气预报、娱乐信息、体育信息、消费信息、广告等实时动态多媒体信息。

二、乘客信息系统的网络构成

乘客信息系统总体由4个子系统构成：列车广播通信系统、乘客信息显示系统（PIDS）、视频监控系统（CCTV）和列车信息收发系统。乘客信息系统原理框架图如图6-2所示。

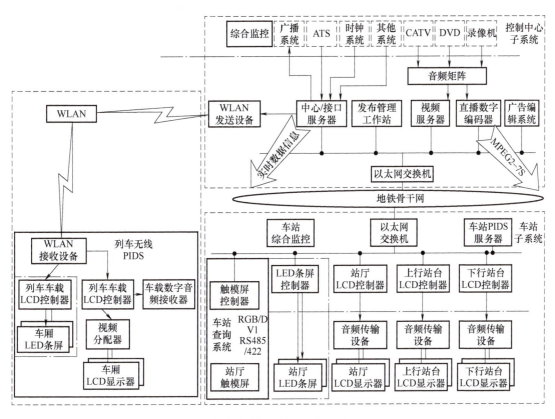

图 6-1 乘客信息系统示意图

乘客信息系统与 VCU（Vehicle Control Unit）是西门子公司采用的主控系统，南车时代电气用的是 VCM 主控系统，在互相通信协调管理下能够实现自动行车时播报到站信息，乘客信息系统的广播功能采用了对讲与广播独立的传输总线，这样能够在广播的时候也进行司机与司机之间的对讲，或者司机与乘客之间的对讲。对讲的内容被录在司机室广播机柜中的数字报站器上，内容存储在报站语音文件的 CF 卡（CF 卡是一种用于便携式电子设备的数据存储设备）中。数字报站器上集成有 USB 接口，可以与计算机连接下载录音文件和上传报站语音文件。

乘客信息系统由 2 台司机室广播主机和 6 台客室广播主机（分机）组成，每台司机室广播主机与本节司机室中其他外部设备相连进行通信与语音信号的传输。每台客室广播主机与本客室的扬声器、噪声检测器、报警盒、动态地图相连。司机通过司机室操作台上的按键，完成客室广播、司机室对讲、紧急对讲等功能；客室中安装的紧急对讲器为乘客提供与司机紧急对讲的功能。司机室广播主机板件有冗余功能，有一台广播主机出现故障时，另一台可以做补充，使广播系统能够继续运行。

乘客信息系统采用了总线形式的网络拓扑结构，共有以下 4 类总线。

（1）广播音频总线　广播音频总线用于列车广播音频信号，例如传声器音频信号、MP3 数字报站音频信号、Radio 无线音频信号等在车辆间的传输。

（2）对讲音频总线　对讲音频总线用于司机室-司机室之间（C-C）对讲音频信号、司机室-客室之间（P-C）紧急报警音频信号的传输，实现列车对讲及紧急对讲功能。

（3）列车通信总线　列车通信总线用于列车通信控制信号。

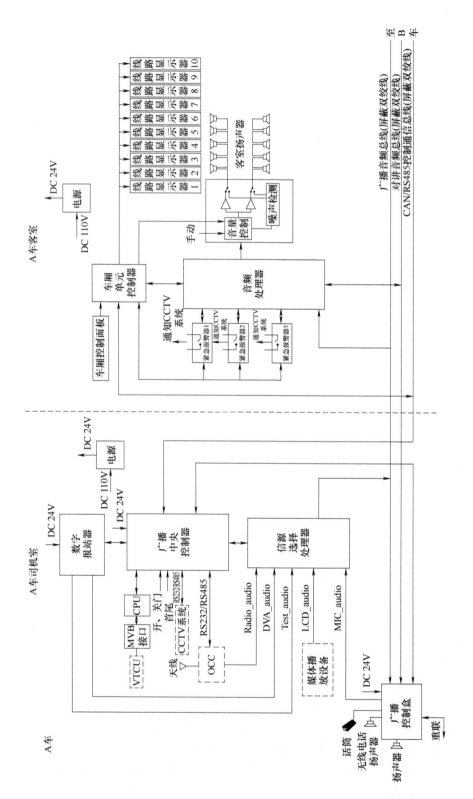

图 6-2 乘客信息系统原理框架图

（4）以太网总线　以太网总线用于列车 CCTV 视频监控图像视频流的数据传输，实现乘客信息 LCD 的显示和客室状态监视功能。

任务二　乘客信息系统各子系统组成及功能

一、列车广播通信系统的组成及功能

列车广播通信系统向广大乘客发布有关列车时间、车次变动、列车延时、行车安全、紧急情况以及突发事件等信息。

列车广播通信系统由机柜、广播台、司机室广播主机、客室广播主机、传声器、紧急报警器、扬声器、电子动态地图显示屏及噪声检测器等设备组成，可完成列车的广播、报警和广播信息动态显示等功能。列车广播通信系统采用智能化控制，网络化管理，数字化处理，模块化结构，操作简便，并具有高效性。列车广播通信系统设备的分布汇总见表 6-1。

表 6-1　列车广播通信系统设备的分布汇总

设备名称	数量/列					数量/列	安装位置	用途
	A	B	C	C	B	A			
司机室广播主机	1					1	2	ATC 机柜内	广播系统管理控制
客室广播主机	1	1	1	1	1	1	6	A 车在信号柜内；B、C 车在继电器柜内	广播系统控制
操作设备	1					1	2	主司机台面	实现人机对话
乘客紧急报警盒（PECU）	3	3	3	3	3	3	18	安装在车门立柜处	紧急对讲
传声器	1					1	2	主司机台上	用于广播/对讲
司机室扬声器	2					2	4	司机室座椅顶部盖板上	用于广播/监听
客室扬声器	10	10	10	10	10	10	60	客室座椅顶部盖板	客室声音输出
噪声检测器	3	3	3	3	3	3	18	安装在座椅盖板处	客室噪声监测
电子动态地图	10	10	10	10	10	10	60	安装在座椅盖板处	到站、下一站等乘客信息显示
司机台广播控制盒（紧急对讲、客室广播、同机对讲）	1					1	2	主司机台面	实现司机人工广播、司机室对讲、司机与乘客对话等功能

机柜分布在全线各站、车辆段和控制中心。广播台类型见表 6-2。

1. 司机室广播主机

司机室广播主机是广播系统的大脑，负责该系统主要工作，广播系统各功能的实现均要通过该部件，且系统主机具有冗余功能。城市轨道交通车辆每列车共有 2 个司机室广播主机，它是广播系统的核心设备，由广播中央控制器（PISC）、音频处理模块（CAPU）、数字语音播放和录音模块（DVAR）、电源供应单元（PSU）、MVB 通信接口、I/O 接口、操作控

制模块（CDAU）和一些接口设备构成。司机室广播主机的功能是完成广播系统的通信控制、音频处理、音源选择以及与车辆线及广播控制盒的接口。

表6-2 广播台类型

序 号	类 型	使 用 地 点
1	智能广播台	控制中心
2	站长广播台	车站控制室
3	站台广播台	各站站台
4	轨旁广播台	车辆段沿线
5	桌面广播台	通号楼、检修楼、运用库

（1）电源供应单元（PSU） PSU主要是将DC 110V的直流电变换为各单元所需的DC 24V、DC±12V和DC 5V供电电源。

（2）司机室I/O接口 司机室输入输出接口用来连接列车监控系统、无线电台、车载控制器、媒体播放主机和广播系统的列车线。司机室I/O接口功能如下。

1）列车监控接口。

2）无线电台接口。

3）车载控制器。

4）媒体播放接口。

5）广播系统列车线接口。

（3）广播中央控制器（PISC） PISC负责整个系统的管理和调配，能够集中控制列车广播、无线电广播、数字式语音广播等功能，并作为设备间系统控制总线的通信管理。

（4）数字语音播放和录音模块（CAPU） CAPU的功能是实现对无线电台语音、MIC口播音频、数字报站器的音频和LCD伴音等信号源的选择和切换。信源选择器还与列车广播音频总线连接，将选择的音频信号（RADIO、DVA、CCTV）转接至广播音频总线，且有对应的音频指示灯被点亮。工作在CAPU模块前面板中的有MIC输入、广播/对讲监听扬声器接口。CAPU板针对音频通道有优先权选择判断功能，可按照设定的优先级别选择输出对应的音频内容。

（5）数字语音播放和录音模块（DVAR） DVAR是集数字语音播放和录音等功能于一体的高密度集成设备，存储介质为CF卡。DVAR的存储卡里可存储包括系统参数信息、语音信息、路线信息和动态路线地图描述信息等，同时存储乘客紧急报警时与司机之间的通话内容。CF卡中存储有数字音频，其中包括车门提示"叮咚"声，语音报站内容和紧急广播内容。

（6）操作控制模块（CDAU） CDAU是人机交互的管理中心，它通过面板上的扩展键盘接收到的人工操作信息与PISC协调处理，实现司机与司机的对讲、乘客与司机的紧急对讲、司机对乘客的人工广播和对讲、广播监听扬声器输出音量的控制等功能。它也负责两个车重联后司机与司机之间的对讲以及控制被重联列车的广播，具有选择被重联车辆司机室通话的功能，同时在该模块上留有设置司机室地址与主副工作模式和监听/对讲声音输出接口。

2. 客室广播主机

每列车共有6节客室广播主机，每节车一台，它是客室广播系统的核心设备。客室广播主机通信主要负责本节车厢的音频播放、信息显示及乘客紧急报警，其功能主要是将音频信号放大、控制动态地图显示和乘客紧急报警的信息传递。另外它还根据客室内的噪检功能，负责自动调整本节车的广播音量。客室广播主机接收和执行司机室广播主机发来的操作指令，同时上传客室广播主机接收的故障信息和反馈数据，为了方便控制、操作和维护，每个模块均采用独立控制与单任务功能。

（1）电源供应单元（PSU） 客室广播主机的 PSU 的结构与功能同司机室广播主机的 PSU 是一样的。

（2）本地控制单元（LCU） LCU 主要负责对本节车厢内的设备进行管理与通信，同时负责与列车司机室广播主机上的 PISC 通信，控制对应车厢中的紧急报警盒、电子动态地图及功放音频控制器的处理，能够实现对车厢中其他设备故障的记录并上传到 PISC。

（3）功率放大器（AMP） AMP 用于对广播的音频信号进行放大，驱动扬声器发出声音。该模块内部是两块对称的功放板，每一块板件负责本节车单侧音频的输出。功率放大器可连接两路扬声器（车厢中的扬声器可采用奇偶分布），当一路出现故障时，另一路能够继续工作，提高系统的冗余度。功率放大器中具有过电流、过电压、过温等多种保护电路，能够自动调整功放的工作状态，保持广播信号不会间断，适合于长期连续运行。

（4）对讲处理模块（ICU） ICU 用于直接连接本节车的三个"乘客紧急报警盒"，控制乘客紧急报警盒和 CDAU 之间的对讲控制模块与列车对讲音频总线连接，一方面将列车对讲音频总线的音频信号转接至紧急报警器，另一方面，将紧急报警器的音频信号转接至对讲音频总线。

（5）客室 I/O 接口板 客室输入输出接口是用来连接单节车的乘客报警、列车总线、CCTV、动态地图、客室扬声器、噪声检测和客室广播主机的地址设置，具体客室 I/O 接口的功能如下。

1）乘客紧急报警接口。
2）动态地图指示接口。
3）媒体播放接口。
4）客室广播主机的地址接口。
5）客室扬声器接口。
6）列车总线接口。
7）噪声检查接口。

3. 操作设备

该设备主要为操作人员提供一个操作平台，以实现人机对话，例如选择线路、列车报站、人工广播等。根据整车实际情况，该功能部件可以设计成一个独立部件，也可以将一些功能放到列车控制系统中，从而使该部件更简单。列车的操作设备有 HMI 操作屏及主司机台面板上的报警复位键、客室广播键、司机室对讲键及紧急对讲键等。

4. 乘客紧急报警盒（PECU）

乘客紧急报警盒用于紧急情况下乘客和司机通话。每节车厢设有 3 个乘客紧急报警盒，以方便乘客紧急情况下就近和司机对讲。

5. 传声器及扬声器

传声器及扬声器均为音频信号终端，分别负责音频信号采集及播放。扬声器分为司机室监听扬声器和客室扬声器两种。

（1）司机室监听扬声器 司机室监听扬声器安装在司机室内装顶板上，主要实现三方面的功能。

1）播放广播语音信号。

2）播放乘客与司机对讲时的语音。

3）播放司机与司机之间通话的语音。

（2）客室扬声器 客室扬声器安装在客室侧顶板上，每个客室 10 个，主要播放广播语音信号。

6. 噪声检测器

噪声检测器在每个客室安装有 3 个，它由噪声采集器、放大器、电压电流变换器构成，采用 12 V 供电电压，通过实时采集客室内噪声并且回传到客室 AMP 控制模块，AMP 处理后会对广播输出音量进行自动调节。

二、乘客信息显示系统（PIDS）的组成及功能

乘客信息显示系统（PIDS）作为一套实现以人为本、进一步提高地铁为乘客服务质量、加快各种信息传递及实现列车视频监控的重要系统设施，已成为城市轨道交通中不可缺少的信息传递窗口，该系统的应用极大地提高了地铁运营管理及经营开发的水平，同时扩大了对乘客的有效服务范围。

1. 客室 LED 图文显示

在每一个客室车门上方或每一节列车两端通道上方，都会显示前方站点与所到站点等中英文信息，图文显示屏上显示的内容与语音报站内容同步。显示屏可以采用平移、翻页、渐变等多种形式显示各种文字和点阵式图文。客室 LED 图文显示如图 6-3 所示。

图 6-3 客室 LED 图文显示

2. 动态线路显示

在每一个客室车门上方的动态显示屏上还可以显示列车的线路与运行方向，在需要时还可以显示换乘站和用于换乘的线路等信息。动态线路显示如图 6-4 所示。

3. 客室的 LCD 彩色图文显示

每节车厢设有 6 台 LCD 彩色图文显示屏（图 6-5），安装在客室窗户的左侧，可以实现对以下内容的显示：

图 6-4 动态线路显示

图 6-5 LCD 彩色图文显示屏

1)通过无线网络传送到车上的媒体信息实时播放。
2)车载 LCD 控制器硬盘上的媒体信息播放。
3)从 ATS 获取的关于下一站名称、终点站名称和到达时间等信息的播放。

三、视频监控系统（CCTV）的组成和功能

视频监控系统是城市轨道交通系统运营管理的配套设备，供控制指挥中心调度管理人员、车站值班员、站台工作人员及司机实时监视车站内的运营情况和乘客的安全情况，及时记录突发事件的现场情况，以提高运行组织管理效率，保证列车安全。视频监控系统的功能如下。

1. 视频监控的存储

安装在司机室和客室的摄像头会采集视频图像，视频图像经客室控制机柜的 PACU 编码后通过以太网和音频控制系统单元（ACSU）传输到视频监控与存储主机 TDVR 进行存储。

2. 视频监控显示

由安装在司机室和客室的摄像头采集的共 14 路视频图像，将在司机室触摸屏四分屏轮询显示。

3. 视频监控联动

当紧急情况（紧急对讲、紧急开门、火灾报警等）发生时，司机可以选择触发司机室触摸屏显示器（全屏或四分屏显示），显示发生紧急事件所在车厢的图像。

任务三　乘客信息系统的控制操作

一、司机对讲操作流程

司机对讲通信模式独立于广播系统，通话内容不会被传播给乘客。在列车联挂模式下，四个司机室可以相互通话。司机对讲操作流程见表 6-3。

表 6-3　司机对讲操作流程

次序	操　　作	备　　注
1	呼叫方司机按下操作面板上的"司机对讲"按钮，开始发起司机对讲呼叫	双方司机室操作面板上的"司机对讲"按钮指示灯亮起
2	双方司机通过按下麦克风上的 PTT 按键并保持，开始通话	司机室司机可以通过司机室监听扬声器听到另一侧司机的声音
3	双方司机均可通过按下"复位"按钮结束本次通话	两个司机室操作面板上的"司机对讲"按钮指示灯同时熄灭

二、乘客紧急对讲操作流程

每节车厢内在靠近车门处设 2 个乘客与司机之间的乘客紧急通信单元。乘客紧急对讲功能通过如下单元实现。

司机室：安装在驾驶台控制面板上的 2 个控制按键（一个用于复位，另一个用于触发对讲功能）。

客室：乘客紧急通信单元（PECU）：PECU 显示面板有 3 个 LED 指示灯（"听""说"和"等待"），用于指示通话状态。

乘客紧急对讲操作流程见表 6-4，乘客紧急对讲操作流程示意图如图 6-6 所示。

表 6-4　乘客紧急对讲操作流程

次序	操 作	备 注
1	乘客按一下 PECU 上的"紧急呼叫"按钮	PECU 上"呼叫"指示灯闪烁，提示乘客已呼叫，但司机还未应答，同时主控端司机操作面板上的"紧急对讲"按钮指示灯闪烁，并伴随有警告声；在司机应答呼叫前，将不进行下一操作次序
2	司机按一下广播控制盒上"紧急对讲"按钮应答 PECU 呼叫	司机操作面板上的"紧急对讲"按钮指示灯由闪烁转为常亮，"复位"按钮指示灯亮起，警告声停止，若司机不应答 PECU，警告声将一直持续；同时，PECU 上的"呼叫"指示灯由闪烁转为常亮，"听""讲"指示灯亮起
3	乘客对着 PECU 上的麦克风讲话	司机可以通过司机室扬声器监听乘客讲话
4	司机按下麦克风上"PTT"按钮，并对着麦克风对乘客讲话	PECU "讲""听"指示灯常亮；乘客可以通过 PECU 内置扬声器听到司机的声音
5	司机释放麦克风上"PTT"按钮，关闭司机室麦克风语音通道	PECU "听"指示灯熄灭，"讲"指示灯常亮
6	司机按下"复位"按钮，结束通话，乘客紧急对讲结束	PECU 上的所有指示灯同时熄灭

说明：音频控制系统单元（ACSU）将 PECU 通话语音存储在 CF 卡中；系统将被触发的 PECU 地址和状态传送给 TMS，并通过列车 HMI 显示 PECU 具体位置和状态；系统自动记录紧急报警触发时间和结束时间；系统遵循"先到先通"原则，逐一处理 PECU 呼叫。

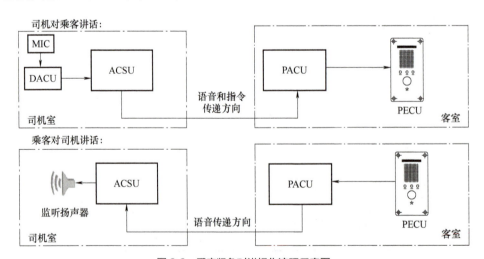

图 6-6　乘客紧急对讲操作流程示意图

三、人工广播操作流程

在列车联挂模式下，在激活端司机室可以对客室乘客进行广播，人工广播操作流程见表 6-5。

表6-5 人工广播操作流程

次序	操　　作	备　　注
1	司机按下广播控制盒上"广播"按钮，向客室发起人工广播	"广播"按钮指示灯亮起
2	司机按下麦克风上"PTT"按钮并保持，开始讲话	客室可以听到司机的声音
3	广播结束后，司机释放麦克风上"PTT"按钮，再按下"复位"按钮结束人工广播	"广播"按钮指示灯熄灭

四、数字广播操作流程

数字语音广播装置通过车内所有扬声器播放数字广播，广播采用两种语言（中文、英文）；所有报站都可进行自动报站、半自动报站和人工报站3种方式进行；自动报站为通过ATC给出的信息通过TCMS发送到PA系统后自动触发预录广播；半自动报站为没有ATC情况下，司机设定完起点和终点后，通过TCMS给出的速度信号和开关门信号自动判断并触发预录广播；人工报站为司机手动触发预录广播。数字语音广播操作流程见表6-6。

表6-6 数字语音广播操作流程

次序	操　　作	备　　注
1	来自HMI的操作或来自TMS的信号经系统触发ACSU开始数字广播	"广播"按钮指示灯闪烁，客室可以听到广播声
2	数字广播结束	"广播"按钮指示灯熄灭

五、OCC广播操作流程

OCC通过ACSU上的无线电接口向乘客广播，无须司机干预。当呼叫建立完成，OCC广播将同时接入司机室扬声器和客室扬声器。OCC广播操作流程见表6-7，OCC广播操作流程示意图如图6-7所示。

表6-7 OCC广播操作流程

次序	操　　作	备　　注
1	Radio系统向ACSU发起OCC广播请求	"广播"按钮指示灯闪烁
2	OCC向列车广播	司机室和客室都可以听到OCC广播
3	OCC广播结束	"广播"按钮指示灯熄灭

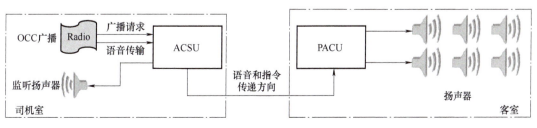

图6-7 OCC广播操作流程示意图

六、关门警告声的作用原理

关门警告声的作用原理:通过 TCMS 触发关门信号和所有门已关闭信号,ACSU 通过 MVB 接口与 TCMS 连接。关门警告声作用原理见表 6-8,关门警告信号触发时序如图 6-8 所示。

表 6-8 关门警告声作用原理

次序	操 作	备 注
1	从 TCMS 上接收关门信号	
2	PA 系统对客室播放关门警告声广播	
3	警告声持续 t 秒(t=10s,可调)后停止	如果在 t 秒时间内收到所有门已关闭信号,警告声将立即停止
4	关门警告声结束	

七、视频监控系统操作

1. 预览界面状态

主预览界面如图 6-9 所示,有两个自动隐藏式操作栏,当单击触摸屏或鼠标时,操作栏自动弹出,再次单击后隐藏。主界面中图标功能和操作方法如图 6-10 所示。

2. 视频回放

录制好的视频图像可按时间、日志信息回放,并可进行单帧画面和电子放大画面的回放,录像查询界面如图 6-11 所示。具体操作如下。

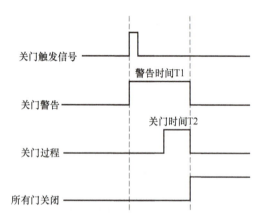

图 6-8 关门警告信号触发时序

图 6-9 主预览界面

图标	功能	操作方法
	全屏	单击图标后，全屏显示
	分屏	单击图标后，弹出分屏种类选择，可进行4分屏、6分屏、8分屏或16分屏显示
	视频轮询	单击图标后监控画面按照一定顺序轮流切换
	暂停轮询	单击图标后暂停轮询切换
	设置	单击图标后进入配置界面

图 6-10　主界面中图标功能

图 6-11　录像查询界面

（1）按时间回放　按录像生成的时间回放时，可播放指定时间段的录像文件，此方式支持多通道同步回放。

操作方法：进入录像查询界面（路径：设置→主菜单→录像查询）；设置查询条件，选择"播放"进入回放界面，可通过图6-12所示回放工具栏对回放过程进行控制。

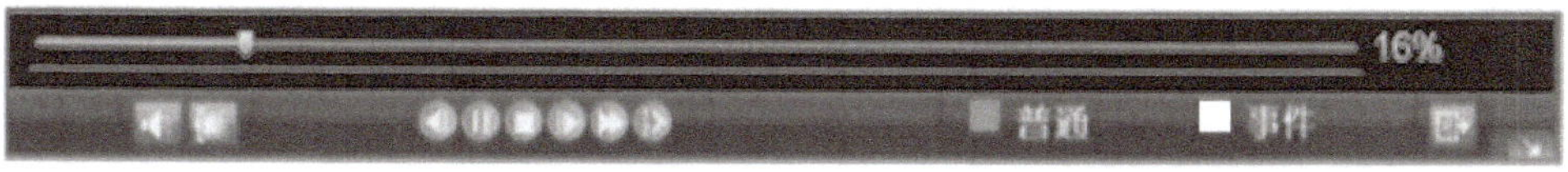

按钮	说明	按钮	说明	按钮	说明
	打开/关闭声音		开始/停止剪辑		后跳30s
	暂停/播放/单帧播放		停止		前跳30s
	加速回放		减速回放		退出回放
	隐藏工具栏		回放进度条		录像类型条

说明：回放进度条下方为录像类型，■ 为普通录像类型，□ 为事件录像类型。

图 6-12　回放工具栏

（2）按日志信息进行回放　　日志信息中，若选择的日志有通道号，且所对应的时间点有录像文件存在，即可进行播放。

操作方法：进入日志查询界面（路径：设置→主菜单→维护管理→日志查询）选择"搜索日志"，选择日志信息，选择『播放』进入回放界面。

（3）单帧回放　　当有事件发生时，可通过单帧播放来查看画面的细节变化。

操作方法：进入回放界面，将播放速度调整为"单帧"，在回放画面上每单击一次播放一帧画面。

（4）电子放大　　在回放过程中，可通过菜单进入电子放大界面，移动红色区域，可将画面放大 4 倍。

3. 报警

当有火灾报警、紧急开门、乘客报警等紧急事件时，画面会自动切换到全屏显示高优先级的视频，采集画面自动从 8 帧 /s 调整到 25 帧 /s，同时图像上有图标显示报警状态。图标状态说明如图 6-13 所示。

图标	状态说明
	异常报警(包括视频丢失报警、视频遮挡报警、视频移动侦测报警)
	录像(包括手动录像、定时录像、移动侦测录像、报警录像)
	异常报警和录像

图 6-13　图标状态说明

多个报警都能在报警菜单显示，司机可通过报警菜单选择想查看的相应的摄像头。司机可手动退出全屏报警。三种紧急情况优先级默认设置从高到低：火灾报警、紧急开门、乘客报警，优先级可手动配置。

任务四　乘客信息系统常见故障分析与处理

一、半自动广播错误

1. 故障现象

列车在 A 站—Z 站上行区间自动广播错误，司机进行人工广播，重新设置广播后恢复正常。

2. 故障分析

列车回库后下载故障车司机室视频、中央控制器日志及 MVB 接口数据，通过中央控制器日志数据分析，发现在某一时刻存在跳站信号（14　01　11　10），其中 14 代表 M 站，01 代表 A 站，在终点站设置列车广播时，站点数据信息前两位为"14　01"（M 站至 A 站）或者"01　14"（A 站至 M 站），在列车运行中出站时触发下一站站点信息"11　10"，而列车到站时触发到站广播信息"10　10"（每一个站点对应一个十六进制的两位数），故而报站错误。

通过分析列车中央控制器日志的故障时间，查看相应时间点的司机室视频文件，发现故障时间点司机并未对 HMI 屏幕跳站按钮做任何操作，所以据此判断跳站信号来源为 HMI 错误触发跳站信号导致。

3. 故障原因

中央控制器通过 MVB 总线接收到跳站信号导致广播错误，其为 HMI 错误触发跳站信号。

4. 故障处理

控制器厂家修改 VCU 软件程序，采取将 2s 内两次跳站指令视为一次跳站信号的方式来防止 HMI 错误触发。

二、司机室 PACU 微动开关跳闸

1. 故障现象

司机发现 1A 车司机室设备柜内 PACU 微动开关在分位，1A 车客室无自动及人工广播，列车动态地图不正常，车厢内 LCD 屏无显示，其他车厢正常。复位 ACSU 微动开关，合 PACU 微动开关后再次自动跳闸，故障仍存在。

2. 故障分析

列车回库后，尝试重新闭合 PACU 微动开关，故障依然存在。通过查找电气原理图发现与 PACU 微动开关连接的为客室广播主机 X1 航空插头，尝试将 X1 航空插头拆下，重新闭合 PACU 微动开关，微动开关未出现跳闸现象，根据此情况初步判断为客室广播主机某个模块故障导致跳闸。将客室广播主机电源模块插头安装到位，依次拆下其余 8 个模块及 2 个电源板，判断是哪一个模块故障，最终将故障点锁定在 DC 24V 转 DC 12V 的电源板，更换新的 DC 24V 转 DC 12V 电源板后，试验 PIS 各项功能正常。

3. 故障原因

A 车客室广播主机 DC 24V 转 DC 12V 电源板故障。

4. 故障处理

更换新的 DC 24V 转 DC 12V 电源板。

三、列车正线错报站

1. 故障现象

某城市地铁二号线 1608 次列车在 X 站上行进站前出现自动广播故障（人工广播正常，复位广播后，依然无效）。行调通知司机及车站做好乘客服务，将故障报检调，组织该车运行至 Y 站，退出服务，将计划回库的 3302 次列车调为继续运营。故障没有造成列车晚点，故障原因有待跟进。

2. 故障分析

（1）广播板件通信灯检查　车回库后，进行人工手动报站时发现：在 1608 次列车的偶数端进行报站，故障依然存在且播放语音时反应迟钝，LED 屏和车辆屏同步显示为 Y 站，而语音却播报 W 站的报站信息。多次试验报站，发现播报出的语音与显示屏上的报站信息都是提前两站播报，在该车的奇数端进行报站，语音和显示均正常。由此可以判定在偶数端广播主机存在故障。

通过对板件指示灯的状态分析，激活偶数端司机台，在司机室对客室广播时，本端

CAPU 板的"话筒"未被点亮,另一端 CAPU 的"话筒"点亮。进行自动广播时,本端 CAPU 板的"数字"未被点亮,另一端 CAPU 板的"数字"点亮。其余的板件通信灯均正常。

(2) MVB 日志数据下载分析 偶数端在 B 站错报成 D 站,而观察录像发现,此站显示的站名是 B 站。同时下载数据分析,发现 PISC 发送的站代码是 20,表示为 B 站。MVB 日志记录对执行的操作无错误。因此,此次错报站只是语音错报站,而动态地图显示和播站执行指令的发出均是正确的。

3. 故障原因

通过分析 MVB 日志,偶数端的主控 PISC 能够正确发出报站代码命令。动态地图显示与显示屏发出命令一致,本端的 DVAR 板的"数字"和"数据"指示灯点亮,说明音频被调用,可以推断出本地通信没有问题,而偶数端的 CAPU 板在司机室进行客室广播和自动广播时,其指示灯均未被点亮。因此,故障点可以锁定在 CAPU 板上。偶数端的 CAPU 板故障时,由于广播系统的冗余功能,可利用本端的 PISC 为主控,通过列车网络通信,调用奇数端的 CAPU 和 DVAR 板件内容,播放出报站信息。之所以会出现固定的相差两站的错报站信息,是因为国联自身板件的冗余机制不够完善,在偶数端 PISC 通过列车网络调用奇数端的 DVAR 音频文件时,信号传输过程中存有程序耦合校验的缺陷导致调用的不稳定。

4. 故障处理

更换偶数端广播主机的 CAPU 板件后,广播功能恢复正常。针对错报站的故障问题,后续采取的措施如下:

1)后期厂家在 PISC 软件方面做了相应的改进,当列车通信板件(PISC、CAPU、DVAR 板)中任何一块板件出现故障时,会直接让对面的广播主机作为工作的广播主机。这样就不会存在列车通信过程中来回调用时,因通信不稳定,而造成音频播报错误故障。

2)在检修过程中,遇到此类故障不可直接复位,首先要检查各板件指示灯的通信状态是否正常,然后可通过录像来观察动态地图的站名是否正确,通过数据来分析站代码是否正确,从而缩小故障范围。

3)在处理广播故障时,需用广播专用计算机下载数据和灌输音频,切勿用非广播专用计算机进行上述操作。

项目七

城市轨道交通车辆辅助控制系统

任务一　辅助控制系统基础知识

本文车辆辅助控制系统主要是指辅助电源系统，是指为列车除牵引动力系统之外的所有需要使用电力的负载设备提供电能的系统，包括辅助供电系统和蓄电池系统。辅助供电系统在车辆上是一个非常重要的部分。辅助逆变器是辅助供电系统的核心，它将接触网 DC 750V 或 DC 1500V 电压转化为 AC 38V 或 DC 110V 电压，通过列车贯穿线传输给车辆的各个用电设备，保证列车上各设备的正常运作。辅助电源系统工作的安全性、可靠性对车辆正常运营具有重要影响。

一、城市轨道交通车辆辅助控制系统的发展历史

随着城市轨道交通运营向乘客提供服务项目的增多，对车辆辅助控制系统的要求越来越高。随着辅助电源产品愈加成熟，可靠性不断提高，车辆辅助控制系统的供电方式也发生了改变，由最初采用的分散供电方式发展到现在普遍采用的集中供电方式。采用静止逆变器供电方式的辅助电源系统随国外进口地铁车辆于 20 世纪 90 年代进入国内，同时辅助电源的研究从单一的辅助电源产品，已经发展到辅助电源系统的全系列产品研制，目前逐步形成了通用化、系列化产品，并实现了工程化、批量化生产。

二、城市轨道交通辅助控制系统逆变的基本类型

随着电力电子器件发展，辅助控制系统也发展出了不同方案。由于新一代性能优良的 IGBT 器件迅速发展，到目前为止，欧洲与日本等地区或国家的车辆辅助系统大都采用 IGBT，其方案大致有：

1）斩波稳压再逆变，加变压器降压隔离。
2）三点式逆变器加变压器降压隔离。
3）电容分压两路逆变，加隔离变压器构成 12 脉冲方案。
4）二点式逆变器加滤波器与变压器降压隔离。
5）"直—直"变换与高频变压器隔离加逆变的方案。

这些方案各有特点，而且都能满足地铁或轻轨车辆的要求。目前对 DC 110V 蓄电池充

电电源主要有两种不同的设想：其一，通过 50 Hz 隔离降压变压器来实现；其二，独立的"直—直"变换器直接接于供电网，通过高频变压器隔离后再整流，并滤波得到 DC 110V 控制电源。

从上述两者比较看，后者是独立的，与辅助逆变器无关，也就不受辅助逆变器故障的影响，在供电功能方面有一定的好处，但是因为其需要独立的直流电源，也就增加了成本。

三、城市轨道交通辅助控制系统的电力来源

辅助控制系统的电力主要来自牵引供电接触网（或第三轨），经受电弓（或集电靴）进入列车；当电力无法来自牵引供电接触网（或第三轨）时，则可采用外接电源（如车间电源）或者蓄电池供电。

任务二　辅助控制系统主要设备的结构

一、逆变器

逆变器是将直流电变为交流电的装置。按换相方式不同，逆变器可分为电网换相逆变器、自换相逆变器和负载换相逆变器三类。根据转换电路中直流电是恒压的还是恒流的，可以将逆变器分为电压源逆变器和电流源逆变器。目前城轨车辆中主要是电压型逆变器（图 7-1）。

逆变器电路结构按电路原理分为先斩波（升/降压斩波）后逆变结构和直接逆变结构；按逆变器的电路构造分为双逆变器型和单逆变器型，其中双逆变器型又分串联型与并联型，单逆变器型又分先经升/降压稳压后逆变型和直接逆变型。这些逆变器均采用二电平逆变方式。

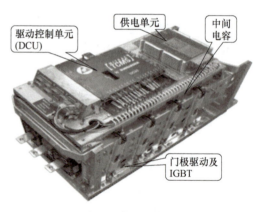

图 7-1　电压型逆变器

1. 先斩波（升/降压斩波）后逆变方式（DC/DC/AC）

该方式将高压直流电通过斩波器转换为较低/高直流电压，通过逆变装置输出交流电。先斩波（升/降压斩波）后逆变的电路主要由线路滤波器、二点式逆变器、三相滤波器、隔离变压器和整流电路组成（图 7-2）。

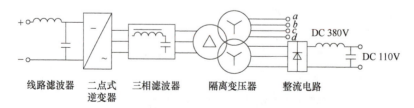

图 7-2　先斩波（升/降压斩波）后逆变的电路

在 DC/DC/AC 方式升/降压斩波中，升压斩波的系统应用在 DC 750V 的场合；降压斩波的系统应用在 DC 1500V 的场合。采用升/降压斩波的目的都是使逆变器的输入电压稳定，当负载变化或电压波动时，保证斩波器有稳定的输出电压。德国西门子公司多采用此项技术，例如上海 1 号、2 号线和广州 1 号线地铁车辆。

2. 直接逆变方式（DC/AC）

这种方式是地铁车辆辅助逆变电源最简单的基本电路结构形式，它将高压直流电通过逆变设备直接逆变输出交流电，供列车使用。开关元器件通常可采用大功率 GTO、IGBT 或 IPM。辅助逆变电源采用直接从受电弓或第三供电轨受流方式，逆变器按 V/F 等于常数的控制方式，输出三相脉宽调制电压，采用隔离变压器向负载供电。直接逆变的电路如图 7-3 所示。

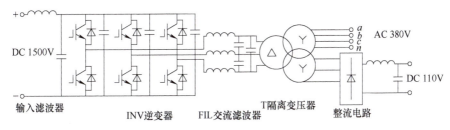

图 7-3　直接逆变的电路

这种电路的特点是电路结构简单、元器件使用数量少、控制方便，但逆变器电源输出电压容易受电网输入电压波动影响，功率电子器件（如 IGBT）环流时承受的 du/dt 较大，特别是高电压情况下（DC 1500V 供电系统再生制动时，网压可达 2000V）。庞巴迪公司多采用此项技术，应用于长春长客-庞巴迪轨道车辆有限公司生产的车辆中。

目前，以 GTO、IGBT 为代表的开关器件的开关频率足以满足日常地铁车辆运行过程中网压波动的频率，用 PWM 调制可实现逆变器稳定输出，且可在满负荷工况下安全运行。因此，现在生产的车辆常采用直接逆变的方式。

逆变器根据电路构造选型可分为单逆变器型和双逆变器型。

（1）单逆变器型　网压 DC 1500V、容量 190kV·A 左右的辅助逆变器一般均使用 3300V/400A 的 IGBT 器件。这种结构简单、可靠的逆变器采用 PWM 调制控制，可使输出电压的谐波含量控制在限制值以内。随着 IGBT 性能的不断完善，逆变器主电路将会进一步简化，这样能减少器件数量、提高电路可靠性、降低制造成本、简化调试工作。因此，这是目前辅助系统逆变器普遍采用的形式。

（2）双逆变器型　两台逆变器输出至隔离变压器，隔离变压器通过电路叠加或者磁路叠加使滤波输出。这种多重逆变电路的优点是逆变器可以用容量较低的 IGBT 器件。另外，可以通过控制两台逆变器输出电压的相位差，使变压器输出电压的谐波减少，提高基波含量，从而可减少滤波器的体积和质量。

双逆变器型电路较为复杂，尤其是组式变压器，其二次绕组较为复杂。用磁路叠加的变压器，其磁路设计较为复杂。由于现在 IGBT 的耐电压水平已足够高，因此目前的产品已基本不再采用这种形式。

二、蓄电池充电器

城市轨道交通车辆低压电力变换装置为列车提供 DC 110V 的电源，同时给蓄电池浮充电。DC 110V 电力变换设计按输入电源的不同分为两种，分别为直接变换与间接变换。

1. 直接变换

独立的直/直变换器直接接于供电网压（DC 1500V，DC 750V），DC 110V 电源通过高频变压器隔离后再整流并滤波得到。广州地铁 1 号、2 号线车辆采用直接变换形式蓄电池充电器（图 7-4）。

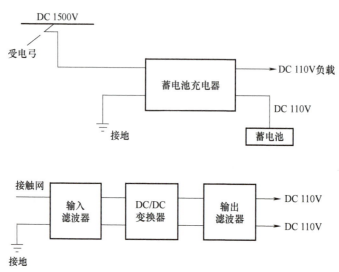

图 7-4 直接变换形式蓄电池充电器

2. 间接变换

辅助逆变器提供低压交流电（AC 380V），DC 110V 电源通过 50Hz 隔离降压变压器后，再通过整流得到。广州地铁 3 号线、西安地铁 2 号线均采用间接变换（图 7-5）。

间接变换依赖于辅助逆变器，一般是将辅助逆变器输出的 AC 380V 转换成 DC 110V，其受逆变器故障的影响；直接变换与逆变器无关，不受逆变器故障的影响，但因为需要独立的直流电源，其成本高。

DC 110V 电力变换设计中，设备电气元件设计分为二极管式和晶闸管式。整流器使用二极管三相整流桥方式时，输出电压为恒定，电流不可控；使用晶闸管三相可控整流桥方式时，输出电流可以进行调节，便于蓄电池充电。二极管式和晶闸管式的电路结构框架如图 7-6 所示。

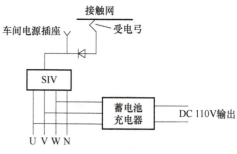

图 7-5 间接变换形式蓄电池充电器

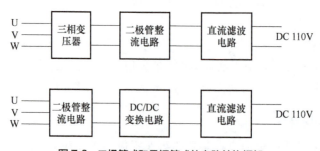

图 7-6 二极管式和晶闸管式的电路结构框架

三、蓄电池

蓄电池是把电能转变为化学能储存起来，使用时再把化学能转变为电能放出来的装置，变换的过程是可逆的。

城市轨道交通车辆蓄电池的作用主要体现在两个方面：

其一，在列车起动时，为列车的电器设备提供 DC 110V 电源，直到蓄电池充电器开始工作后，处于浮充电状态。

其二，在列车失去高压电源时，主蓄电池能够为列车的监控设备、通信设备、紧急照明、紧急通风、头灯、尾灯等至少提供 45min 的电能。除此之外，还能为打开或关闭车门供电。

列车的蓄电池箱及蓄电池外观分别如图 7-7、图 7-8 所示。

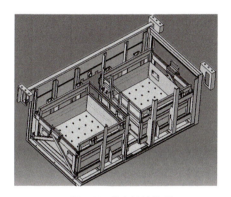

图 7-7 蓄电池箱外观

图 7-8 蓄电池外观

碱性蓄电池具有体积小、机械强度高、工作电压平稳、可以大电流放电、使用寿命长和便于携带等优点，可用作移动的通信设备、仪器仪表、自动控制等电子设备的直流电源，也可作为反压电池使用。碱性蓄电池与同容量的铅酸蓄电池比较，成本较高。

碱性蓄电池根据极板活性物质的材料不同，分为铁镍蓄电池、镉镍蓄电池、锌银蓄电池等系列。各种系列碱性蓄电池的构造、原理和特性略有差异，下面着重介绍镉镍蓄电池。

（1）镍镉蓄电池的主要参数

1）蓄电池的额定容量：通常以 5hr 放电的容量表示，即 $C_n = 80Ah$。

2）蓄电池的放电电流：5hr 放电电流用 I_n 表示，数值为 16A。

3）单体蓄电池的额定电压：1.2V。

4）单体蓄电池的浮充电压：1.45~1.55V。

5）单体蓄电池的提升电压：1.80~1.90V。

（2）镉镍蓄电池化学反应 化学反应式如下：

$$Cd + 2NiO(OH) + 2H_2O \underset{充电}{\overset{放电}{\rightleftharpoons}} 2Ni(OH)_2 + Cd(OH)_2$$

镉镍蓄电池电解液多选用氢氧化钾（KOH）溶液。蓄电池充电时电能变为化学能储存起来，放电时将化学能变为电能输出，两电极所发生的电化学反应是可逆的。

（3）镍镉蓄电池的特点

1）镍镉蓄电池可重复充放电 500 次以上。

2）内阻小，可供大电流放电，且放电时电压的变化很小，作为直流电源时是一种质量极佳的蓄电池。

3）因为采用完全密封式，因此不会有电解液漏出的现象，也完全不需要补充电解液。

4）与其他种类蓄电池相比，镍镉蓄电池可过充电或放过电，操作简单方便。

5）长时间的放置也不会使蓄电池性能劣化，完全充完电后即可恢复原来的特性。

6）可在很广的温度范围内使用。

7）镍镉蓄电池有记忆效应，即镍镉蓄电池在几次低容量下的充放电工作之后，如果要进行一次较大容量的充放电，蓄电池将无法正常工作，这种情况即为记忆效应。几次充电后，进行一次放电可防止记忆效应。镍镉蓄电池要在放完电后保存。

（4）影响蓄电池容量的因素　蓄电池是通过化学反应产生电能，因此，蓄电池容量取决于电极里所含活性物质的量。

1）放电电流越大，蓄电池容量越小，原因：放电过程产生的化合物（如硫酸铅）形成速度过快，影响电解液向极板内层渗透，使极板活性物质利用率降低。

2）电解液温度越低，蓄电池容量越小，原因：随着温度的降低，电解液黏度增加，影响化学反应的效率。

3）连续放电比间歇放电容量小，原因：连续放电使得电解液向极板内扩散时不充分。

任务三　辅助控制系统的作用原理及控制过程

一、供电模式

1. 分散供电

分散供电模式中，地铁车辆每列编组 6 节车，每节车辆均配备一台静止逆变器，两端带司机室的拖车各配备一台 DC 110V 电源装置。例如广州地铁 1 号线车辆即采用分散供电，每节车均配备一台 DC/AC 电源装置，共 6 台，提供 AC 380V 电源；在两端带司机室的拖车各配备一台 DC/DC 电源装置，共 2 台，提供 DC 110V 电源。分散供电模式也有每 3 节车配备 2 台静止逆变器的情况，这种设计方案多应用在欧系车上，例如在德国 Siemens、法国 Alstom 等公司生产的车辆上。分散供电模式简图如图 7-9 所示。

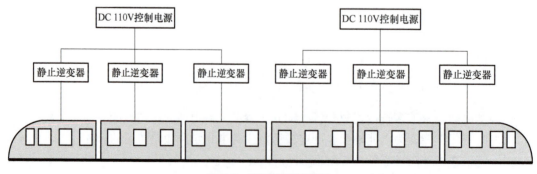

图 7-9　分散供电模式简图

2. 集中供电

集中供电模式中，地铁车辆整列车仅采用两套辅助供电装置集中供电，互为冗余，即每3节车配一套静止逆变器。例如西安地铁2号线车辆采用这种方式，整列车配备两套静止逆变器，布置在两端带司机室的拖车的车底，为整车提供电源。每台静止逆变器容量为185kV·A，DC 110V输出容量为18kW，DC 24V输出容量为1kW。两套辅助供电设备互为冗余，当一套发生故障时，另外一套能承担6辆车的基本负载并保证列车的正常运行。此种设计方案多应用在日系车上，例如在日立、三菱、东洋等公司生产的车辆上。集中供电模式简图如图7-10所示。

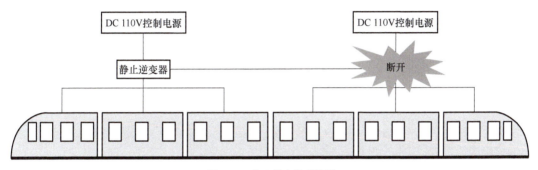

图7-10 集中供电模式简图

3. 分散供电和集中供电的比较

分散供电模式冗余度大，均衡轴重好配置，但其成本较高，总重量较大。集中供电模式冗余度小，每轴配重较难一致，但总重量较小，成本较低。集中供电式是随着电力电子技术的发展、电力电子器件性能的改善与可靠性的提高发展起来的，但考虑冗余度与轴重均衡方面，分散式供电方案更优。

二、典型的辅助电源系统

辅助电源系统是为列车除牵引动力系统之外的所有需要使用电力的负载设备提供电能的系统，包括辅助供电系统和蓄电池系统。辅助供电系统框图如图7-11所示。

1. 辅助电源系统概述

辅助电源系统通过列车通信网络实施控制和诊断；具有自诊断和故障记录功能；在司机室显示屏上能显示系统的状态及故障情况；装有专门USB或以太网通信端口，可以方便地读取诊断数据；可以用装有相应的地面分析软件的便携式测试装置（PTU）采集和分析故障信息。

为便于安全检修，辅助逆变器在高压输入端有隔离接地开关。当辅助逆变器运行时，隔离接地开关与输入线相连，当它检修时隔离接地开关与地相连。

2. 辅助电源系统的工作原理

列车蓄电池充电器将输入电压转换成电位分离的直流110V输出电压。在正常运行模式下，蓄电池充电器的主要功能是用于对车载蓄电池进行充电，同时以DC 110V为车载辅助设施供电。

110V直流电源的主要用电设备有110/24V直流变换器、照明、牵引和辅助逆变器的控制部件。110V直流电还能被转换为+24V直流电和+12V直流电，用于驱动各种不同设备中的操纵和控制单元。

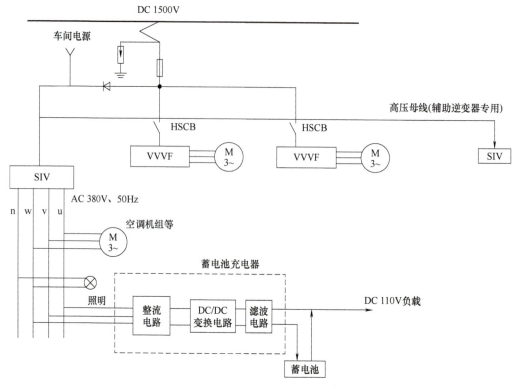

图 7-11 辅助供电系统框图

辅助逆变器设置应急起动电源，以便当主蓄电池失压时也能起动辅助逆变器和低压电源。辅助电源系统控制及参数配合必须保证在规定条件下，输出电压和电流稳定，不出现振荡。当输入电压降至 DC 1000V 以下时，逆变器应立刻停止工作。当输入电压上升到超过 DC 1100V 时，应至少持续 3s（时间可调节），此时逆变器自动起动。输入电压在 DC 1000～1800V 范围内逆变器能输出额定负荷。输入电压为额定电压 DC 1500V 时，160% 总负载容量应至少维持运行 10s 后关断；200% 总负载容量装置立即关断。在正常条件下逆变器应能无故障地承受负载的阶跃变化，保护装置不应动作。当逆变器产生 ±30% 额定负载的负荷变化时，其输出电压的瞬间变化范围将不超过 +15% 和 -20%，并应在 300ms 内恢复其额定值。当逆变器已经带有部分负载的情况下，起动空气压缩机等泵类负载，其瞬时冲击电流可能超过逆变器的额定输出电流。这时输出电压允许下降 20%，但当过电流消失后，在 300ms 内输出电压恢复到额定值。

充电器内部电源由主蓄电池供应，并备有一个紧急启动蓄电池，用于紧急情况下的充电器内部供电。当蓄电池电压供给到充电器时，将启动内部电源，同时启动内部微处理器控制系统，并等待启动信号。在这种状态下，可以对充电器进行分析诊断，一旦得到启动信号，充电器即开始工作，输出电压将按一定斜率上升，在 2s 内达到额定输出电压（当输出电流在额定界限内）。而该启动时间只有在已完全启动微处理器的前提下才能达到，否则系统将在 20s 以内启动。

如果输入电压中断，蓄电池充电器会立即停止工作。当输入电压重新达到规定值时，蓄电池充电器自动在 2s 时间内进入到满负载工作状态。

3. 辅助电源系统组成

整个辅助电源系统可以分为以下 3 个部分。

（1）逆变部分　辅助用电设备大都需要三相 50Hz，380V/220V 交流电源，因而首先要将波动的直流网压逆变为恒压恒频的三相交流电。

（2）变压器隔离部分　为了人身安全，低压系统及控制电源必须实现与高压网压系统 DC 1500V 在电气电位上的隔离。最佳且最实用的隔离方式是采用变压器隔离。变压器隔离有 50Hz 变压器隔离和高频变压器隔离两种方式。由变压器基本原理可知，50Hz 变压器的体积与质量较大，而高频变压器的体积与质量则成倍地减小。现今国内外多采用直 - 直变换与高频变压器隔离方式，这也是成熟的技术。

（3）直流电源（兼作蓄电池充电器）　车辆上各控制电器都由直流电源 DC/DC 供电。车辆上蓄电池为紧急用电所需，所以 DC 110V 控制电源同时也是蓄电池的充电器。

4. 辅助电源系统控制原理

（1）蓄电池启动　列车正常激活也称为蓄电池启动，当司机室的列车激活旋钮开关打到"合"位时，蓄电池就向全列车供电。

（2）蓄电池充电器和辅助逆变器的启动　当列车已升弓并检测到有 DC 1500V 电压时，蓄电池充电器自检完成，且自动启动，提供 DC 110V 电压。

列车已升弓并有 DC 1500V 电压，VCU 与辅助逆变器的控制单元的通信正常且辅助逆变器无故障信息时，VCU 向辅助逆变器发出工作指令，辅助逆变器自动启动，提供三相交流电压。当 MVB 车辆总线故障时，只要有 DC 110V 和 DC 1500V 供电，辅助逆变器即自动启动。

任务四　辅助控制系统常见故障分析

一、蓄电池充电器处于等待状态，没有高压输入或缺少启动信号故障

1. 发生原因
接触网没有电压；连接主电路断开；电压传感器故障；没有启动信号。

2. 处理办法
检查接触网电压，恢复接触网供电；检查主电路线路连接；检查是否有高压输入充电，更换充电模块；检查故障指示灯，检查外部启动电路。

二、蓄电池温度过高故障

1. 发生原因
充电超过可调范围，导致蓄电池温度过高。

2. 处理办法
检查充电电压，检查蓄电池温度。

三、蓄电池放电时间不超过 45min 故障

1. 发生原因
蓄电池未充满；严重缺电解液；已到使用寿命。

2. 处理方法

检查各个蓄电池箱的电压；检查电解液的高度；检查充电电压，拆掉蓄电池进行容量检查。

四、充放电过程中蓄电池之间的连接处出现火花故障

1. 发生原因

蓄电池连接线处紧固螺栓未紧固到位。

2. 处理办法

把连接线处的紧固螺栓紧固到位。

五、客室照明间隔不亮故障

1. 发生原因

通过检查，确认控制回路、供电回路接线等均无异常，故障点在电源模块。

2. 处理办法

检查发现该车客室照明电源模块烧坏，更换新的电源模块后照明功能恢复正常。

六、某列车 MMI 显示 3 车辅助逆变器严重故障，列车一组空调机组不能正常工作故障

1. 发生原因

辅助逆变器外部风扇全速接线接反，造成全速状态下风机反转，散热器通风量不足，温度持续升高，导致辅助逆变器隔离。

2. 处理办法

应急处理办法：一个辅助逆变器严重故障时，维持运行至终点站后将 03S01 断合一次，重新激活列车，若故障消失则继续运营，否则退出服务。若应急处理无法解决故障，则按以下步骤处理：

1）检查辅助逆变器散热器温度传感器阻值是否正常，各连接插件连接是否良好；打开 PA 箱下底板检查辅助逆变器散热器风道有无堵塞现象。

2）检查 3 车辅助逆变器外部风扇输入输出信号，随后做高压试验，比较 3、4 两节车辅助逆变器散热器温度，发现 3 车辅助逆变器外部风扇已进入全速状态，但散热器温度仍上升很快。

3）进一步检查发现，全速状态下，出风口风量很小，最终确认是外部风扇全速接线接反造成全速状态下风机反转，调整接线后恢复正常。

七、某列车 4 车辅助逆变器红闪，每节车厢只有一个空调机组工作故障

1. 发生原因

1）辅助逆变器电流传感器故障，感应的电流失真。

2）DCU/A 故障。

2. 处理办法

应急处理办法：一个辅助逆变器严重故障时，维持运行到终点站后将 03S01 断合一次，重新激活列车，若故障消失则继续运营，否则退出服务。若应急处理无法解决故障，则按以

下步骤处理：

1）回库后，检查 MMI 屏故障信息，显示 4 车"三相不平衡"故障。

2）检查 4 车详细的故障记录，"三相不平衡"故障出现 3 次，辅助逆变器隔离 1 次，重启列车后故障消失。

3）在库内做负载试验，在空调负载起动过程中，当辅助逆变器的 IPH 电流值达到 85A 左右时，出现"三相不平衡"故障。辅助逆变器执行软关闭后软起动，此时故障消失，辅助逆变器工作正常，负载起动正常。负载试验共做 4 次，其中 2 次出现此类故障，2 次起动工作正常，但辅助逆变器的 IPH 电流值仅为 85A 左右。另一单元的辅助逆变器的 IPH 电流值为 112A，其他车的辅助逆变器的 IPH 电流值为 110A。

4）切断部分空调负载后，故障没有出现，检查 380V 电路，无异常。

5）更换 ACM 模块后故障消失。

八、某列车 4 车辅助逆变器严重故障，重启列车无效，故障仍然存在，MMI 显示网压不断下降，最低至 80V 故障

1. 发生原因

GDU 单元故障导致辅助逆变器被隔离。

2. 处理办法

应急处理办法：一个辅助逆变器严重故障时，维持运行到终点站后将 03S01 断合一次，重新激活列车，若故障消失则继续运营，否则退出服务。若应急处理无法解决故障，则按以下步骤处理：

1）MMI 显示辅助逆变器 IGBT1、IGBT3、IGBT4、IGBT5、IGBT6 反馈故障，辅助逆变器被隔离，故障不能复位。此类故障是由于 IGBT、GDU 单元故障或与其连接不良引起的。

2）车辆回库后更换 4 车的辅助逆变器模块，故障消失，辅助逆变器工作正常。

参 考 文 献

[1] 华平,唐春林. 城市轨道交通车辆电气控制 [M]. 2版. 北京:机械工业出版社,2015.
[2] 邱志华,彭建武. 城市轨道交通车辆构造 [M]. 北京:人民交通出版社,2016.
[3] 刘柱军. 城市轨道交通车辆构造 [M]. 北京:人民交通出版社,2013.
[4] 王伯铭. 城市轨道交通车辆工程 [M]. 成都:西南交通大学出版社,2007.
[5] 曾青中,韩增盛. 城市轨道交通车辆 [M]. 成都:西南交通大学出版社,2006.
[6] 仇海兵. 城市轨道交通车辆及操作 [M]. 北京:人民交通出版社,2009.
[7] 人力资源和社会保障部教材办公室,广州市地下铁道总公司. 车辆检修工 [M]. 北京:中国劳动社会保障出版社,2009.
[8] 上海申通地铁集团有限公司轨道交通培训中心. 城市轨道交通概论 [M]. 北京:中国铁道出版社,2009.
[9] 徐彦. 城市轨道交通车辆驾驶控制系统 [M]. 北京:中国铁道出版社,2016.

职业教育城市轨道交通专业产教融合创新教材

城市轨道交通车辆驾驶控制系统实训工单

主　编　孟　源　何　铁
副主编　宋　宇
参　编　方晓勇　王钦山

机械工业出版社

目　录

实训一　电动列车调试及软件使用维修及保养……………………………………… 1

实训二　城市轨道交通车辆牵引系统的维修及保养……………………………… 19

实训三　城市轨道交通车辆供风系统和制动系统的维修及保养………………… 37

实训四　城市轨道交通车辆车门系统的维修及保养……………………………… 50

实训五　城市轨道交通车辆空调通风系统的维修及保养………………………… 60

实训六　城市轨道交通车辆乘客信息系统电气的维修及保养…………………… 72

实训七　城市轨道交通辅助电源系统的维修及保养……………………………… 77

实训一 电动列车调试及软件使用维修及保养

一、实训目的

1）规范电动列车调试及软件使用维修及保养作业要求,恢复列车正常工况。

2）落实调试及软件使用维修及保养规程,提高作业水平,确保电动列车调试及软件使用维修及保养部件检修作业质量。

3）排除部件故障隐患,规范检修方案,提高列车的可靠性。

二、实训场地

车辆检修库内。

三、工器具、材料及劳防用品要求

1）工器具的配备要求见表 1-1。

表 1-1 工器具的配备要求

序号	名　　称	规　　格	数　　量	备　　注
1	笔记本电脑	—	1 台	PTU TDS Uploader DCUTerm
2	数据线	RS232	1 根	—
3	方孔钥匙	6mm	1 把	—
4	数据线	RS422	1 根	—
5	PC-Node 适配器	500PCC01	1 个	—
6	铅封钳	—	1 把	—
7	气压表	—	1 个	量程 15bar 以上
8	计时器	—	1 个	—
9	螺钉旋具	一字	1 把	—

2）材料（备品备件）的配备要求见表 1-2。

表 1-2 材料（备品备件）的配备要求

序号	名　　称	数　　量	备　　注
1	铅封	若干	带铅丝

3）劳防用品的配备要求见表 1-3。

表 1-3　劳防用品的配备要求

序号	名　　称	规　　格	数　　量
1	安全防护鞋	防砸、绝缘 6kV	2 双
2	安全帽	带硬质内胆	2 个
3	手套	粗棉纱	2 双

四、实训内容和要求

1）静态调试作业内容和要求见表 1-4。

表 1-4　静态调试作业内容和要求

工序	作业内容	作业图示及作业要求	
作业前	1. 检查人员	作业人数应为 2 人，并且应是具有电动列车检修工岗位上岗证的检修人员	
	2. 检查工具	按要求，核对检查工具的配备	
	3. 劳防用品	按要求，检查劳防用品的穿戴	
	4. 场地检查	确保列车车顶及车钩无人员作业，列车外观完整且符合静态调试要求	
	5. 电动列车准备	1）起动列车，待自检结束后升弓 2）检查显示屏和司机台上各仪表和指示灯等显示是否正常，HMI 上是否无故障显示	
作业中	1. 设置轮径值	 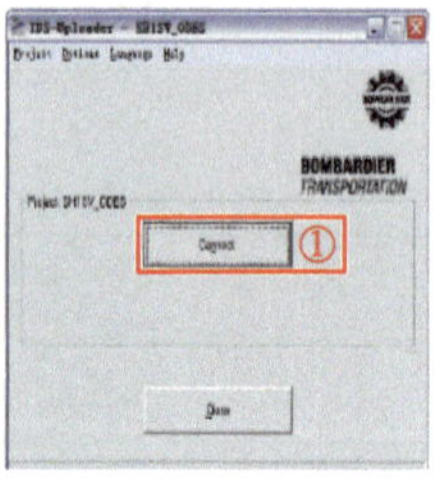	1）使用 2-3 交叉线，一端接入 PC 机 COM 端口，一端接入副驾驶设备柜内 VTCU-T 板卡串口；打开 PC 机 TDS Uploader 软件，单击 Connect 连接
			2）单击 Condition Data 栏内的"Edit"按钮，载入配置文件 CD_D_SH9cv_000_000_000_001_EN.oti

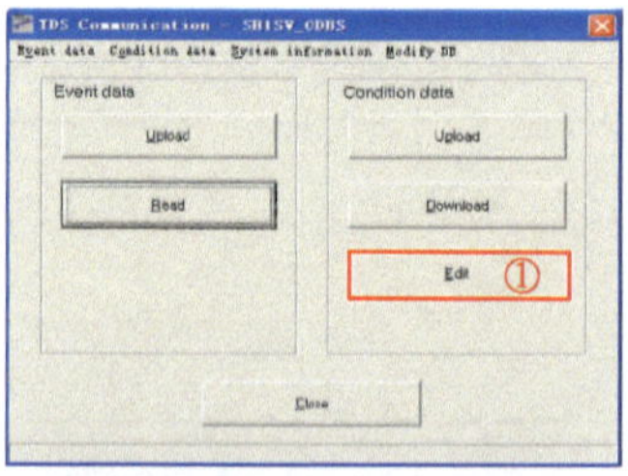

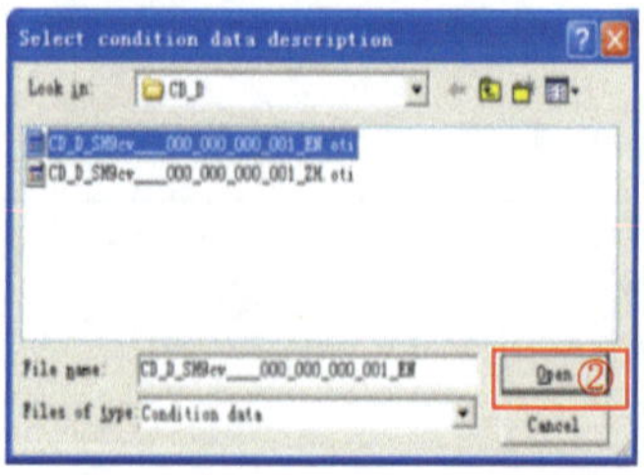

（续）

工序	作业内容	作业图示及作业要求	
作业中	1. 设置轮径值	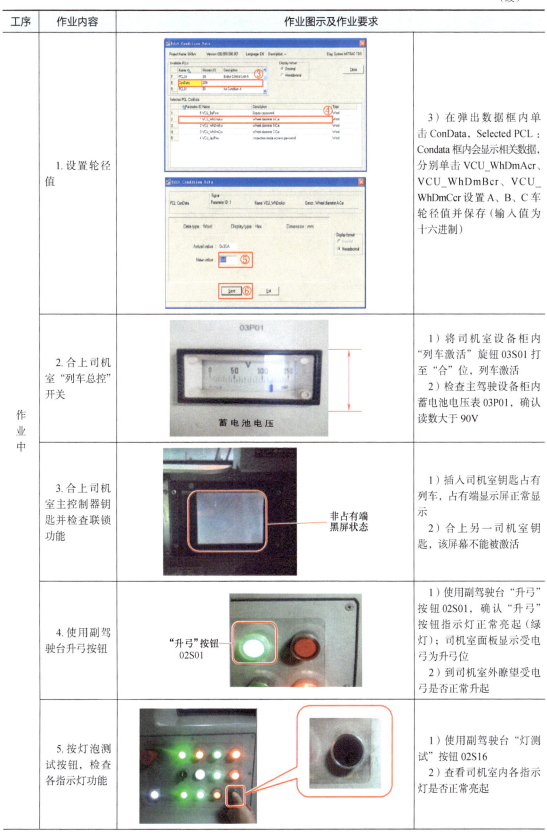	3）在弹出数据框内单击 ConData，Selected PCL：Condata 框内会显示相关数据，分别单击 VCU_WhDmAcr、VCU_WhDmBcr、VCU_WhDmCcr 设置 A、B、C 车轮径值并保存（输入值为十六进制）
	2. 合上司机室"列车总控"开关		1）将司机室设备柜内"列车激活"旋钮 03S01 打至"合"位，列车激活 2）检查主驾驶设备柜内蓄电池电压表 03P01，确认读数大于 90V
	3. 合上司机室主控制器钥匙并检查联锁功能		1）插入司机室钥匙占有列车，占有端显示屏正常显示 2）合上另一司机室钥匙，该屏幕不能被激活
	4. 使用副驾驶台升弓按钮		1）使用副驾驶台"升弓"按钮 02S01，确认"升弓"按钮指示灯正常亮起（绿灯）；司机室面板显示受电弓为升弓位 2）到司机室外瞭望受电弓是否正常升起
	5. 按灯泡测试按钮，检查各指示灯功能		1）使用副驾驶台"灯测试"按钮 02S16 2）查看司机室内各指示灯是否正常亮起

(续)

工序	作业内容	作业图示及作业要求	
作业中	6.检查刮水器及汽笛	 "刮水器"旋钮　"汽笛"按钮	1)将司机室主驾驶台"刮水器"旋钮转至开位 2)刮水器正常工作 3)操作完成后，旋钮转至关位 4)按下司机室主驾驶台"汽笛"按钮 5)听汽笛鸣叫是否响亮
	7.检查开关门	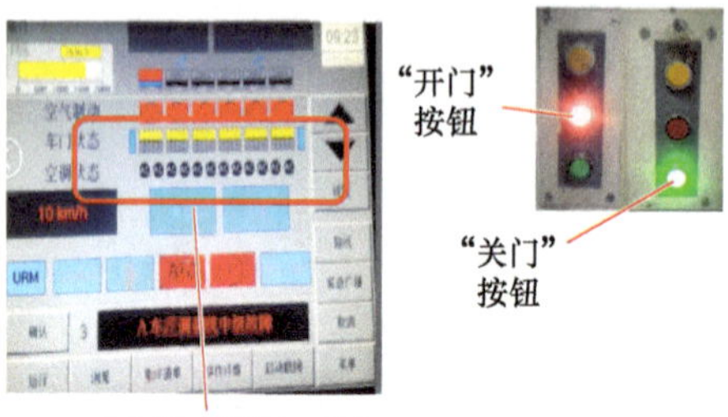 "开门"按钮　"关门"按钮 车门状态图标：黄色代表车门打开状态，灰色代表车门关闭	1)分次按下"开左门"按钮08S01和08S07、"开右门"按钮08S02 2)全列车客室车门打开，司机室面板全列车车门图标应显示黄色 3)分次按下"关左门"按钮08S03和"关右门"按钮08S04 4)全列车车门正常关闭，司机室面板全列车车门图标应显示灰色
	8.高速开关分合	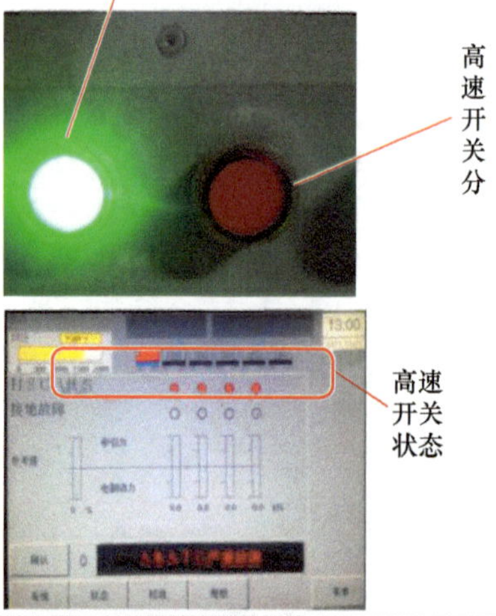 高速开关合　高速开关分　高速开关状态	1)使用副驾驶台高速开关合按钮 2)确认高速断路器合指示灯亮(绿色)，司机室面板显示HSCB状态灰色 3)使用副驾驶台高速断路器分按钮 4)确认高速断路器分指示灯亮(红色)，司机室面板显示HSCB状态红色
	9.检查停放制动功能	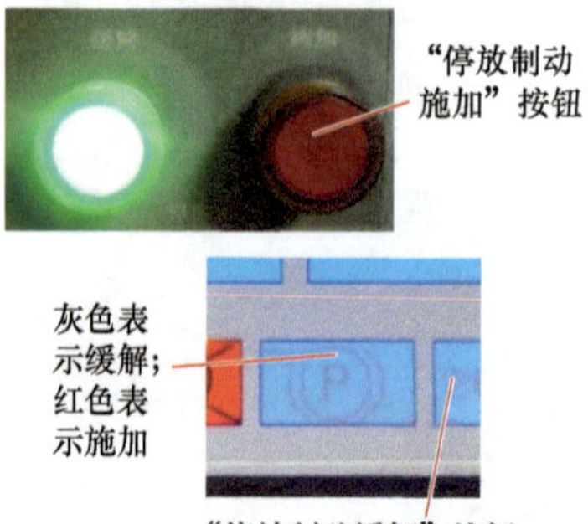 "停放制动施加"按钮 灰色表示缓解；红色表示施加 "停放制动缓解"按钮	1)按下副驾驶台"停放制动缓解"按钮02S05 2)确认"停放制动缓解"按钮指示灯亮(绿色)，司机室面板显示停放缓解(灰色P) 3)按下副驾驶台"停放制动施加"按钮02S06 4)确认"停放制动施加"按钮指示灯亮(红色)，司机室面板显示"停放施加"(红色P)

(续)

工序	作业内容	作业图示及作业要求	
作业中	10. 检查空调起动功能	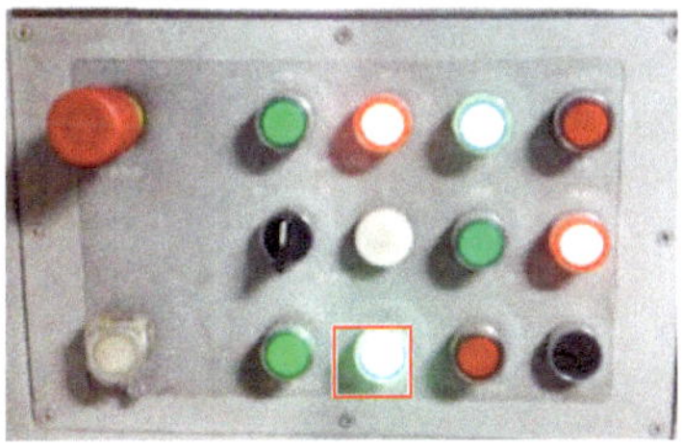	1）起动客室空调 2）在 TIS 模式下单击"驾驶"栏 3）在空调状态栏中观察空调运行是否正常（黑色＝关闭；白色＝预冷却；红色＝故障；黄色＝紧急模式；蓝色＝维护模式；深蓝色＝自检模式；浅蓝色＝手动模式）
			4）单击"菜单"，在 TIS 模式下选择"检查" 5）输入密码并单击确认
			6）选择车厢号并单击观察，便可观察当节车的故障信息
			7）单击中间端的上、下键可逐条观察当前车厢的故障信息 8）单击顶端侧的上、下键可逐条观察当前车厢的故障信息
	11. 检查客室照明	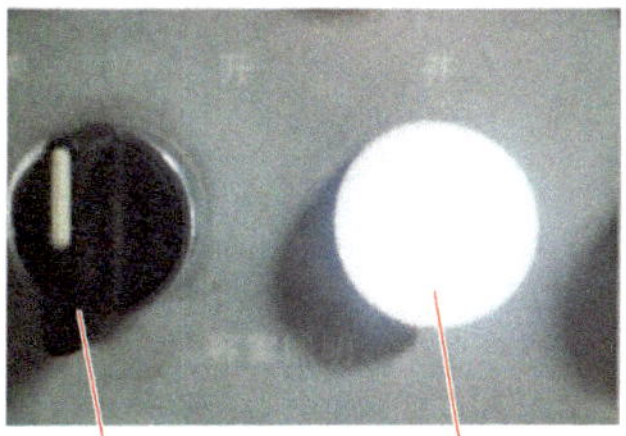 "客室照明"旋钮　　指示灯亮代表客室照明开启状态	1）将司机室副驾驶台"客室照明"旋钮 05S01 打至开位 2）确认指示灯亮起（白色） 3）到客室内查看客室照明是否有故障及闪烁的灯管

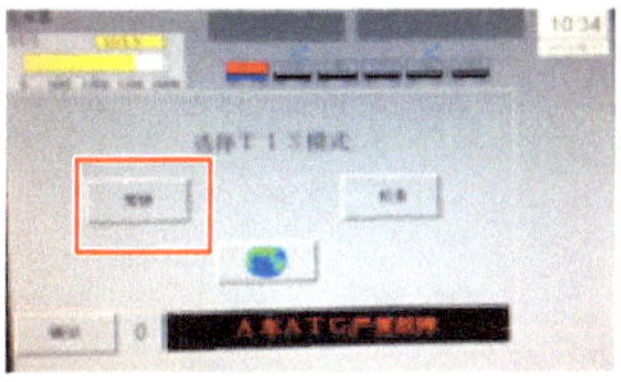

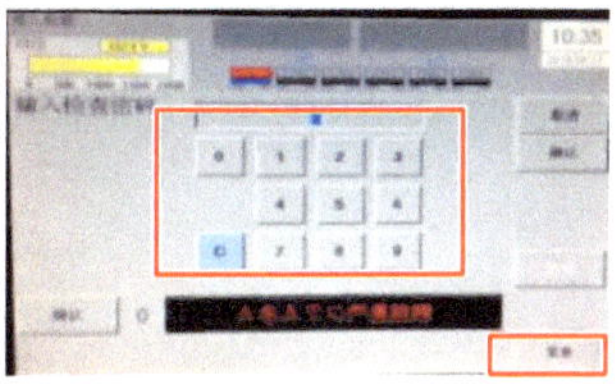

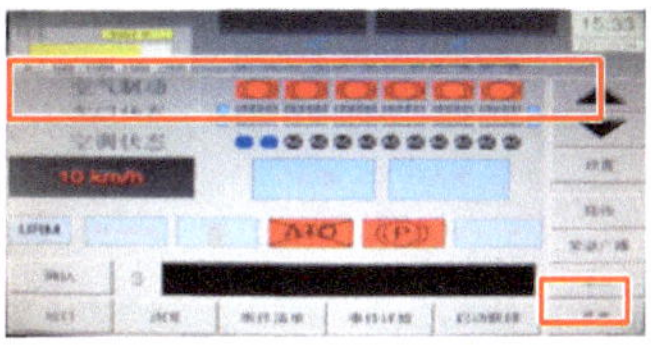

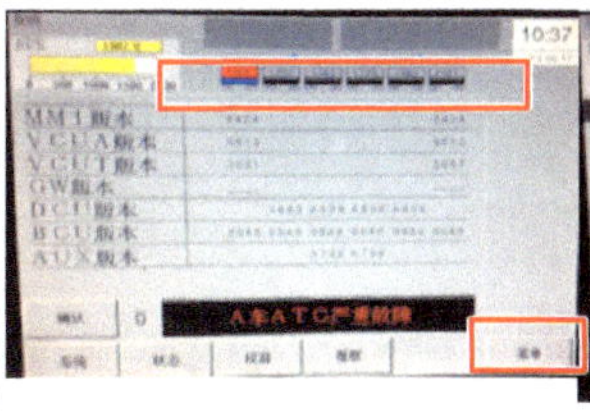

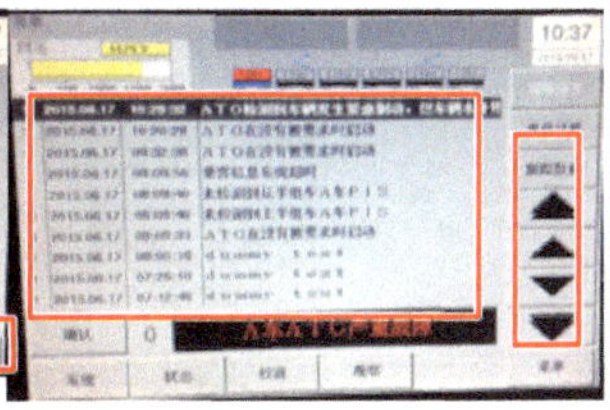

(续)

工序	作业内容	作业图示及作业要求	
作业中	12. 检查头灯及运营灯		1）转钥匙占有列车 2）将司机室主驾驶台"头灯"旋钮05S03打至开位 3）到车外面车头处查看头尾灯及运营灯是否正常亮起
	13. 蓄电池紧急通风功能测试		1）使用副驾驶台"受电弓降"按钮 2）确认"受电弓降"按钮指示灯亮（红色），司机室面板显示全列车受电弓正常降下 3）打开客室空调，在HMI显示屏上查看客室紧急通风状态功能是否正常；启动紧急通风状态时间≤45min（关注蓄电池电压表，保持大于90V） 4）确认紧急逆变器上的LED指示灯状态是否正常，是否有故障
	14. 校对各控制单元时间		1）通过司机室面板"日期"选项进入界面 2）输入当前北京时间，误差应小于10s

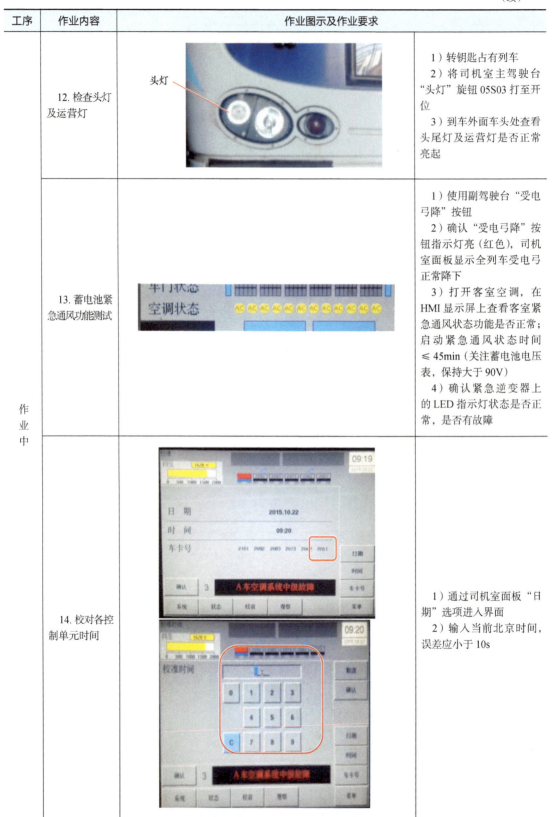

实训一 电动列车调试及软件使用维修及保养

(续)

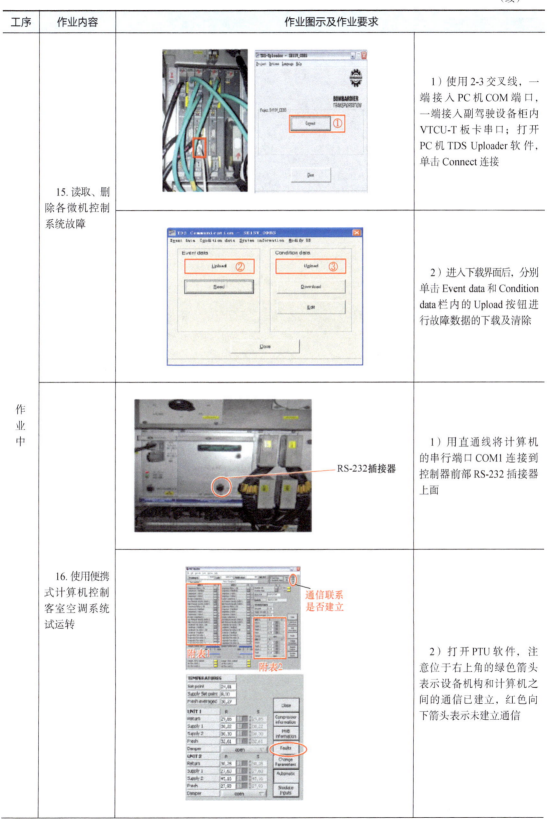

（续）

工序	作业内容	作业图示及作业要求	
作业中	16.使用便携式计算机控制客室空调系统试运转	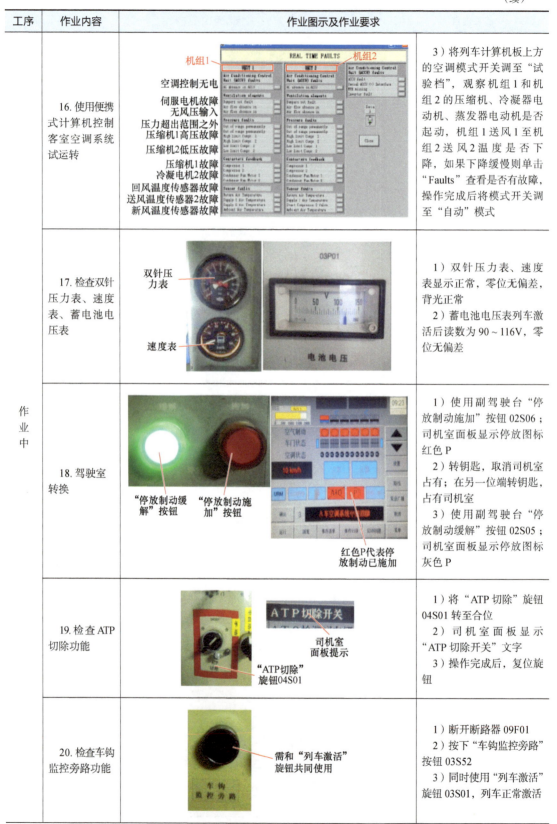	3）将列车计算机板上方的空调模式开关调至"试验档"，观察机组1和机组2的压缩机、冷凝器电动机、蒸发器电动机是否起动，机组1送风1至机组2送风2温度是否下降，如果下降缓慢则单击"Faults"查看是否有故障，操作完成后将模式开关调至"自动"模式
	17.检查双针压力表、速度表、蓄电池电压表		1）双针压力表、速度表显示正常，零位无偏差，背光正常 2）蓄电池电压表列车激活后读数为90~116V，零位无偏差
	18.驾驶室转换		1）使用副驾驶台"停放制动施加"按钮02S06；司机室面板显示停放图标红色P 2）转钥匙，取消司机室占有；在另一位端转钥匙，占有司机室 3）使用副驾驶台"停放制动缓解"按钮02S05；司机室面板显示停放图标灰色P
	19.检查ATP切除功能		1）将"ATP切除"旋钮04S01转至合位 2）司机室面板显示"ATP切除开关"文字 3）操作完成后，复位旋钮
	20.检查车钩监控旁路功能		1）断开断路器09F01 2）按下"车钩监控旁路"按钮03S52 3）同时使用"列车激活"旋钮03S01，列车正常激活

实训一　电动列车调试及软件使用维修及保养　9

（续）

工序	作业内容	作业图示及作业要求	
作业中	21. 检查蓄电池充电器起动功能	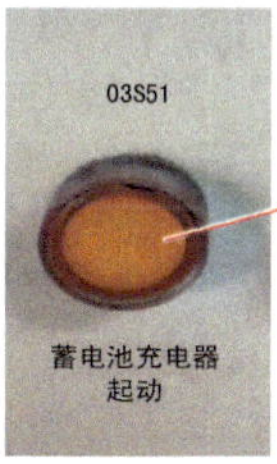	1）按下"蓄电池充电器起动"按钮 03S51 2）"蓄电池充电器起动"按钮指示灯亮，并持续 120s
	22. 检查允许开门旁路功能		1）将"激活开门"旋钮 08S10 打至合位 2）使用"开左门"按钮 08S01 和 08S07、"开右门"按钮 08S02 能正常打开客室车门 3）检查完毕后，复位旋钮
	23. 到另一端，重复上述 2—22 项		功能正常
	24. 检查气制动试验	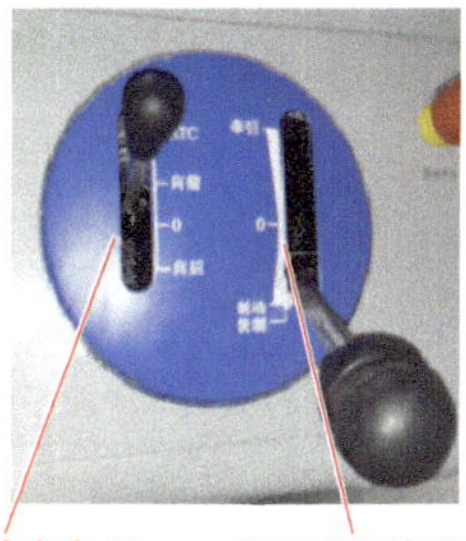	1）更改司机室面板内时间（向前改一天或者向后改一天） 2）收车使更新的时间应用 3）起动列车，司机室面板显示气制动试验请求 4）施加停放制动，模式方向手柄位于前进位，主控手柄位于全常用制动位 5）气制动自检启动，后司机室面板提示完成
	25. 检查空压机的进、出口阀和干燥器排水口	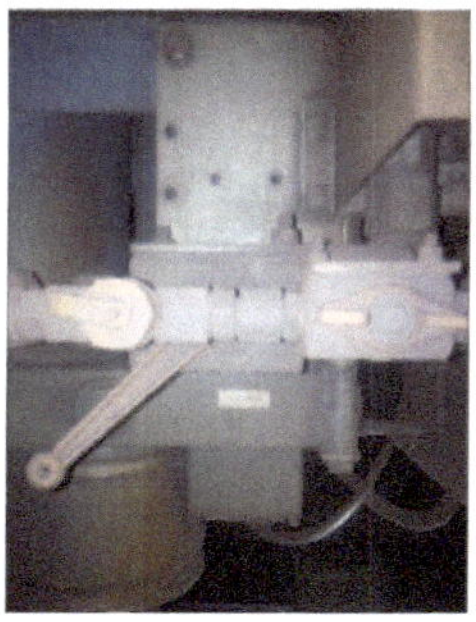 	检查空压机进、出口阀门是否均处于正常位置（水平位），干燥器是否能正常切换排水

(续)

工序	作业内容	作业图示及作业要求	
作业中	26.主风缸压力检查	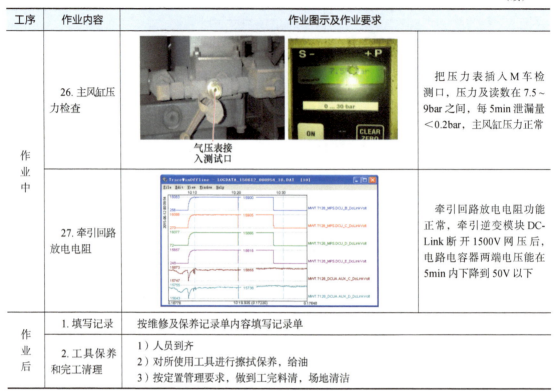	把压力表插入M车检测口,压力及读数在7.5～9bar之间,每5min泄漏量＜0.2bar,主风缸压力正常
	27.牵引回路放电电阻		牵引回路放电电阻功能正常,牵引逆变模块DC-Link断开1500V网压后,电路电容器两端电压能在5min内下降到50V以下
作业后	1.填写记录	按维修及保养记录单内容填写记录单	
	2.工具保养和完工清理	1）人员到齐 2）对所使用工具进行擦拭保养,给油 3）按定置管理要求,做到工完料清,场地清洁	

2）动态调试作业内容和要求见表1-5。

表1-5 动态调试作业内容和要求

工序	作业内容	作业图示及作业要求
作业前	1.检查人员	作业人数应为2人,并且应是具有电动列车检修工岗位上岗证的检修人员
	2.检查工具	按要求,核对检查工具的配备
	3.劳防用品	按要求,检查劳防用品的穿戴
	4.场地检查	确保列车车顶及车钩无人员作业,列车外观完整且符合动态调试要求
	5.电动列车准备	1）起动列车,待自检结束后升弓 2）检查显示屏和司机台上各仪表和指示灯等显示是否正常,DDU上是否无故障显示
作业中	1.1 原地起动和收车试验：司机按起动步骤,逐项对列车进行检查后使列车空载起动	各项检查和操作是否都符合要求
	1.2 原地起动和收车试验：司机按停车步骤,逐项操作使列车收车	各项检查和操作是否都符合要求
	1.3 原地起动和收车试验：司机至另一端司机室重复以上两项操作	各项检查和操作是否都符合要求

(续)

工序	作业内容	作业图示及作业要求	
作业中	2.1 低速牵引、制动试验：以3km/h的速度进行慢行试验	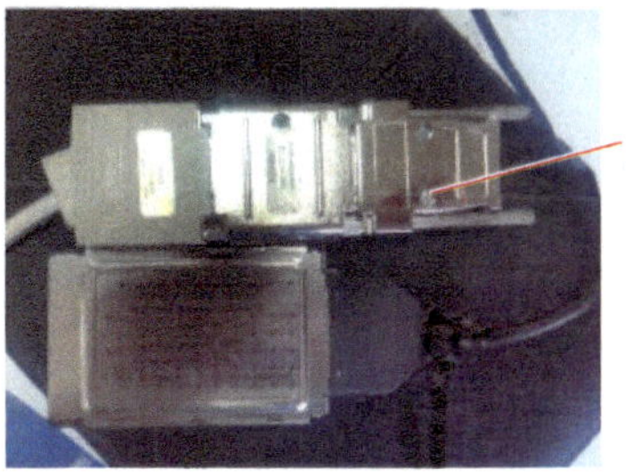 适配器与422线连接	1）将PC-Node适配器连接RS-422线，PC-Node适配器插入PC机中，RS-422线连接到VTCU-A
			2）打开程序TCT
			3）在File下拉菜单中选择Open Session选项
			4）在弹出框中选择TOM配置文件 5）进入主界面后，按下快捷键F2开始数据监测 6）司机将"运营模式"02S11调至"慢行"模式，牵引列车 7）"DCB_ActSpdAx1"代表列车速度，确认慢行模式下最大速度为3km/h
		 开始按钮（F2） 保存按钮	8）列车停稳后将数据保存

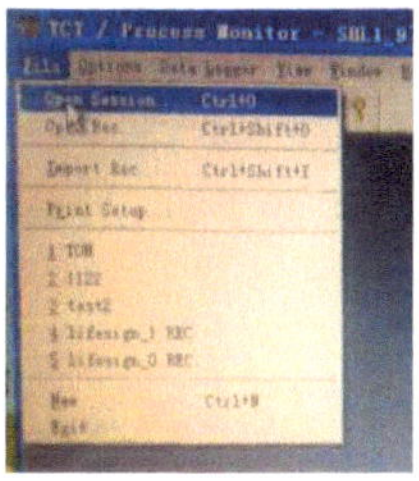

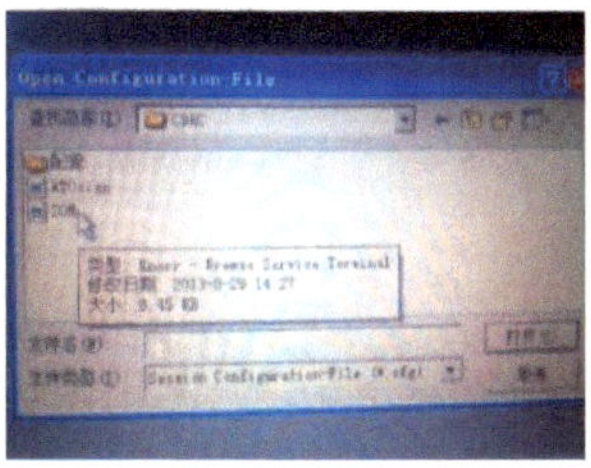

(续)

工序	作业内容	作业图示及作业要求	
作业中	2.2 低速牵引、制动试验：以20km/h的速度进行警惕按钮释放试验	警惕按钮	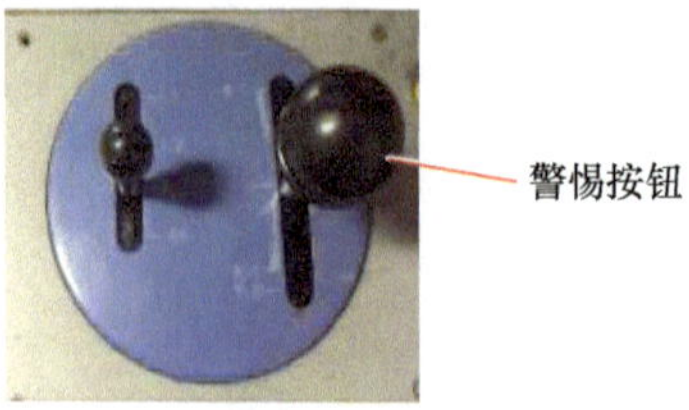 警惕按钮释放，列车自动施加紧急制动
	2.3 低速牵引、制动试验：列车后退试验	1）将PC-Node适配器连接RS-422线，PC-Node适配器插入PC机中，RS-422线连接到VTCU-A 2）打开程序TCT 3）在File下拉菜单中选择Open Session选项 4）在弹出框中选择TOM配置文件 5）进入主界面后，按下快捷键F2开始数据监测 6）司机将方式方向手柄拉至"向后"模式，牵引列车 7）"DCB_ActSpdAx1"代表列车速度，确认向后模式下最大速度为10km/h 8）列车停稳后将数据保存	
	2.4 低速牵引、制动试验：至另一端司机室重复以上三项操作		
	3.1 牵引曲线试验：分别在两个方向上进行40km/h、60km/h的牵引试验	1）将PC-Node适配器连接RS-422线，PC-Node适配器插入PC机中，RS-422线连接到VTCU-A 2）打开程序TCT 3）在File下拉菜单中选择Open Session选项 4）在弹出框中选择TOM配置文件 5）进入主界面后，按下快捷键F2开始数据监测 6）司机使用全牵引加速列车至35km/h，惰行2s，施加全常用制动，列车停稳后将数据保存 7）"DCB_ActSpdAx1"代表列车速度，依据$V=at$，$a \geq 1.0\text{m/s}^2$计算，加速时间小于35s 8）换操作端重复上述步骤	
	3.2 牵引曲线试验：分别在两个方向上进行80km/h的牵引试验（80km/h在试车线允许的方向进行）	1）将PC-Node适配器连接RS-422线，PC-Node适配器插入PC机中，RS-422线连接到VTCU-A 2）打开程序TCT 3）在File下拉菜单中选择Open Session选项 4）在弹出框中选择TOM配置文件 5）进入主界面后，按下快捷键F2开始数据监测 6）司机使用全牵引加速列车至80km/h，惰行2s，施加全常用制动 7）"DCB_ActSpdAx1"代表列车速度，依据$v=at$，$a \geq 0.6\text{m/s}^2$计算，加速时间小于37s 8）列车停稳后将数据保存 9）换操作端重复上述步骤	

（续）

工序	作业内容	作业图示及作业要求
作业中	4.1 在两个方向上进行全常用制动试验：加速至 v_n=40km/h、60km/h 时施加全常用制动	1）将 PC-Node 适配器连接 RS-422 线，PC-Node 适配器插入 PC 机中，RS-422 线连接到 VTCU-A 2）打开程序 TCT 3）在 File 下拉菜单中选择 Open Session 选项 4）在弹出框中选择 TOM 配置文件 5）进入主界面后，按下快捷键 F2 开始数据监测 6）司机使用全牵引加速列车至 40km/h，惰行 2s，施加全常用制动 7）列车停稳后将数据保存；导入 .xls 表格对速度进行积分计算制动距离 8）司机使用全牵引加速列车至 60km/h，惰行 2s，施加全常用制动 9）列车停稳后将数据进行保存；导入 .xls 表格对速度进行积分计算制动距离 10）换操作端重复上述步骤
	4.2 在两个方向上进行快速制动试验加速至 v_n=80km/h 时施加快速制动	1）将 PC-Node 适配器连接 RS-422 线，PC-Node 适配器插入 PC 机中，RS-422 线连接到 VTCU-A 2）打开程序 TCT 3）在 File 下拉菜单中选择 Open Session 选项 4）在弹出框中选择 TOM 配置文件 5）进入主界面后，按下快捷键 F2 开始数据监测 6）司机使用全牵引加速列车至 80km/h，惰行 2s，施加快速制动 7）列车停稳后将数据保存；导入 .xls 表格对速度进行积分计算制动距离 8）换操作端重复上述步骤
	4.3 在两个方向上进行紧急制动试验：加速至 v_n=60km/h 时：①按下"紧急停车"按钮；②主控制手柄至零位惰行，方式方向手柄放置零位进行紧急制动	1）将 PC-Node 适配器连接 RS-422 线，PC-Node 适配器插入 PC 机中，RS-422 线连接到 VTCU-A 2）打开程序 TCT 3）在 File 下拉菜单中选择 Open Session 选项 4）在弹出框中选择 TOM 配置文件 5）进入主界面后，按下快捷键 F2 开始数据监测 6）司机使用全牵引加速列车至 60km/h，惰行 2s，按下主驾驶台紧急停车按钮 7）列车停稳后将数据保存；导入 .xls 表格对速度进行积分计算制动距离 8）司机使用全牵引加速列车至 60km/h，惰行 2s，主控手柄至零位惰行，方式方向手柄放置零位，列车施加紧急制动 9）列车停稳后将数据保存；导入 .xls 表格对速度进行积分计算制动距离 10）换操作端重复上述步骤
	5. 故障显示屏	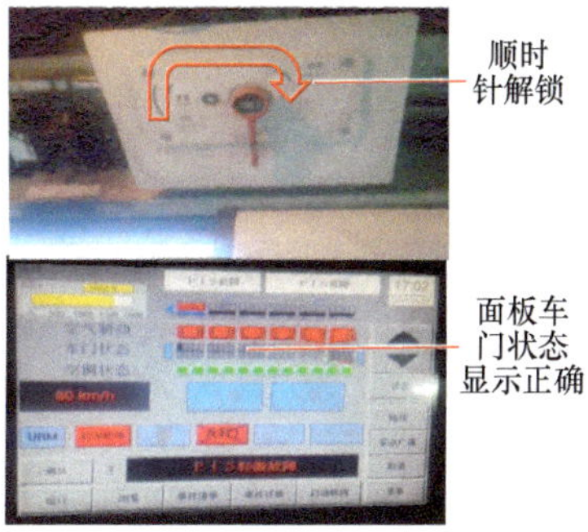 顺时针解锁 面板车门状态显示正确 拉下任一扇客室门的紧急手柄，司机室显示屏显示正确
	6. VTCU、DCU、EBCU、ACU、EDCU、事件记录仪功能检查	检查各控制单元状态，各控制单元显示正常。如果有故障应将故障排除并将故障记录清除

（续）

工序	作业内容	作业图示及作业要求	
作业中	7.1 旁路开关：主风缸低压旁路		主风缸气压低于 7.0bar，使用低压旁路，列车可以牵引
	7.2 旁路开关：紧急牵引		紧急牵引功能正常
	7.3 旁路开关：关门旁路	 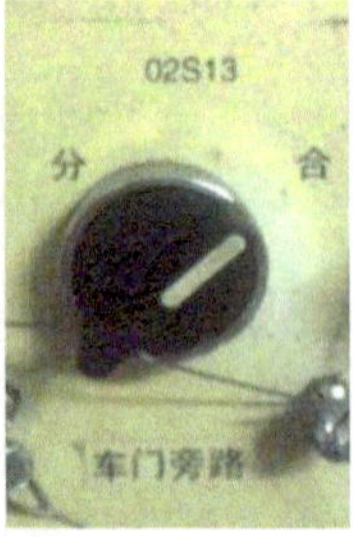	打开一扇门，合上 02S13 后，列车能牵引
	7.4 旁路开关：制动缓解旁路	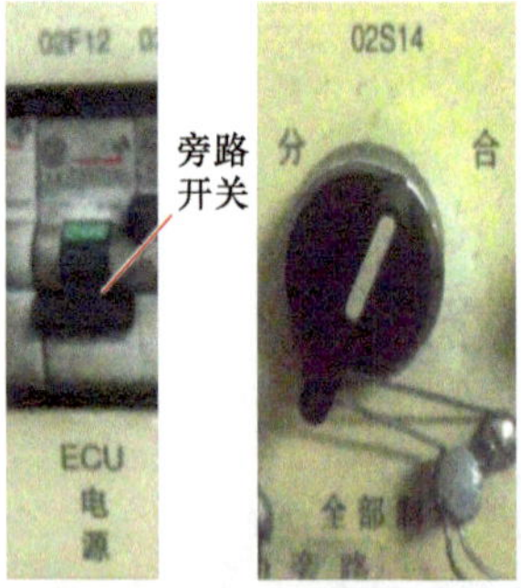	切除任意 EBCU 单元，合上全部制动缓解旁路 02S14 后，列车能牵引
	7.5 旁路开关：停放制动旁路	 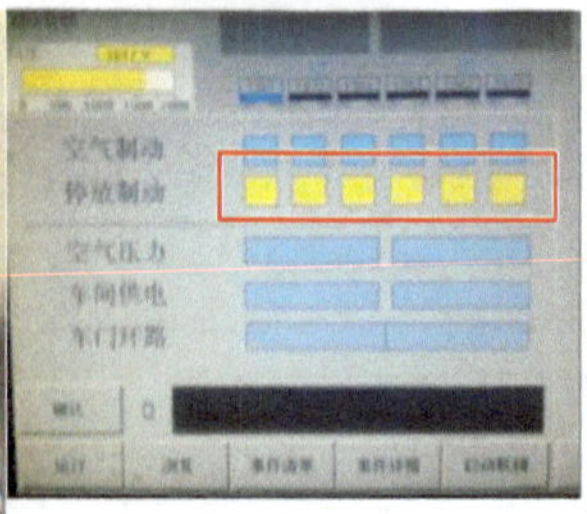	使用该功能后，HMI 显示停放制动项显示黄色

实训一　电动列车调试及软件使用维修及保养　15

(续)

工序	作业内容	作业图示及作业要求	
作业中	7.6 到另一端司机室重复步骤7.1—7.5	功能正常	
作业中	8.1 安全性试验：客室门紧急手柄	面板车门状态显示正确	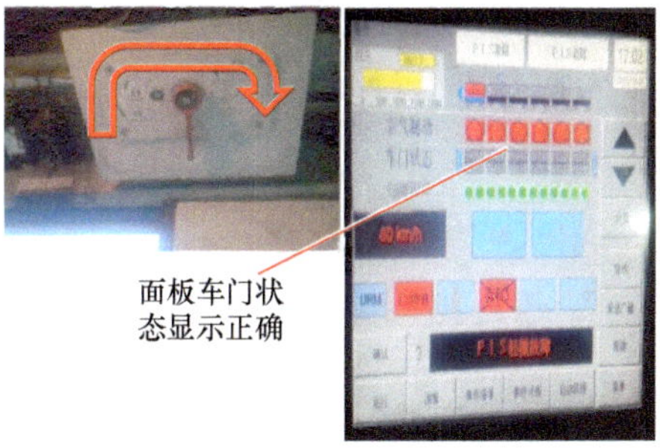 紧急手柄拉下后，列车应不能牵引
作业中	8.2 安全性试验：安全门检查		 安全门使用后，列车应不能牵引
作业中	8.3 到另一端重复步骤8.1—8.2	功能正常	
作业中	9.1 冗余继电器：触点检查	继电器触点接线牢固，接触良好，能正常闭合、断开	
作业中	9.2 冗余继电器：线圈检查	继电器线圈接线牢固，功能正常，能正常吸合、释放	
作业后	1. 填写记录	按维修及保养记录单内容填写记录单	
作业后	2. 工具保养和完工清理	1）人员到齐 2）对所使用工具进行擦拭、保养 3）按定置管理要求，做到工完料清，场地清洁	

3）软件使用作业内容和要求见表1-6。

表1-6　软件使用作业内容和要求

工序	作业内容	作业图示及作业要求
作业前	1. 检查人员	作业人数应为2人，并且应是具有电动列车检修工岗位上岗证的检修人员
作业前	2. 检查工具	按要求，核对检查工具的配备
作业前	3. 劳防用品	按要求，检查劳防用品的穿戴
作业前	4. 场地检查	确保底层检修平台无油、水等易滑倒物质，光线、照明充足
作业前	5. 电动列车准备	1. 将电动列车停放于带地沟台位，并在列车前放好检修作业牌 2. 起动列车，待自检结束后升弓，在两头司机室挂好禁动牌

(续)

工序	作业内容	作业图示及作业要求	
作业中	1. 下载列车ODBS		1）使用 RS232 交叉线进行数据传输，一端连入便携式计算机 COM 口，另一端连接 VTCU 总成上左起第三块板卡端口
		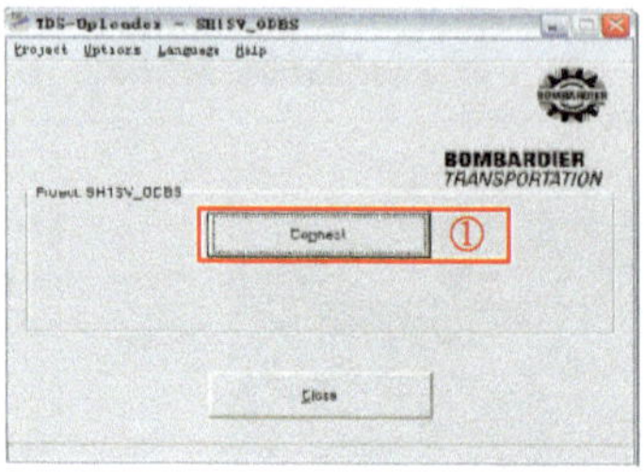	2）打开 TDS Uploader 软件，单击 Connect
		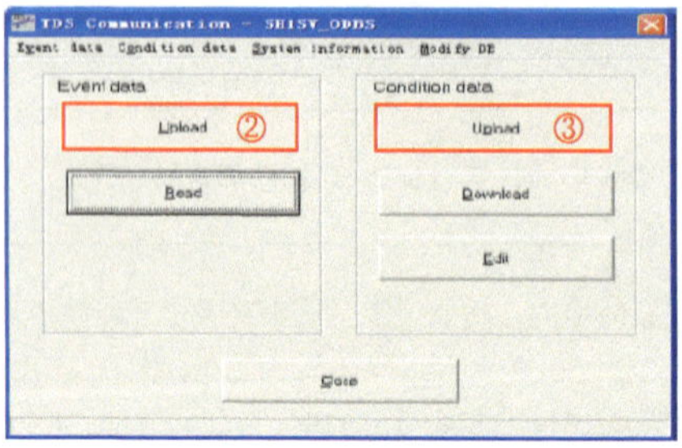	3）进入下载界面后，分别单击 Event data 栏和 Condition data 栏内的 Upload 按钮进行故障数据的下载及清除（即将故障记录下载到 PC 上，并清除 ODBS 上记录）
	2. 轮径设置	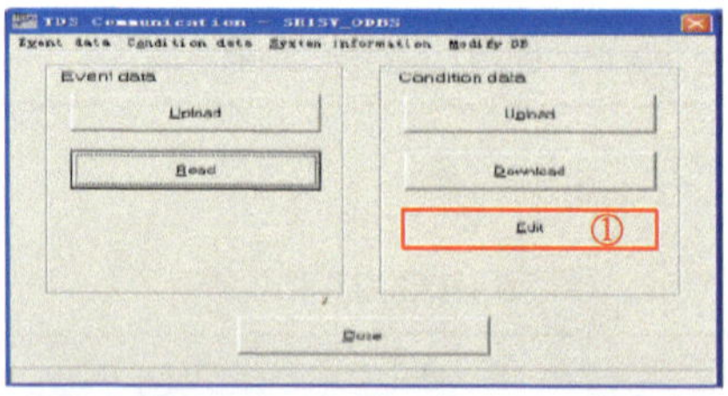 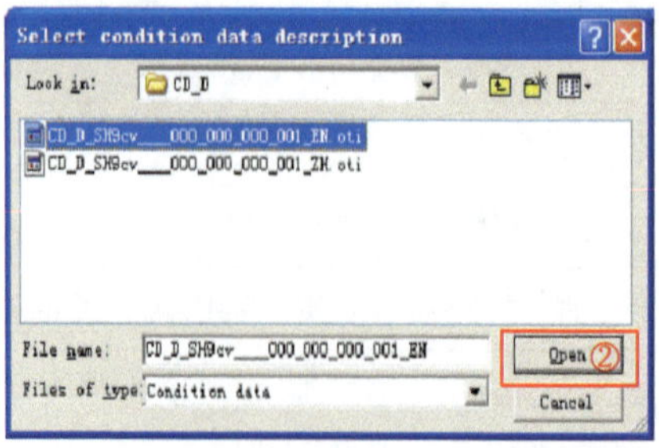	1）单击 Condition data 栏内的 Edit 按钮，载入配置文件

(续)

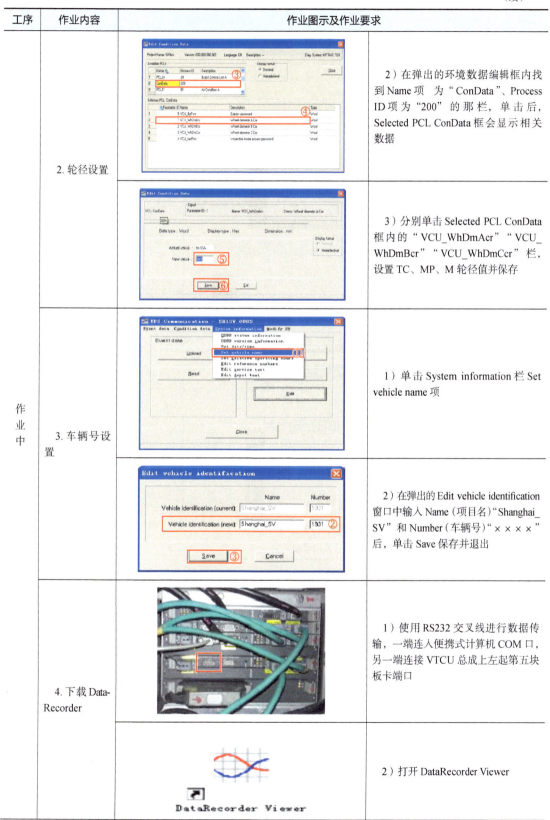

（续）

工序	作业内容	作业图示及作业要求
作业中	4. 下载 Data-Recorder	 3）单击 File → Upload
		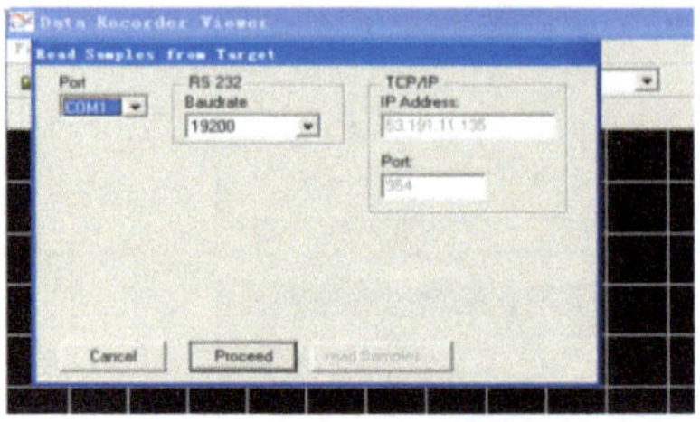 4）选择输入端口（默认 COM1）及波特率 19200，单击 Proceed
		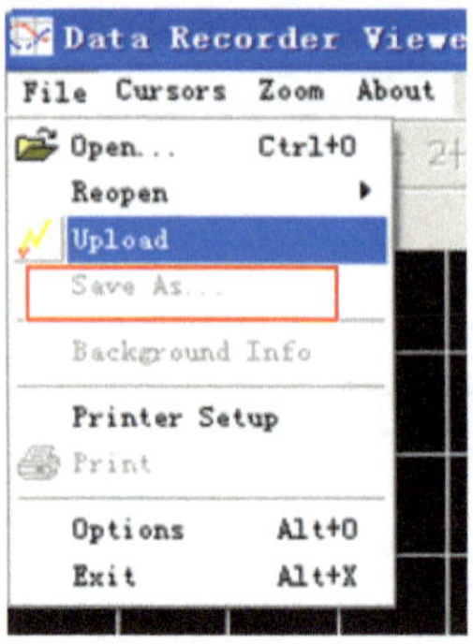 5）查看事件记录仪数据 6）单击 Save As 保存数据
作业后	1. 填写记录	按维修及保养记录单内容填写记录单
	2. 工具保养和完工清理	1）人员到齐 2）对所使用工具进行擦拭、保养 3）按定置管理要求，做到工完料清，场地清洁

实训二　城市轨道交通车辆牵引系统的维修及保养

一、实训目的

1）规范列车牵引系统维修及保养作业要求，恢复列车正常工况。

2）落实列车牵引系统维修及保养规程，提高作业水平，确保列车牵引系统维修及保养部件检修作业质量。

3）排除部件故障隐患，规范检修方案，提高列车的可靠性。

二、实训场地

车辆检修库内，电动列车的两侧及车底。

三、工器具、材料及劳防用品要求

1）工器具的配备要求见表 2-1。

表 2-1　工器具的配备要求

序号	名　　称	规　　格	数　　量
1	手电筒	—	1 个
2	呆扳手套件	10~24mm	1 套
3	套筒扳手套件	10~24mm	1 套
4	高压气枪	—	1 把
5	万用表	—	1 个
6	一字螺钉旋具	0.6mm×3.5mm	1 把
7	一字螺钉旋具	1mm×5.5mm	1 把
8	方孔钥匙	9mm	1 把
9	手动注油枪	—	1 个
10	刷子	大号硬毛刷	1 把
11	内六角扳手	4~10mm	1 套
12	加液杯	—	1 个
13	漏斗	—	1 个
14	钳形表	—	1 台
15	无间隙避雷器直流参数测试仪（RY-2）	—	1 个
16	扭力扳手	10~300N·m	1 把
17	直尺	15cm	1 把
18	管形弹簧秤	200N	1 把

(续)

序号	名　　称	规　　格	数　　量
19	水平尺	50～100cm	1把
20	卷尺	2m	1把
21	绝缘电阻表	2500V	1个

2）材料（备品备件）的配备要求见表2-2。

表2-2　材料（备品备件）的配备要求

序号	名　　称	型　　号	规　　格	数　　量
1	刷子	—	大号硬毛刷	1把
2	白布	—	—	若干
3	油漆笔	TOYO SA101	红色	1支
4	气管	—	20m	—
5	酒精	—	2L	—
6	轴承润滑油	MOBIL SHC 220	1kg	—
7	蒸馏水	—	10L	1桶
8	凡士林	—	500mL	1罐
9	导电膏	HSC Plus Paste	—	1支
10	润滑脂	Shell Alvania RL3	—	1支
11	油漆笔	TOYO SA101	红色	1支

3）劳防用品的配备要求见表2-3。

表2-3　劳防用品的配备要求

序号	名　　称	规　　格	数　　量
1	安全防护鞋	防砸、绝缘6kV	2双
2	安全帽	带硬质内胆	2个
3	手套	粗棉纱	2双
4	安全带	背带式	2条

四、实训内容和要求

1）整列车的车下牵引系统电气安全检查维修及保养作业内容和要求见表2-4。

表2-4　车下牵引系统电气安全检查维修及保养作业内容和要求

工序	作业内容	作业图示及作业要求
作业前	1. 检查人员	作业人数应为2人，并且应是具有电动列车检修工岗位上岗证的检修人员
	2. 检查工具	按要求，核对检查工具的配备
	3. 劳防用品	按要求，检查劳防用品的穿戴
	4. 场地检查	确保列车停放股道两侧无油、水等易滑倒物质

（续）

工序	作业内容	作业图示及作业要求	
作业前	5.电动列车准备	1）将电动列车停放于带地沟台位，并在列车前放好检修作业牌，在两头司机室挂好禁动牌 2）降下列车所有受电弓，使列车处于停稳、收车状态 3）工作过程和质量检验过程中照明要充足 4）岗前明确车下牵引系统电气安全检查维修及保养检修作业要求及注意事项	
作业中	1.检查各类箱体前后盖及电气接插件	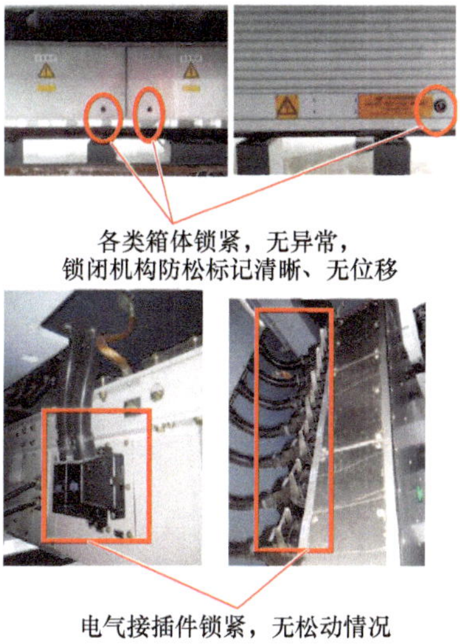 各类箱体锁紧，无异常，锁闭机构防松标记清晰、无位移 电气接插件锁紧，无松动情况	要求各类箱体锁紧，无异常，锁闭机构防松标记清晰、无位移；电气接插件锁紧，无松动情况
	2.检查各类箱体连接螺栓及悬挂处	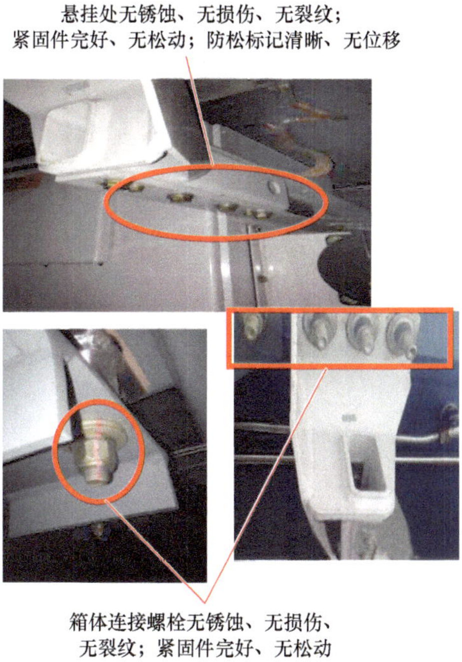 悬挂处无锈蚀、无损伤、无裂纹；紧固件完好、无松动；防松标记清晰、无位移 箱体连接螺栓无锈蚀、无损伤、无裂纹；紧固件完好、无松动	无锈蚀、无损伤、无裂纹；紧固件完好、无松动；防松标记清晰、无位移
	3.检查各类箱体、箱盖和盖板的密封件		密封件无破损

（续）

工序	作业内容	作业图示及作业要求	
作业中	4. 检查各类箱体的警告标记	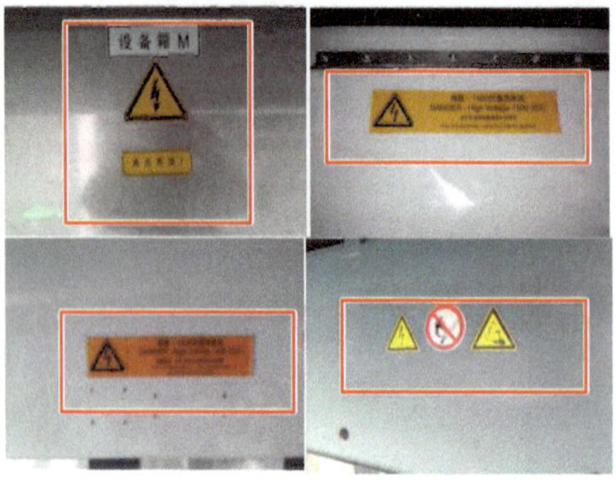	车下电气的各类箱体的警告标记完好
	5. 检查各类箱体、箱盖方孔上的防松标记	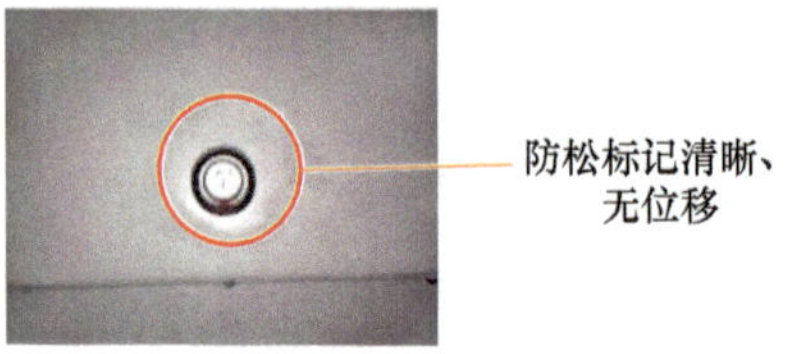 防松标记清晰、无位移	紧固件完好、无松动；防松标记清晰、无位移
	6. 检查各类电缆与构架的距离	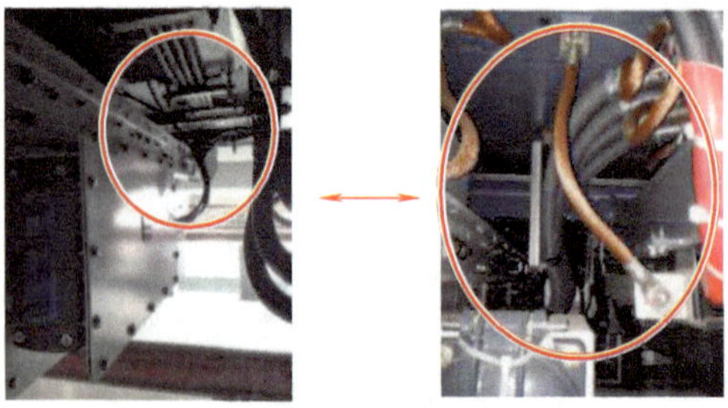	车下电气的各类电缆与构架无接触
作业后	1. 填写记录	按维修及保养记录单内容填写记录单	
	2. 工具保养和完工清理	1）人员到齐 2）对所使用工具进行擦拭保养，给油 3）按定置管理要求，做到工完料清，场地清洁	

2）电抗器箱维修及保养作业内容和要求见表2-5。

表2-5 电抗器箱维修及保养作业内容和要求

工序	作业内容	作业图示及作业要求
作业前	1. 检查人员	作业人数应为2人，并且应是具有电动列车检修工岗位上岗证的检修人员
	2. 检查工具	按要求，核对检查工具的配备
	3. 劳防用品	按要求，检查劳防用品的穿戴
	4. 场地检查	确保列车停放股道两侧无油、水等易滑倒物质
	5. 电动列车准备	1）将电动列车停放于带地沟台位，并在列车前放好检修作业牌，在两头司机室挂好禁动牌 2）降下列车所有受电弓，使列车处于停稳、收车状态 3）工作过程和质量检验过程中照明要充足 4）岗前明确电抗器箱检修作业要求及注意事项

（续）

工序	作业内容	作业图示及作业要求	
作业中	1. 检查并清洁外部 MCM、ACM 电抗器		 1）使用压缩空气清洁 2）清洁异物并擦拭外壳网罩。清洁后表面应无损伤
作业中	2. 检查并清洁外部风扇	外部风扇	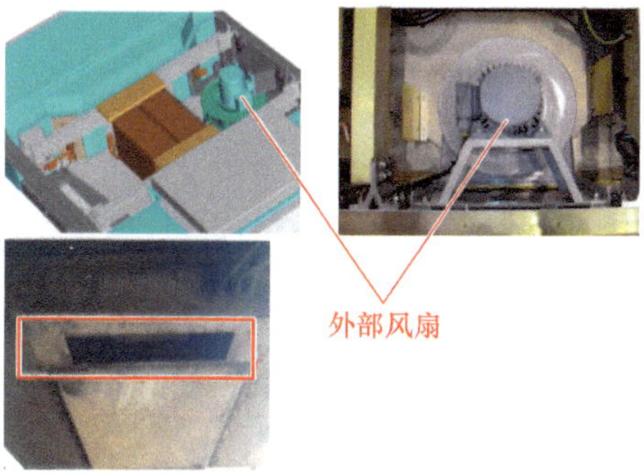 1）取下车下中箱大盖板 2）使用压缩空气清洁外部风机以及其他部件，清洁后表面应无损伤 3）安装中箱大盖板并清洁出风口网罩 4）打色标
作业后	1. 填写记录	按维修及保养记录单内容填写记录单	
作业后	2. 工具保养和完工清理	1）人员到齐 2）对所使用工具进行擦拭保养，给油 3）按定置管理要求，做到工完料清，场地清洁	

3）电气设备箱、电子箱和辅助箱维修及保养作业内容和要求见表2-6。

表2-6　电气设备箱、电子箱和辅助箱维修及保养作业内容和要求

工序	作业内容	作业图示及作业要求	
作业前	1. 检查人员	作业人数应为2人，并且应是具有电动列车检修工岗位上岗证的检修人员	
作业前	2. 检查工具	按要求，核对检查工具的配备	
作业前	3. 劳防用品	按要求，检查劳防用品的穿戴	
作业前	4. 场地检查	确保列车停放股道两侧无油、水等易滑倒物质	
作业前	5. 电动列车准备	1）将电动列车停放于带地沟台位，并在列车前放好检修作业牌，在两头司机室挂好禁动牌 2）降下列车所有受电弓，使列车处于停稳、收车状态 3）工作过程和质量检验过程中照明要充足 4）岗前明确电气设备箱、电子箱和辅助箱检修作业要求及注意事项	
作业中	1. 检查电气、电子设备安装及电缆、电气接插件		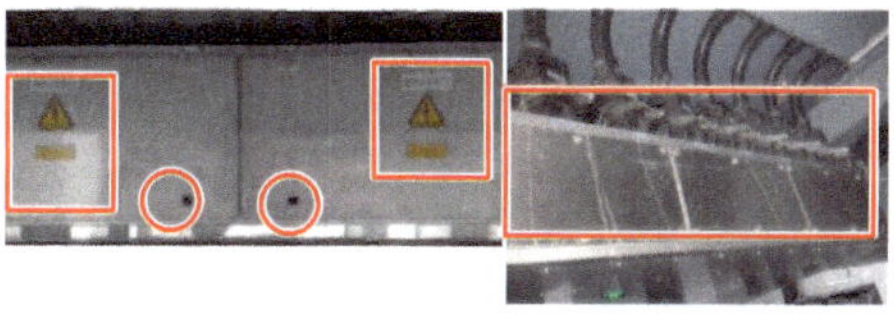 检查各类箱体前后箱盖及电气接插件，确认锁紧，无异常，锁闭机构防松标记清晰、无位移
作业中	2. 检查箱内接地装置		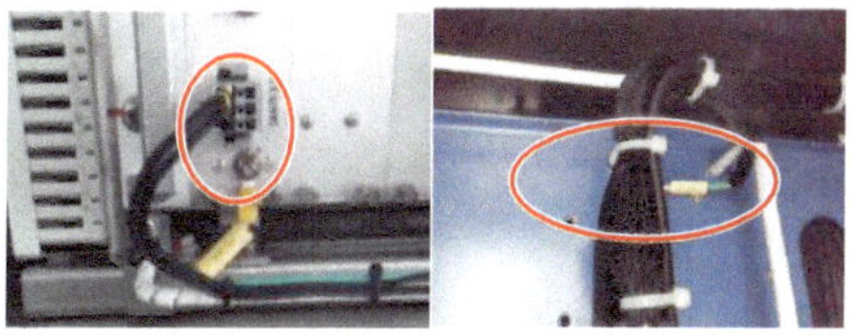 要求接地良好，无损伤

（续）

工序	作业内容	作业图示及作业要求	
作业中	3.检查箱内线缆的紧固状态	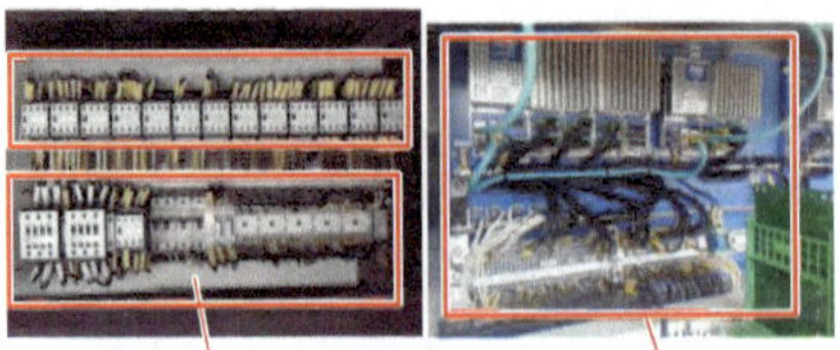 检查箱内线缆的紧固情况，要求紧固件完好、无松动、接触良好　　电气插头连接牢固，各类空气开关位置正确	要求紧固件完好、无松动、接触良好
作业中	4.检查并清洁设备箱、电子箱、辅助箱		清洁设备箱、电子箱、辅助箱，要求箱内无积灰
作业后	1.填写记录	按维修及保养记录单内容填写记录单	
作业后	2.工具保养和完工清理	1）人员到齐 2）对所有使用工具进行擦拭保养，给油 3）按定置管理要求，做到工完料清，场地清洁	

4）牵引电动机维修及保养作业内容和要求见表2-7。

表2-7　牵引电动机维修及保养作业内容和要求

工序	作业内容	作业图示及作业要求	
作业前	1.检查人员	作业人数应为2人，并且应是具有电动列车检修工岗位上岗证的检修人员	
作业前	2.检查工具	按要求，核对检查工具的配备	
作业前	3.劳防用品	按要求，检查劳防用品的穿戴	
作业前	4.场地检查	确保列车停放股道两侧无油、水等易滑倒物质	
作业前	5.电动列车准备	1）将电动列车停放于带地沟台位，并在列车前放好检修作业牌，在两头司机室挂好禁动牌 2）降下列车所有受电弓，使列车处于停稳、收车状态 3）工作过程和质量检验过程中照明要充足 4）岗前明确牵引电动机检修作业要求及注意事项	
作业中	1.检查电动机的进、出风口	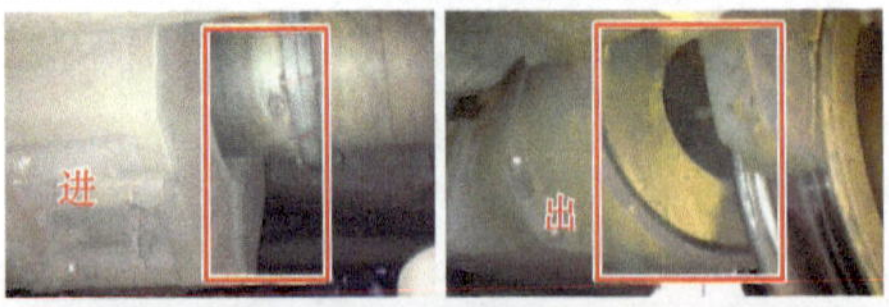 进　　出	清洁、无杂物、完好、无松动
作业中	2.检查电缆插头及速度传感器	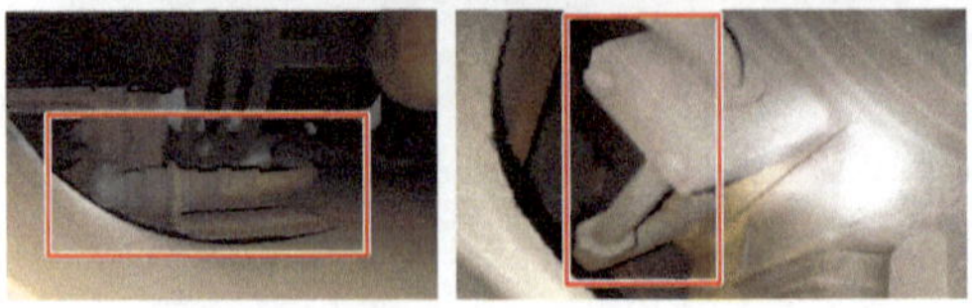	无损坏，无松动

（续）

工序	作业内容	作业图示及作业要求	
作业中	3.检查线缆和线缆夹	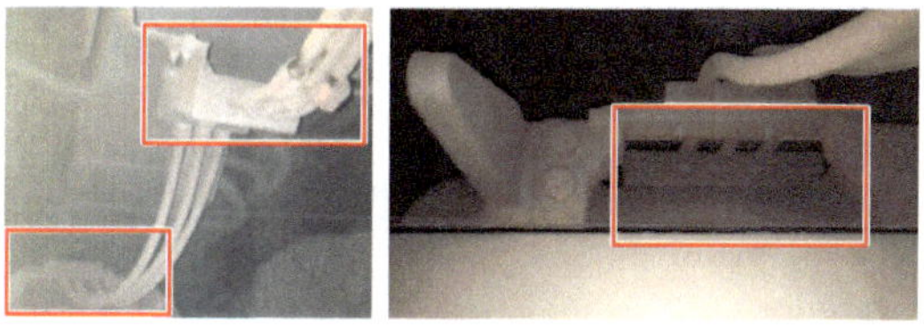	无损坏，无松动
	4.检查电动机安装情况	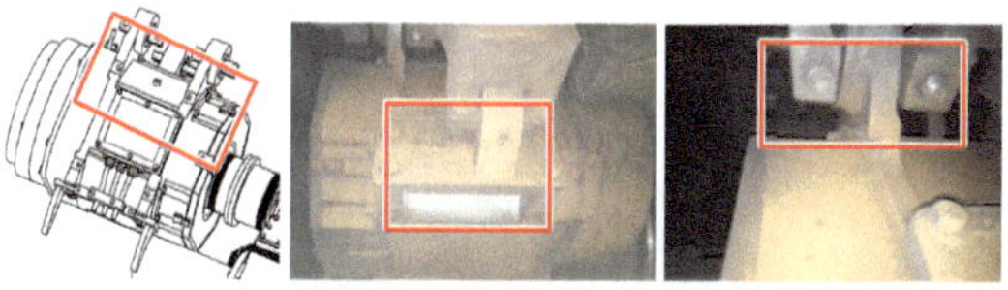	完好，无松动（可见部分）
	5.检查电动机外观		无损坏，无裂痕
	6.检查轴承泄漏油脂情况，并对轴承进行补油	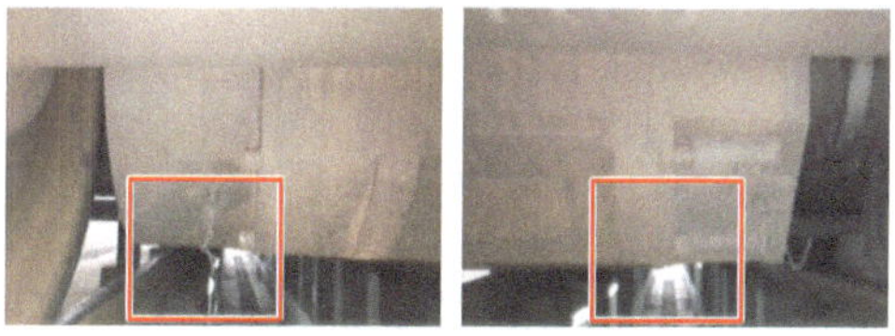	无泄漏。传动端轴承补油35g，非传动端轴承补油25g
	7.检查并清洁牵引电动机及其网罩		清洁，无损坏，无裂痕
作业后	1.填写记录	按维修及保养记录单内容填写记录单	
	2.工具保养和完工清理	1）人员到齐 2）对所使用工具进行擦拭保养，给油 3）按定置管理要求，做到工完料清，场地清洁	

5）牵引箱维修及保养作业内容和要求见表2-8。

表2-8 牵引箱维修及保养作业内容和要求

工序	作业内容	作业图示及作业要求
作业前	1.检查人员	作业人数应为2人，并且应是具有电动列车检修工岗位上岗证的检修人员
	2.检查工具	按要求，核对检查工具的配备
	3.劳防用品	按要求，检查劳防用品的穿戴
	4.场地检查	确保列车停放股道两侧无油、水等易滑倒物质
	5.电动列车准备	1）将电动列车停放于带地沟台位，并在列车前放好检修作业牌，在两头司机室挂好禁动牌 2）降下列车所有受电弓，使列车处于停稳、收车状态。将牵引箱接地开关转至接地位 3）工作过程和质量检验过程中照明要充足 4）岗前明确牵引箱检修作业要求及注意事项

(续)

工序	作业内容	作业图示及作业要求	
作业中	1. 检查并清洁PH箱的内侧和进、出风口	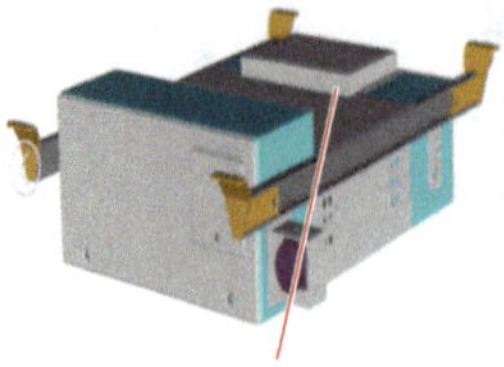 进风口 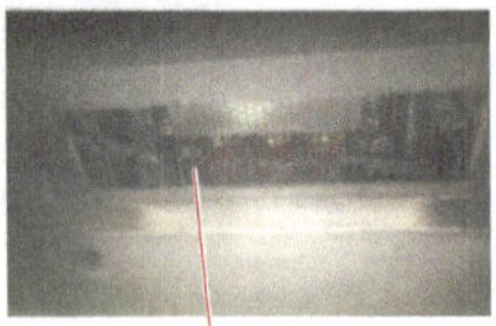　出风口 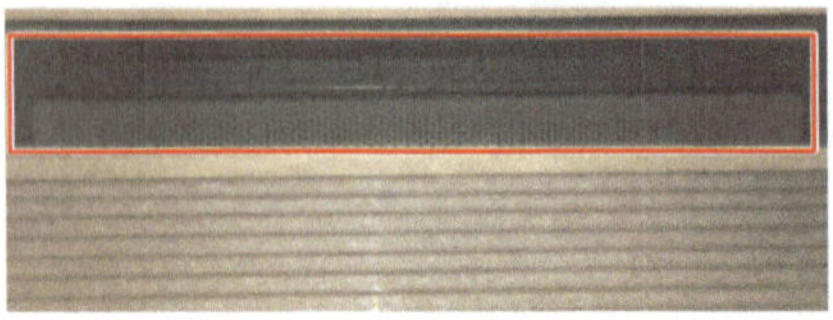	1）清洁、无灰尘、无损坏 2）拆下PH箱中箱底层盖板 3）使用刷子、白布清洁PH箱的内侧，要求无积灰、无损伤 4）使用干燥的压缩空气清洁PH箱的进风口，要求无积灰、无损伤 5）检查PH箱进出风口，要求PH箱进出风口无异物、进出风口无变形
	2. 检查分离接触器和预充电接触器的主、辅触头以及灭弧罩外观	分离接触器　预充电接触器	1）分离接触器和预充电接触器，主触头应无发黑，辅助触头应动作灵活、接触面正常。灭弧罩内应无结瘤、结灰 2）分离接触器 ① 用一字螺钉旋具拧松前端玻璃防护罩上的快拆螺母后拿下玻璃防护罩 ② 拆下分离接触器的灭弧罩 ③ 检查分离接触器的灭弧罩外观，要求灭弧罩外观无损坏，内部无灼伤痕迹，无积灰、无结瘤 ④ 按压分离接触器触头左侧黑色方块，推动分离接触器，要求动作正常，辅助触头接触面可以正常贴合 ⑤ 检查分离接触器的主、辅触头，要求分离接触器的主触头无发黑、无结瘤，辅助触头动作灵活、接触面正常 ⑥ 重新安装分离接触器的灭弧罩，要求安装后的灭弧罩安装牢固，安装方式正确
			3）预充电接触器 ① 拆下预充电接触器的灭弧罩

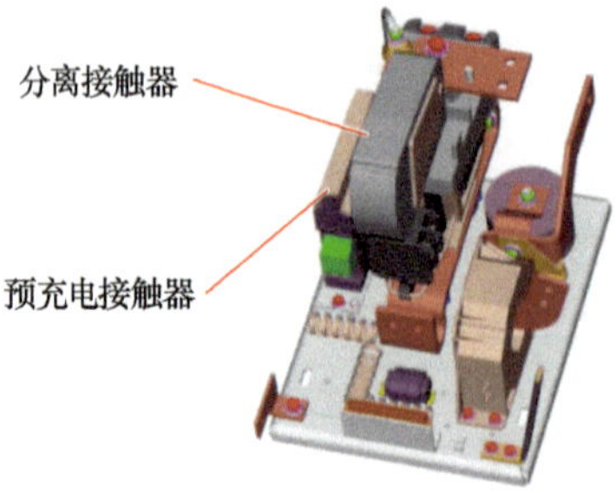

实训二　城市轨道交通车辆牵引系统的维修及保养

（续）

工序	作业内容	作业图示及作业要求	
作业中	2. 检查分离接触器和预充电接触器的主、辅触头以及灭弧罩外观	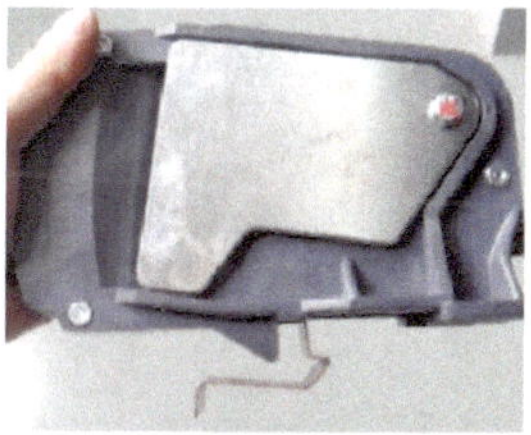 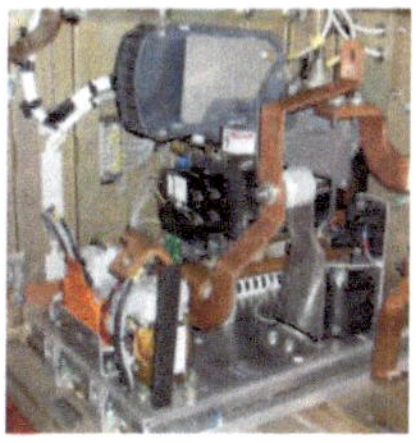	② 检查预充电接触器的灭弧罩外观，要求灭弧罩外观无损坏，内部无灼伤痕迹，无积灰、无结瘤
		 无结瘤，无发黑	③ 检查预充电接触器的主、辅触头，要求预充电接触器的主触头无发黑、无结瘤，辅助触头动作灵活、接触面正常
		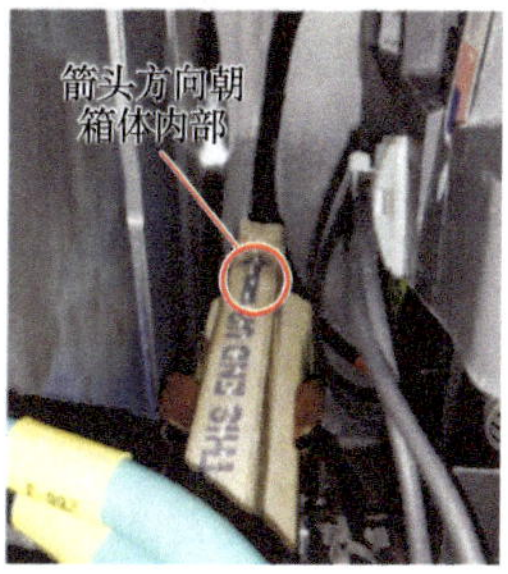 箭头方向朝箱体内部	④ 重新安装预充电接触器的灭弧罩，要求安装后的预充电接触器的灭弧罩安装牢固、安装方式正确、安装方向正确（预充电接触器灭弧罩安装时，注意灭弧罩的箭头朝箱体内）
	3. 清洁 MCM 电抗器	 	清洁，无积灰，表面无损伤
	4. 检查高速开关主副触头、灭弧罩外观和接线	 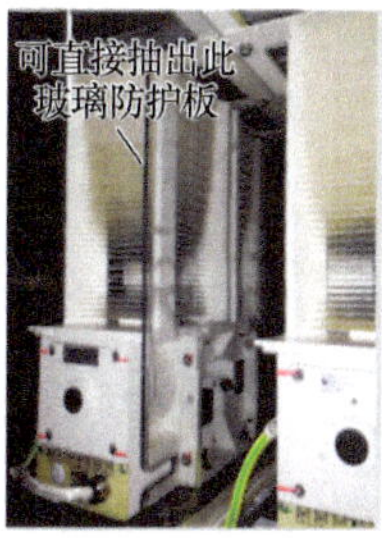 可直接抽出此玻璃防护板	1）用螺钉旋具拧松高压箱内高速断路器前端玻璃防护罩上 4 个直角回转紧固件后拿下玻璃防护罩 2）移开高速断路器前面的玻璃防护罩和两个高速短路器之间的玻璃板
		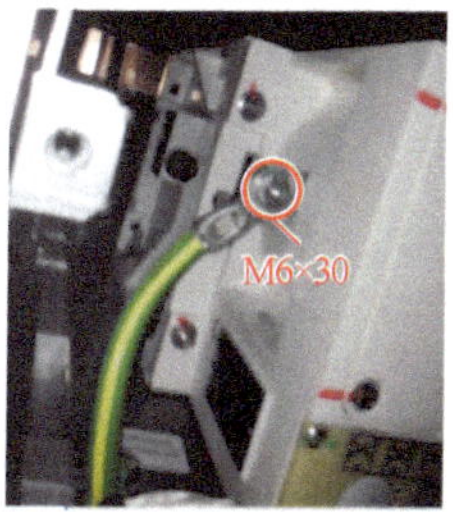 M6×30 　　　M6×30	3）拆下高速断路器与底板接地线连接的 2 个螺栓（M6×30）

(续)

工序	作业内容	作业图示及作业要求	
作业中	4.检查高速开关主副触头、灭弧罩外观和接线		4）拆下高速断路器与上导向连接的6个螺栓（M6×16） 5）拆下高速断路器灭弧罩上的4个紧固螺栓（M8）
			6）将高速断路器灭弧罩向上轻轻托起并向前推拆除（注意不能用手托举高速断路器上方翼板，否则会造成高速断路器灭弧罩的损坏） 7）检查灭弧罩外观有无损坏 8）托起灭弧罩并置于工作台，清洁灭弧罩
			9）用金相砂纸刷净灭弧罩板和灭弧片之间的金属封条及底部顶端内壁，要求在使用金相砂纸后灭弧罩和灭弧片之间的封条和顶端内部光滑、无发黑、无结瘤
			10）使用专用筛板（厚度为0.5～1mm的刚性材料，例如钢铁、铝、聚酯等）从4个不同方向在灭弧罩板上方的灭弧片间检测灭弧罩金属条之间的间隙，要求灭弧罩金属条之间没有贴合（使用金属片检查时，要求采用横向竖向检测方法） 11）用金相砂纸刷净触头上方紧贴的长方形金属块 12）检查高速断路器动静触头并用金相砂纸打磨，要求使用砂纸后高速断路器动静触头表面光滑、无发黑、无结瘤
			13）用干燥的压缩空气清洁高速断路器内部，要求高速断路器内部没有灰尘或其他的脏物 14）检查高速断路器底座后端线缆连接情况，要求线缆连接牢固，防松标记清晰 15）将灭弧罩安装在底座上且检查灭弧罩与底座的配合情况

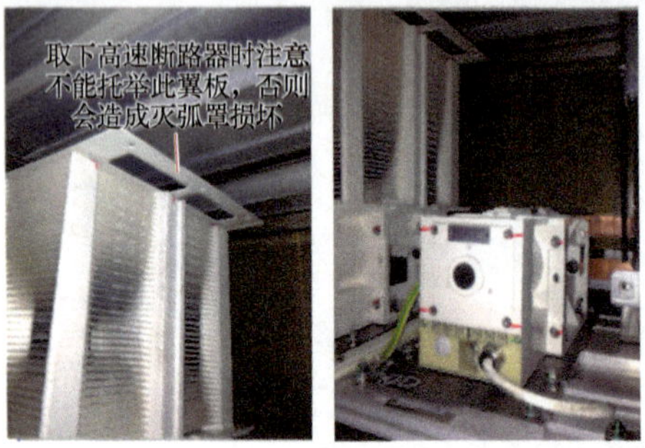

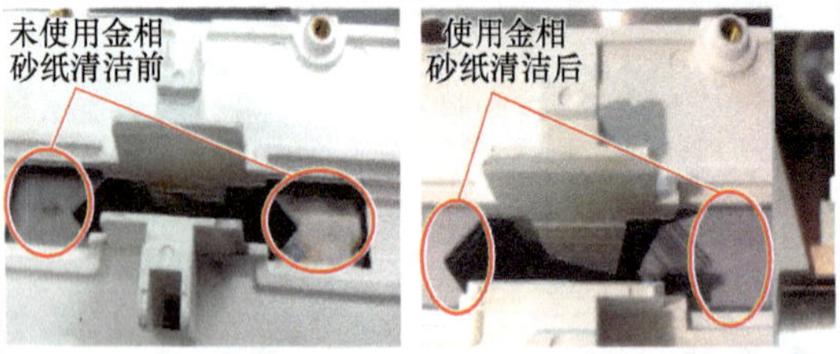

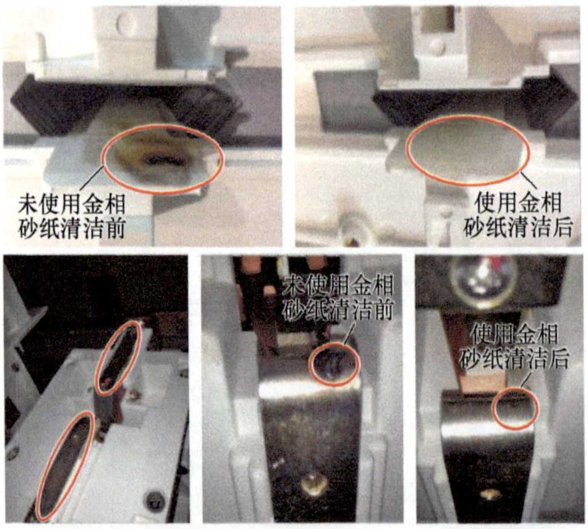

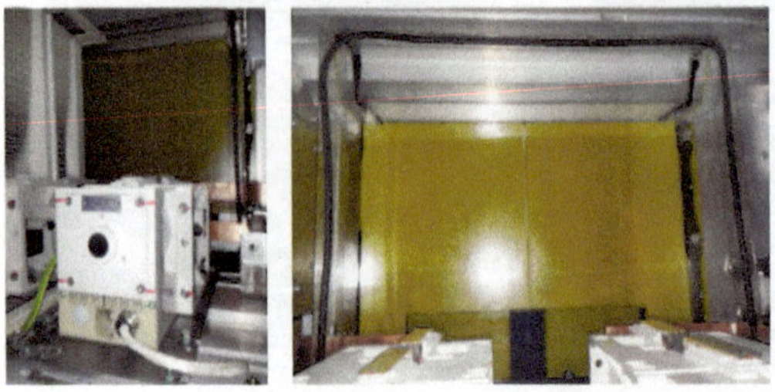

实训二　城市轨道交通车辆牵引系统的维修及保养

（续）

工序	作业内容	作业图示及作业要求	
作业中	4. 检查高速开关主副触头、灭弧罩外观和接线	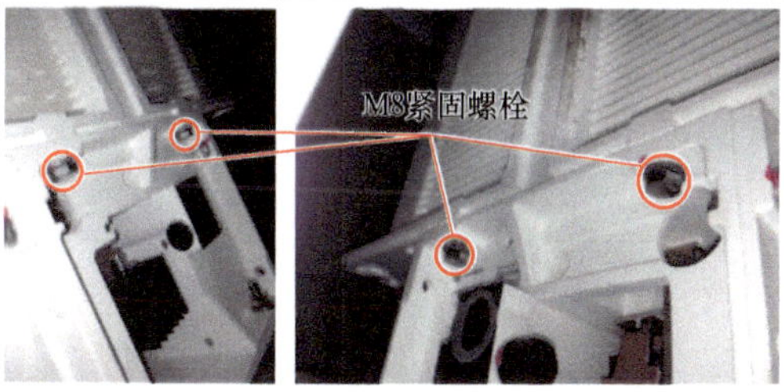	16）安装高速断路器灭弧罩上的4个紧固螺栓（M8），紧固力矩为15Nm
		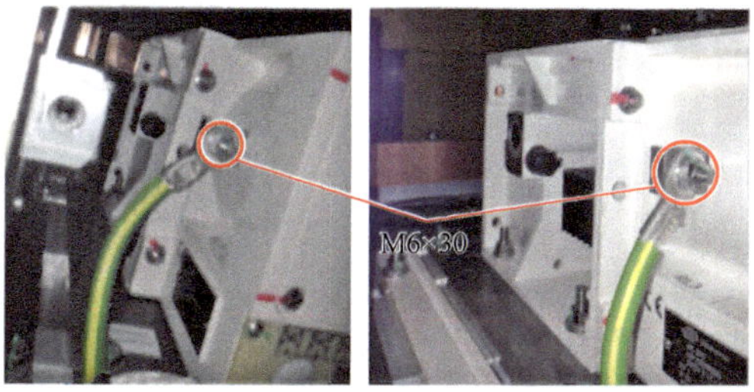	17）安装高速断路器与底板接地线连接的2个螺栓（M6×30），紧固力矩为9N·m 18）安装高速断路器与上导向连接的6个螺栓（M6×16），紧固力矩为9Nm 19）安装高速断路器前面的玻璃绝缘罩和两个高速断路器之间的玻璃板，再使用一字螺钉旋具拧紧玻璃绝缘罩4个直角回转紧固件
	5. 检查车间电源电流接触器	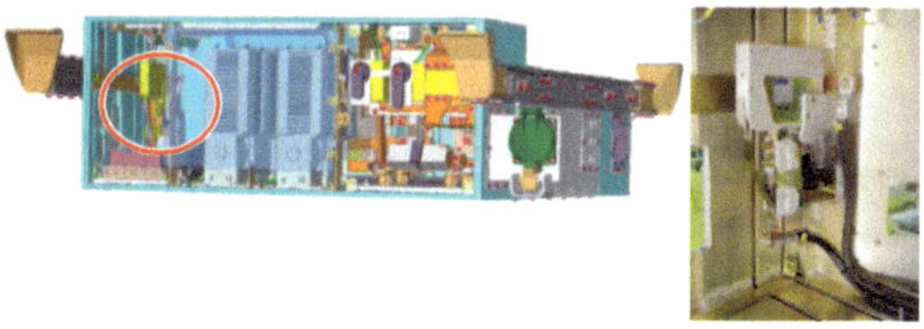	1）用一字螺钉旋具拧松高压箱内前端玻璃防护罩上的直角回转紧固件后拿下玻璃防护罩 2）用酒精和白布清洁车间电源电流接触器表面和端子，确认连接电缆没有受损，没有裂缝或褪色
	6. 检查车间电源盖板固定情况		车间电源盖板锁紧，更换扎带
	7. 检查隔离接地转换开关		按照示意图进行切换，切换功能正常
	8. 检查并清洁散热片	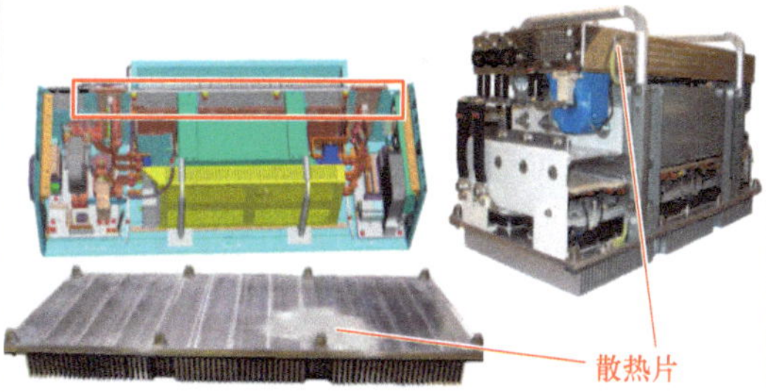	清洁无积灰

（续）

工序	作业内容	作业图示及作业要求	
作业中	9. 检查隔离接地开关小盖板及内部限位开关	 顶杆完好，无弯曲，无变形 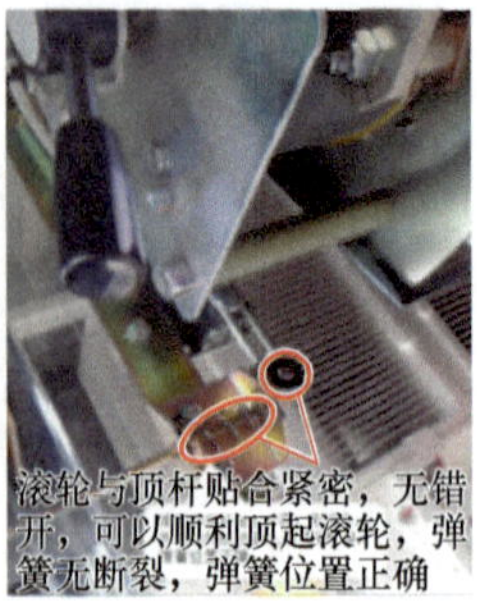 / 滚轮与顶杆贴合紧密，无错开，可以顺利顶起滚轮，弹簧无断裂，弹簧位置正确	1）检查小盖板内部限位开关顶杆及中端弹簧，要求顶杆完好，无弯曲、无变形，弹簧无断裂，所处位置正确。关闭小盖板时，确认限位开关及顶杆正确复位 2）检查小盖板内部限位开关顶杆和限位开关滚轮贴合情况，要求限位开关滚轮与顶杆贴合紧密，无错开，可以顺利顶起滚轮
作业后	1. 填写记录	按维修及保养记录单内容填写记录单	
	2. 工具保养和完工清理	1）人员到齐 2）对所使用工具进行擦拭保养，给油 3）按定置管理要求，做到工完料清，场地清洁	

6）避雷器维修及保养作业内容和要求见表2-9。

表2-9　避雷器维修及保养作业内容和要求

工序	作业内容	作业图示及作业要求	
作业前	1. 检查人员	作业人数应为2人，并且应是具有电动列车检修工岗位上岗证的检修人员	
	2. 检查工具	按要求，核对检查工具的配备	
	3. 劳防用品	按要求，检查劳防用品的穿戴	
	4. 场地检查	确保三层检修平台无油、水等易滑倒物质，防护栏完好	
	5. 电动列车准备	1）将电动列车停放于带地沟台位，并在列车前放好检修作业牌 2）使电动列车处于静止、停稳状态，且接触网断电，挂好接地棒 3）工作过程和质量检验过程中照明要充足 4）岗前明确避雷器检修作业要求及注意事项	
作业中	1. 检查连接线及紧固件		连接线无损伤，紧固螺栓无松动，防松标记清晰，无错位
	2. 检查避雷器外观		外观无裂纹、无损坏，无拉弧、灼伤痕迹
	3. 清洁避雷器		表面无明显可见污物或杂质（清洁完毕后需用干布将避雷器擦干）
	4. 测试避雷器绝缘电阻并记录	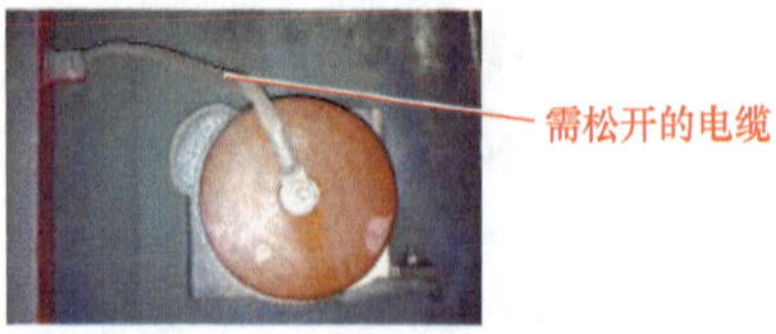 需松开的电缆	1）松开避雷器与受电弓的连接电缆。使用酒精和白布清洁避雷器外表面，以避免测量时避雷器外表面有漏电流存在，影响测量结果的准确性

(续)

工序	作业内容	作业图示及作业要求	
作业中	4. 测试避雷器绝缘电阻并记录	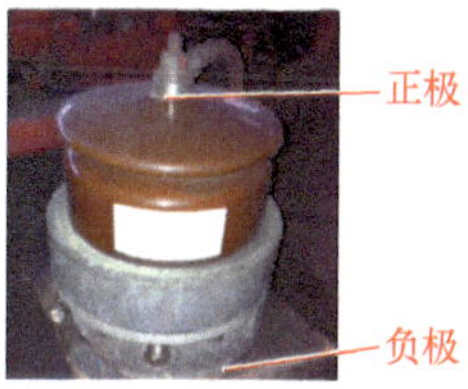	2）将避雷器测试仪正极引线接在避雷器顶部螺栓处（已松开电缆），负极引线接地。检查引线夹子，确认夹紧可靠后方可进行测量，以免引线夹子脱落造成仪器故障 ① 每年一次，3—4 月进行 ② 测试标准：1mA 电流参考的电压值大于 2500V，0.75V 参考电压下的泄漏电流小于 50μA ③ 避雷器与受电弓电缆连接紧固螺母（M10）拧紧力矩为 30N·m
			3）打开避雷器测试仪电源，先按下"U1mA"按键，记录下右侧数字电压表所指示的电压值，然后及时松开按键恢复原态
		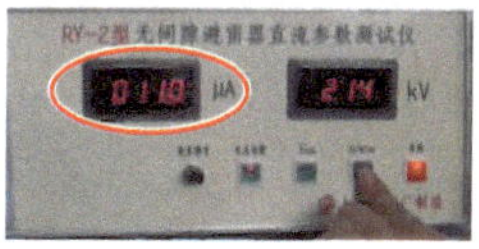	4）按下"Ix"泄漏电流按键，记录下左边数字电流表指示泄漏电流值
		 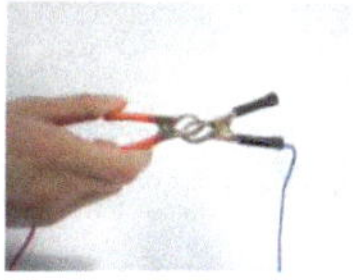	5）关闭电源，等待5s后，将测试仪正负极引线短接，放掉多余电流（注意：必须确保此操作后才能进行下一次测量，以保证安全）
			6）恢复避雷器与受电弓的电缆连接，M10 螺栓螺母使用 30N·m 的力矩进行紧固，并打上防松标记
作业后	1. 填写记录	按维修及保养记录单内容填写记录单	
	2. 工具保养和完工清理	1）人员到齐 2）对所使用工具进行擦拭保养，给油 3）按定置管理要求，做到工完料清，场地清洁	

7）受电弓维修及保养作业内容和要求见表 2-10。

表 2-10 受电弓维修及保养作业内容和要求

工序	作业内容	作业图示及作业要求
作业前	1. 检查人员	作业人数应为 2 人，并且应是具有电动列车检修工岗位上岗证的检修人员
	2. 检查工具	按要求，核对检查工具的配备
	3. 劳防用品	按要求，检查劳防用品的穿戴
	4. 场地检查	确保三层检修平台无油、水等易滑倒物质，防护栏完好

(续)

工序	作业内容	作业图示及作业要求	
作业前	5.电动列车准备	1）将电动列车停放于带地沟台位，并在列车前放好检修作业牌 2）使电动列车处于静止、停稳状态，且接触网断电，挂好接地棒 3）工作过程和质量检验过程中照明要充足 4）岗前明确受电弓检修作业要求及注意事项	
作业中	1.检查碳滑条磨耗及与底架固定状态	 	1）碳滑条表面磨损均匀，碳滑条最低厚度大于5mm，裂纹深度小于3mm，且裂纹不应裂至最小工作厚度5mm以下，碳滑条缺口小于碳滑条宽度的五分之一。同一受电弓碳滑条厚度差小于3mm
			2）检查碳滑条与铝托架之间的粘接处，应无脱胶、无缝隙
			3）检查碳滑条在弓头上的安装状况，要求紧固螺栓牢固无松动，无灼烧痕迹
	2.检查弓头羊角		无损坏，无变形，无裂缝，磨耗位置要求距碳滑条与羊角连接处的距离不超过200mm。羊角与碳滑条间平稳过渡，若超限范围油漆磨损，则需进行补漆。用卷尺从碳滑板末端（碳滑板和羊角接缝处）向羊角延伸方向测量200mm，以此处为界线，界限以下部分的上表面涂上颜色醒目的油漆
	3.检查弓头支撑座、弹簧	 	支撑座无变形、无裂纹。弹簧伸缩正常，紧固件牢固无松动，防松标记无错位

实训二 城市轨道交通车辆牵引系统的维修及保养 33

(续)

工序	作业内容	作业图示及作业要求
作业中	4.检查碳滑条的水平度	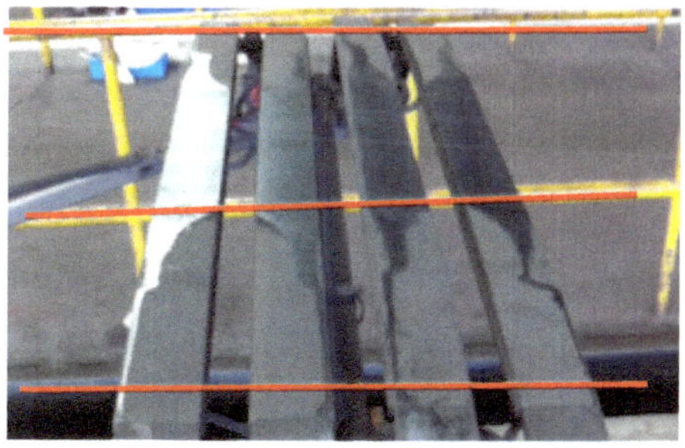 1）所有碳滑条的接触面均应在同一平面。用水平尺横跨放置在四根碳棒上，分别选取前、中、后三个参考位置，在水平位置贴合碳棒，碳棒表面与水平尺之间应无明显缝隙 2）若留有明显缝隙，可用锉刀修复，直至看不到明显缝隙为止
作业中	5.检查受电弓与接触网的接触压力并记录	 1）在受电弓升弓到离车顶高度为800mm、1150mm、1500mm 的情况下，分别测量受电弓的接触压力 压力值允许范围：（120±10）N 2）作业时接触网无电，列车110V有电，确保主风缸压力大于4.5bar 后升弓
作业中	6.检查底架、下支架、上支架、蝴蝶架、连接杆、平行导杆、连接部件、电缆及连接螺栓	 底架、下支架、上支架、蝴蝶架、连接杆、平行导杆及连接部件应无裂纹、无变形；转动部分应转动灵活、无异声；紧固螺栓应无松动，防松标记应清晰，无错位；电缆应无损伤；连接螺栓应无松动；电缆不允许与构架接触
作业中	7.检查、清洁绝缘子	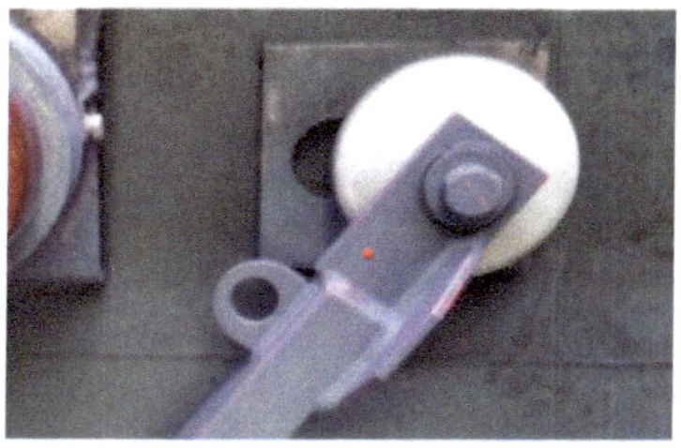 1）用白布蘸酒精将绝缘子清洁干净 2）检查绝缘子表面，应无裂纹、无损坏（使用镜子观察底部裂纹） 3）检查绝缘子紧固部件防松标记应清晰，无松动（清洁完毕后用干布将绝缘子擦干）

(续)

工序	作业内容	作业图示及作业要求
作业中	8.复测紧固部件力矩	1）检查各紧固件，确认无损坏 2）复测各紧固件力矩，复测力矩为标准力矩的90% 3）清洁各紧固件，擦除旧的防松标记，用油漆笔涂上新的防松标记
	9.检查分流导线	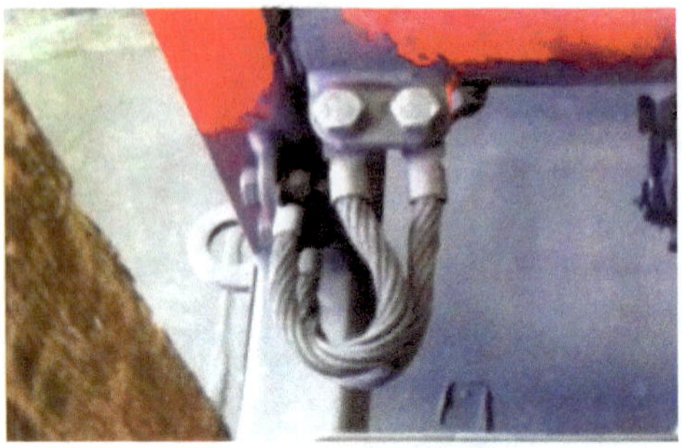 1）分流导线无严重分叉、断股现象 2）分流导线与构架无接触 3）分流导线紧固螺栓无松动、无烧灼现象，防松标记清晰，无错位 4）分流导线分叉、断股数大于5%或由于异常使导线烧断时，必须进行更换。更换时注意角度调整
	10.检查落弓到位传感器及其线缆的紧固状态	 检查落弓到位传感器无损坏、无变形；连接线缆无损伤；检查落弓到位传感器的紧固件防松标记完好
	11.检查管路及升弓气缸	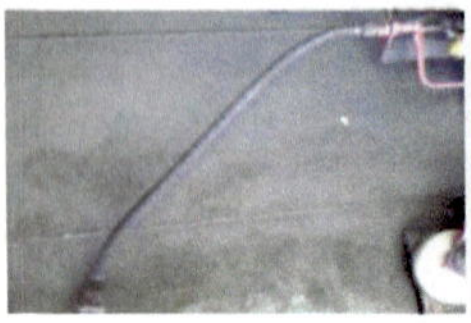 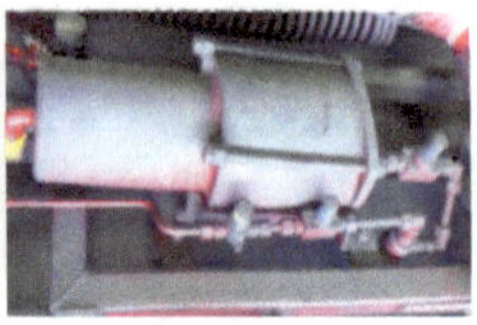 1）清洁气管及所有管路连接处，检查确认外观完好，无漏气声，无漏气现象 2）检查升弓气缸安装牢固无松动，无异声 3）对所有管路连接处采用肥皂水检查，确保无漏气现象
	12.检查升弓机构	 升弓弹簧无异常、固定支架无变形、无裂缝；紧固螺栓无松动；防松标记清晰、无错位
	13.检查上框架支撑缓冲器的功能	 缓冲器无异常、无裂纹，应有平缓的弹性
	14.检查底座固定锁功能	 功能正常

(续)

工序	作业内容	作业图示及作业要求	
作业中	15.测量受电弓升弓、降弓时间	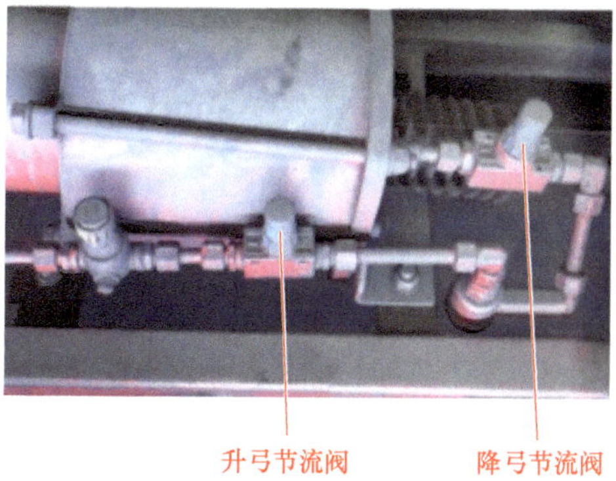 升弓节流阀　　降弓节流阀	1）升、降弓时间：(7±1)s；升、降弓必须同步 2）若升、降弓时间不在标准范围内，则需调节相应的节流阀，以对受电弓升弓或降弓时间进行调整 3）作业时接触网无电，列车110V有电，确保主风缸压力大于4.5bar后升弓 4）左旋升弓节流阀，则升弓速度上升，升弓时间减少；右旋升弓节流阀，则升弓速度下降，升弓时间增加 5）左旋降弓节流阀，则降弓速度上升，降弓时间减少；右旋降弓节流阀，则降弓速度下降，降弓时间增加
	16.测试瓷绝缘子并记录		1）拆除避雷器与受电弓底架连接线（每年一次，3—4月进行。绝缘电阻≥500MΩ，若不满足，更换瓷绝缘子）
			2）拆除受电弓与车体连接的4根1500V电缆
			3）使用2500V绝缘电阻表，正极引线连接受电弓下支架，负极引线接地 4）打开绝缘电阻表电源，电压量程选择2500V，长按"TEST"按钮，待数值稳定后记录
			5）测量完毕后，将4根1500V电缆与受电弓连接（M12螺栓），用60N·m力矩紧固（连接前，用导电胶涂于接触面，打上防松标记 6）安装避雷器与受电弓底架连接线（M10螺栓），用30N·m力矩紧固，打上防松标记
	17.检查受电弓销及轴承并润滑油嘴		1）受电弓销注油至两侧排出新润滑脂为止，擦清溢出的陈油 2）油枪使用前剩余的不同油脂应清除
	18.检查紧急升弓装置（脚踏泵）	 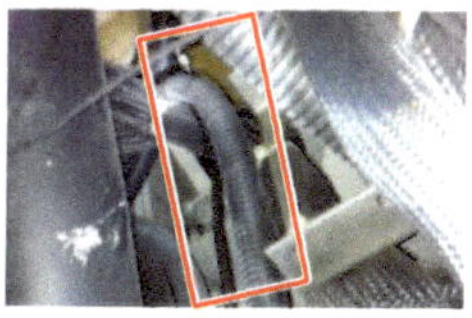	紧急升弓装置相关气路及连接部件无变形、无裂纹、无泄漏

（续）

工序	作业内容	作业图示及作业要求
作业后	1. 填写记录	按维修及保养记录单内容填写记录单
	2. 工具保养和完工清理	1）人员到齐 2）对所使用工具进行擦拭保养，给油 3）按企业管理要求，做到工完料清，场地清洁

实训三　城市轨道交通车辆供风系统和制动系统的维修及保养

一、实训目的

1）规范列车空气气路及制动系统维修及保养作业要求，恢复列车正常工况。

2）落实列车空气气路及制动系统维修及保养规程，提高作业水平，确保列车空气气路及制动系统维修及保养部件检修作业质量。

3）排除部件故障隐患，规范检修方案，提高列车的可靠性。

二、实训场地

车辆检修库内，电动列车的两侧及车底。

三、工器具、材料及劳防用品要求

1）工器具的配备要求见表3-1。

表3-1　工器具的配备要求

序号	名　称	规　格	数　量	备　注
1	手电筒	—	1个	—
2	气压表	—	1个	量程15bar以上
3	呆扳手套件	10～27mm	1套	—
4	内六角套筒套件	5～17mm	1套	—
5	扭力扳手	10～300N·m	1把	—
6	直尺	15cm	1把	—
7	塞尺	1～5mm	1套	—

2）材料（备品备件）的配备要求见表3-2。

表3-2　材料（备品备件）的配备要求

序号	名　称	型　号	规　格	数　量	备　注
1	空压机润滑油	Shell corena S2P100	10L	1桶	—
2	空气滤清器	2216001G	—	4个	—
3	注油塞铜垫片	291201087	—	2片	—
4	排油塞铜垫片	2407044	—	2片	—
5	刷子	—	大号硬毛刷	1把	—
6	白布	—	—	若干	—

(续)

序号	名称	型号	规格	数量	备注
7	油漆笔	TOYO SA101	红色	1支	—
8	容器	—	>4L	1个	—
9	漏斗	—	—	1个	—
10	量杯	—	—	1个	带容量刻度
11	制动闸片	2407030	—	—	检视磨耗情况

3）劳防用品的配备要求见表3-3。

表3-3 劳防用品的配备要求

序号	名称	规格	数量
1	安全防护鞋	防砸、绝缘6kV	2双
2	安全帽	带硬质内胆	2个
3	手套	粗棉纱	2双

四、实训内容和要求

1）风缸维修及保养作业内容和要求见表3-4。

表3-4 风缸维修及保养作业内容和要求

工序	作业内容	作业图示及作业要求
作业前	1. 检查人员	作业人数应为2人，并且应具有电动列车检修工岗位上岗证
	2. 检查工具	按要求，核对检查工具的配备
	3. 劳防用品	按要求，检查劳防用品的穿戴
	4. 场地检查	确保列车停放股道两侧无油、水等易滑倒物质
	5. 电动列车准备	1）将电动列车停放于带地沟台位，并在列车前放好检修作业牌 2）使电动列车处于静止、停稳状态 3）工作过程和质量检验过程中照明要充足 4）岗前明确风缸维修及保养检修作业要求及注意事项
作业中	1. 检查外观及安装	1）清洁并检查主风缸、制动风缸、空簧风缸，外观应完好、无损坏
		2）主风缸、制动风缸、空簧风缸阀门应完好，无泄漏、无松动

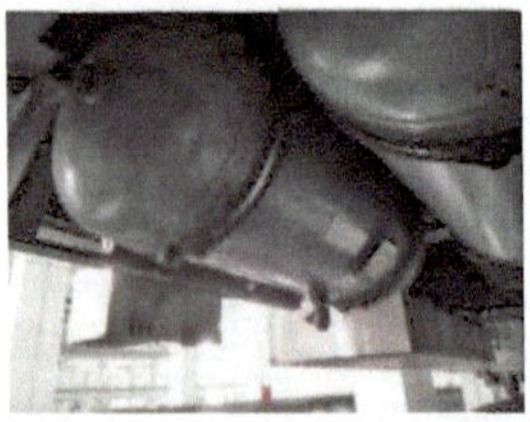

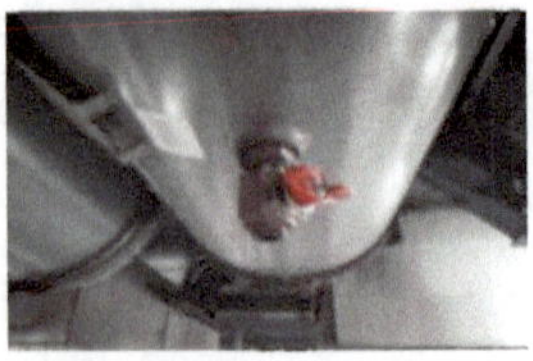

实训三　城市轨道交通车辆供风系统和制动系统的维修及保养

（续）

工序	作业内容	作业图示及作业要求
作业中	1. 检查外观及安装	 3）主风缸、制动风缸、空簧风缸两端气管接口应完好，无泄漏、无松动
		 4）主风缸、制动风缸、空簧风缸吊挂螺栓应紧固，防松标记无错位
		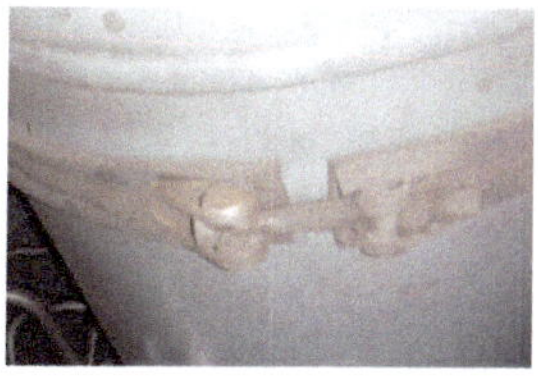 5）主风缸、制动风缸、空簧风缸抱箍应完好，螺栓紧固，防松标记无错位
	2. 风缸排水	 打开排水阀，排清风缸内压缩空气与积水
作业后	1. 填写记录	按维修及保养记录单内容填写记录单
	2. 工具保养和完工清理	1）人员到齐 2）对所使用工具进行擦拭保养，给油 3）按定置管理要求，做到工完料清，场地清洁

2）各类气管及阀类维修及保养作业内容和要求见表3-5。

表3-5　各类气管及阀类维修及保养作业内容和要求

工序	作业内容	作业图示及作业要求
作业前	1. 检查人员	作业人数应为2人，并且应具有电动列车检修工岗位上岗证
	2. 检查工具	按要求，核对检查工具的配备
	3. 劳防用品	按要求，检查劳防用品的穿戴
	4. 场地检查	确保列车停放股道两侧无油、水等易滑倒物质
	5. 电动列车准备	1）将电动列车停放于带地沟台位，并在列车前放好检修作业牌 2）使电动列车处于静止、停稳状态 3）工作过程和质量检验过程中照明要充足 4）岗前明确各类气管及阀类维修及保养检修作业要求及注意事项

（续）

工序	作业内容	作业图示及作业要求	
作业中	1. 检查软管与接口	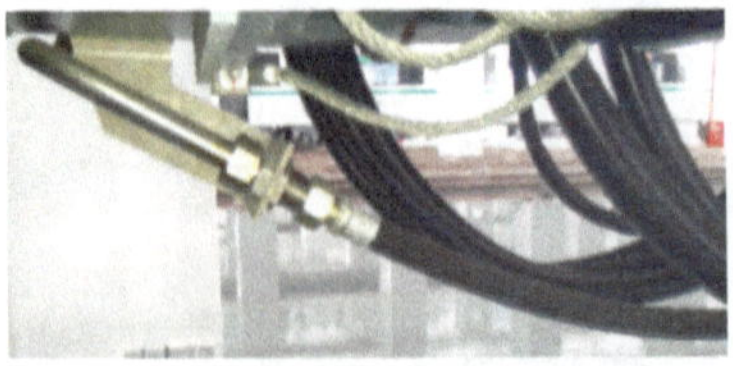	外表应完好、密封良好、无漏气
	2. 检查管路支撑		外观应完好，安装牢固
	3. 清洁并检查各种阀门外观及有无泄漏	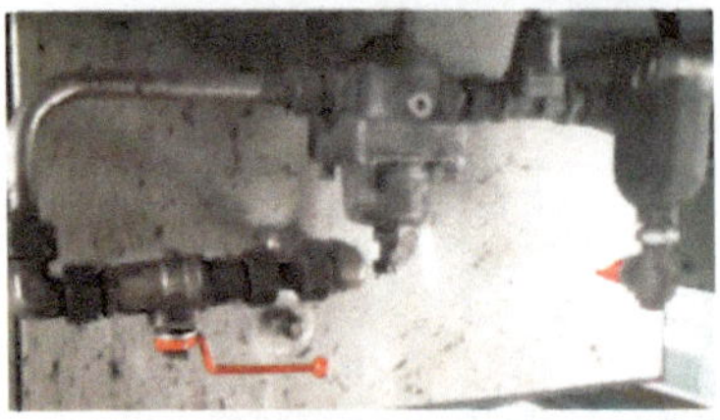	1）应清洁、无积灰，完好无泄漏。若有泄漏声须使用肥皂水检漏
		 	2）检查阀芯上抱箍状态，要求抱箍上无裂纹
	4. 检查安全阀功能		1）将列车 MP，M 车 W27 阀门全部拨至截止位，确保阀门处无漏气声
		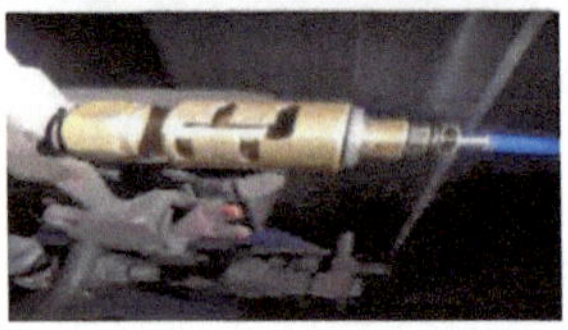	2）日期单数去 M2 车、日期双数去 M1 车空压机处，将气压计开机，进行校准并将接头调至 K 档，旋入空压机模块 A01.07 测试接口中，待旋紧后，将接头调至 T2 档
			3）将 A01.06 压力传感器截止阀拨至截止位，此时空压机将强制起动，此时观察气压计的读数，待气压读数上升至 10.5bar 左右安全阀就会开始动作进行放气。若气压计读数上升至 11bar 还未听到放气声，则需要马上将 A01.06 旋至开启位，停止空压机工作
			4）使用计算机将列车时间修改至第二天，去另一个空压机处重复完成 1—3 步作业步骤
			5）完成所有作业后，恢复所有 W27 与 A01.06 阀门

(续)

工序	作业内容	作业图示及作业要求
作业中	5.清洁脚踏泵和升弓电磁阀	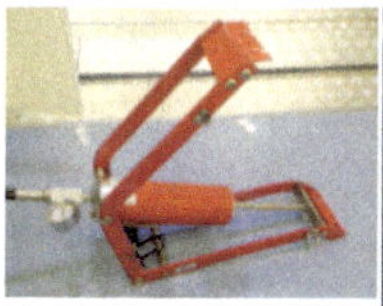  应清洁，无积灰
作业中	6.检查升弓回路、管路和接口	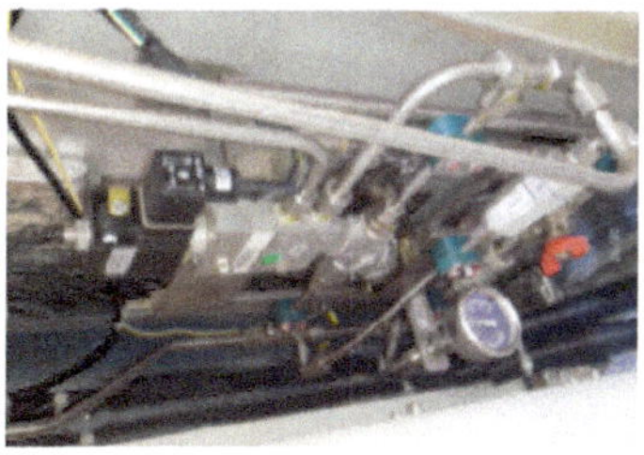 应无损坏，无变形，密封良好、无漏气
作业后	1.填写记录	按维修及保养记录单内容填写记录单
作业后	2.工具保养和完工清理	1）人员到齐 2）对所使用工具进行擦拭保养，给油 3）按定置管理要求，做到完工料清，场地清洁

3）列车供风单元维修及保养作业内容和要求见表3-6。

表3-6 列车供风单元维修及保养作业内容和要求

工序	作业内容	作业图示及作业要求
作业前	1.检查人员	作业人数应为2人，并且应具有电动列车检修工岗位上岗证
作业前	2.检查工具	按要求，核对检查工具的配备
作业前	3.劳防用品	按要求，检查劳防用品的穿戴
作业前	4.场地检查	确保列车停放股道两侧无油、水等易滑倒物质
作业前	5.电动列车准备	1）将电动列车停放于带地沟台位，并在列车前放好检修作业牌 2）使电动列车处于静止、停稳状态 3）工作过程和质量检验过程中照明要充足 4）岗前明确供风单元维修及保养检修作业要求及注意事项
作业中	1.检查安装紧固螺栓	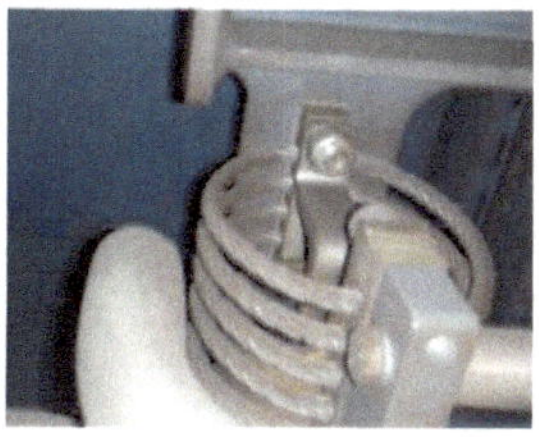 应无松动
作业中	2.清洁外壳	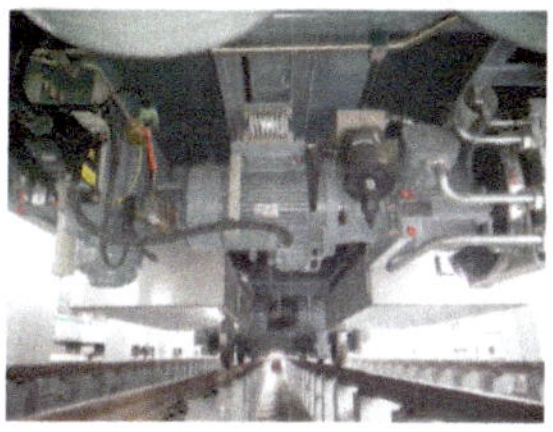 应无积尘

（续）

工序	作业内容	作业图示及作业要求	
作业中	3.更换空压机油，并清洁油位镜内、外壁	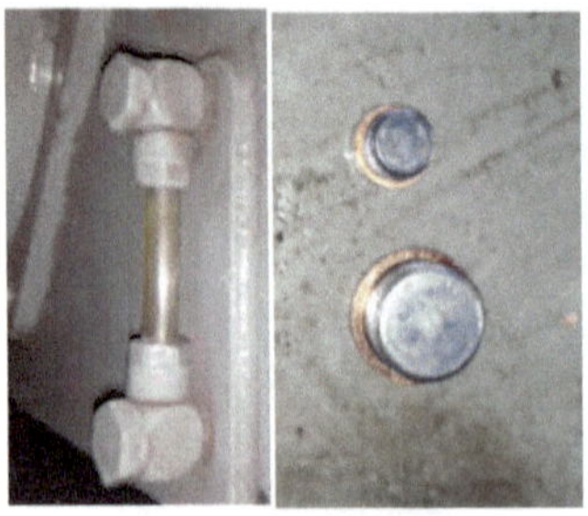	1）用酒精清洁油位管 2）每月需检查油位指示器上的油位管，静止状态下油位应处于油位管1/3到2/3之间，油位不能到达底部刻度，应在低于1/3时就进行补油作业 3）换油前应让空压机运行一段时间，使换油在油温热的时候进行 4）将列车处于收车无电状态，确保空压机无法得电
		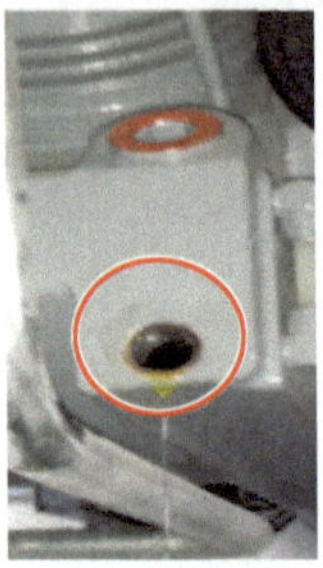	5）将废油桶放置于放油孔下方 6）旋任意一侧下底部曲轴箱上的一个螺塞并取下密封环
		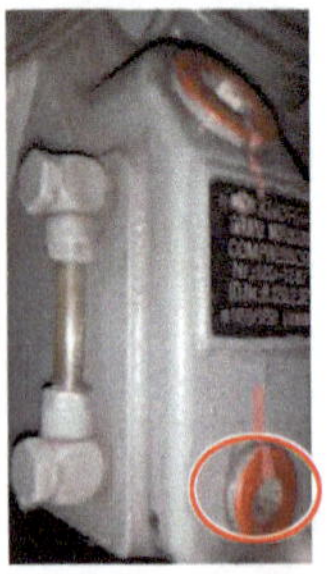	7）待油放尽 8）用60N·m力矩拧紧螺塞与新密封环并用记号笔标好防松标记
		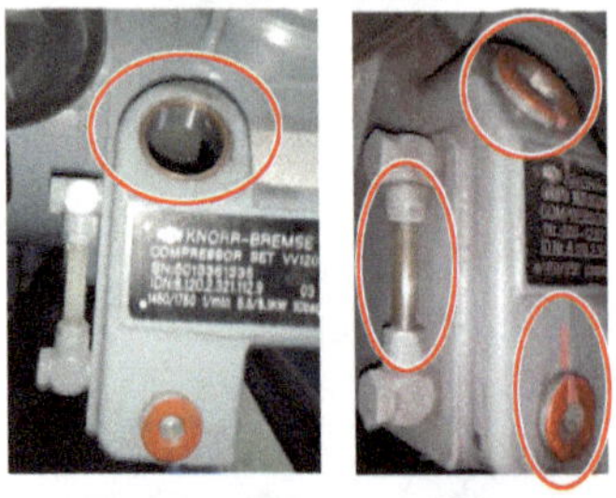	9）旋下同侧上部螺塞与密封环 10）旋下任意一侧上部螺塞与密封环 11）把润滑油通过开孔注入曲轴箱，加至油位管2/3处 12）用100N·m力矩拧紧螺塞与新密封环并用记号笔标好防松标记
	4.更换纸质滤清器		1）用手松开蝶形螺母，移开过滤器的外壳和盖板 2）使用13mm扳手松开螺母，取出并废弃空气滤清器
			3）擦干净空气滤清器的外壳和内部，除去所有的油渍、脏污、灰尘和潮气的痕迹，确保没有灰尘落入洁净的滤清器所有表面 4）检查排放阀，确认没有被堵住

(续)

工序	作业内容	作业图示及作业要求	
作业中	4. 更换纸质滤清器	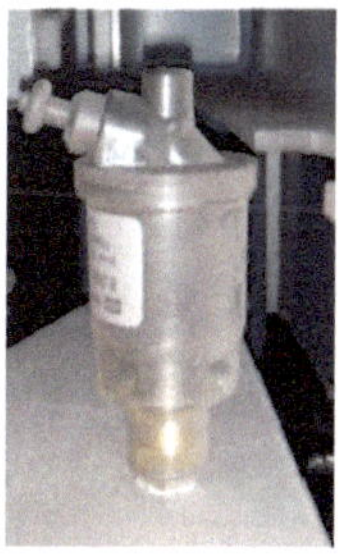	5) 在空气滤清器的外壳内插入一个新的空气滤清器，确保定位安装正确，并且拧上螺母 6) 盖上盖板，确保排放阀指向下方，用手拧紧蝶形螺母 7) 将真空指示器复位 8) 重复以上操作过程，更换另一个空气滤清器
	5. 清洁滤清器		应清洁，无积灰、无损坏，清洁后将真空指示器复位，复位后指示器红色消失
	6. 检查进、出口阀		排水排气应正常，出口无异物
	7. 检查减振弹簧	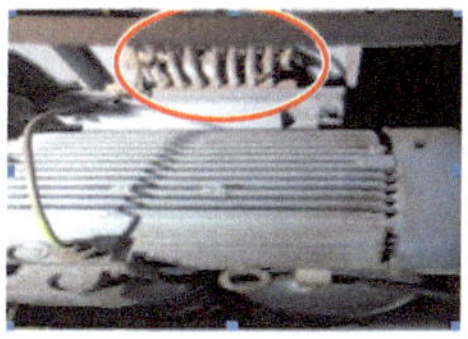	应无损坏
	8. 检查油位		油位应正常，范围处于 1/3~2/3 之间
	9. 清除空气干燥器的排油、水蒸气出口积垢		应无积垢
	10. 检查空压机功能	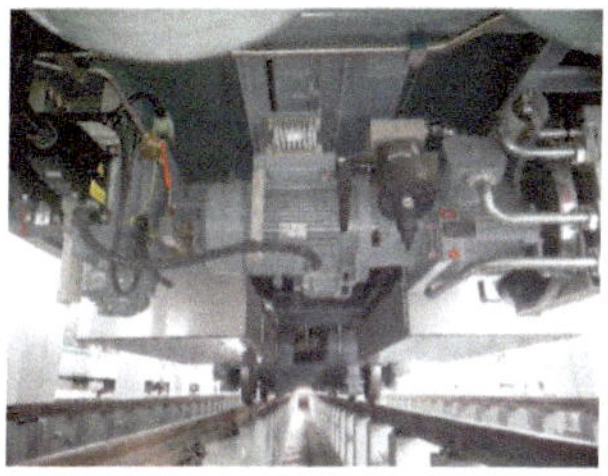	1) 将主风缸压力放至 6bar 2) 观察空压机工作状态，空压机应无异常噪声，联轴器正常，散热风扇方向正确

(续)

工序	作业内容	作业图示及作业要求
作业中	11. 检查空压机控制压力开关设定值	1）截断 M 车两侧 W27 阀门，安装气压表，降低主风缸气压至 7.5bar 左右；起动压力应为（7.5±0.2）bar 2）关停压力应为（9.0±0.2）bar
	12. 检查干燥塔	 空压机应工作正常无异声，双塔干燥器可正常切换，无大量压缩空气泄露
作业后	1. 填写记录	按维修及保养记录单内容填写记录单
	2. 工具保养和完工清理	1）人员到齐 2）对所使用工具进行擦拭保养，给油 3）按定置管理要求，做到工完料清，场地清洁

4）基础制动装置维修及保养作业内容和要求见表3-7。

表3-7 基础制动装置维修及保养作业内容和要求

工序	作业内容	作业图示及作业要求
作业前	1. 检查人员	作业人数应为2人，并且应具有电动列车检修工岗位上岗证
	2. 检查工具	按要求，核对检查工具的配备
	3. 劳防用品	按要求，检查劳防用品的穿戴
	4. 场地检查	确保列车停放股道两侧无油、水等易滑倒物质
	5. 电动列车准备	1）将电动列车停放于带地沟台位，并在列车前放好检修作业牌 2）使电动列车处于静止、停稳状态 3）工作过程和质量检验过程中照明要充足 4）岗前明确基础制动装置检修作业要求及注意事项
作业中	1. 检查锁紧片、橡胶保护套及其固定螺栓	 锁紧垫片应完好、无松动；防松标记清晰、无位移

实训三　城市轨道交通车辆供风系统和制动系统的维修及保养　45

（续）

工序	作业内容	作业图示及作业要求	
作业中	2.检查管路及紧固件		管路与接头应无漏气
	3.测量闸瓦与踏面间的间隙	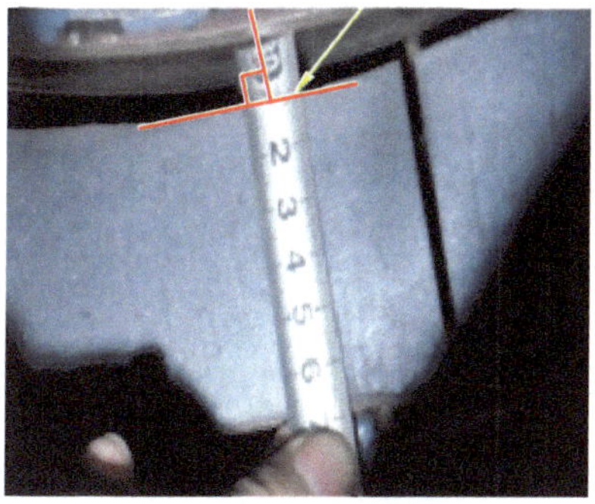	1）测量闸瓦间隙前，先确认闸瓦和轮对情况。若轮对抱死，可使用车辆右侧08阀，把08阀扳至水平位，按下电磁阀左侧红色按钮。等闸瓦完全缓解后，进行测量 2）目测选取闸瓦间隙最小处，垂直于闸瓦弧形的切线放置直尺，一端与踏面接触，测量轮对踏面到闸瓦前端的距离
	4.测量闸瓦厚度并检查外观	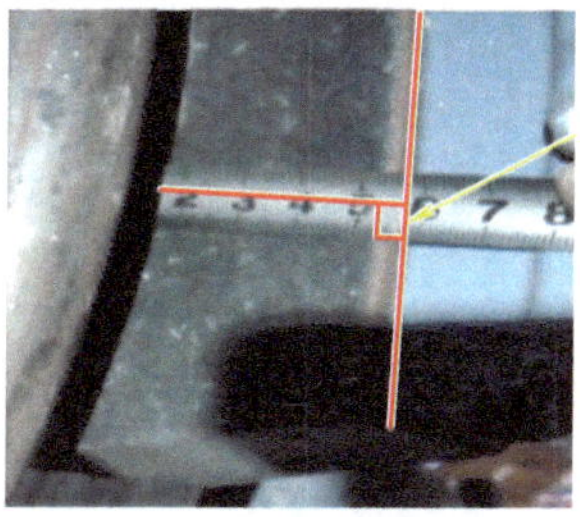	闸瓦应无明显断裂，厚度不小于15mm，若缺损长度大于60mm，则须更换。对中间有破损的闸瓦进行更换，对边缘破损面积大于60mm×30mm的闸瓦进行更换
	5.检查闸瓦托及瓦托销	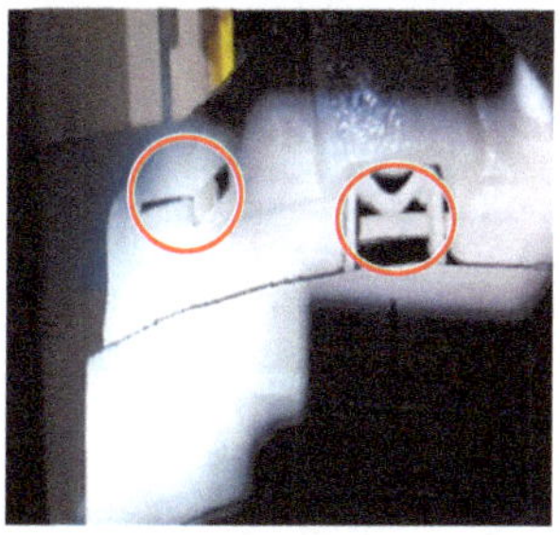	应无脱落
	6.检查闸瓦复位弹簧	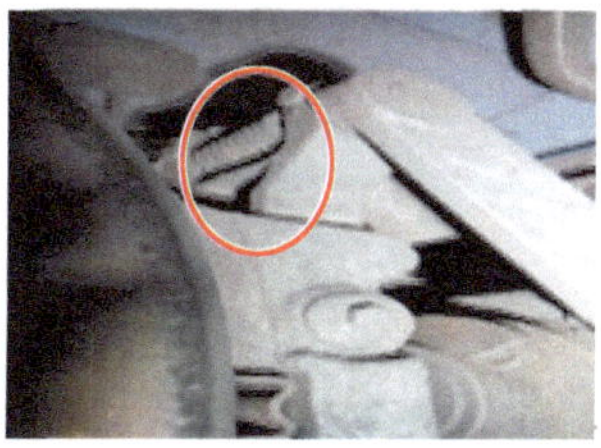	外观应完好、无断裂，轻轻敲击声音正常，无断裂声音
	7.检查停放制动机单元的平动释放装置		应无损坏，摆放位置正确

（续）

工序	作业内容	作业图示及作业要求
作业后	1. 填写记录	按维修及保养记录单内容填写记录单
	2. 工具保养和完工清理	1）人员到齐 2）对所使用工具进行擦拭保养，给油 3）按定置管理要求，做到工完料清，场地清洁

5）空压机电机维修及保养作业内容和要求见表3-8。

表3-8 空压机电机维修及保养作业内容和要求

工序	作业内容	作业图示及作业要求
作业前	1. 检查人员	作业人数应为2人，并且应具有电动列车检修工岗位上岗证
	2. 检查工具	按要求，核对检查工具的配备
	3. 劳防用品	按要求，检查劳防用品的穿戴
	4. 场地检查	确保列车停放股道两侧无油、水等易滑倒物质
	5. 电动列车准备	1）将电动列车停放于带地沟台位，并在列车前放好检修作业牌 2）使电动列车处于静止、停稳状态 3）工作过程和质量检验过程中照明要充足 4）岗前明确基础制动装置检修作业要求及注意事项
作业中	1. 检查电机外观	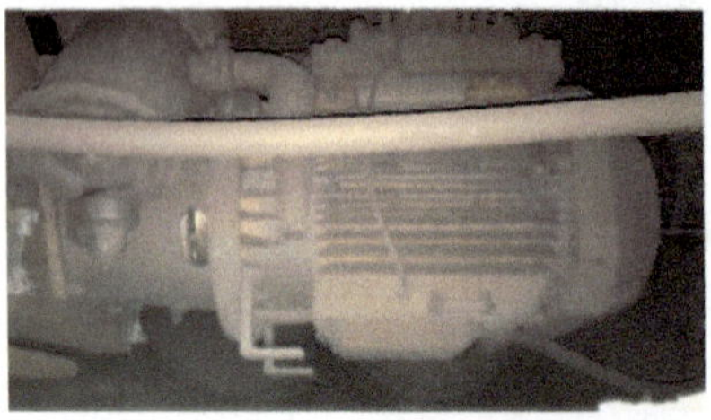 应安装牢固，无损坏，无裂痕
	2. 检查并清洁电机的进、出风口	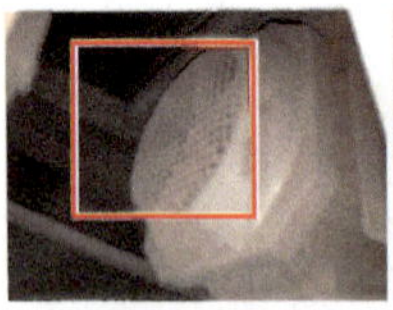 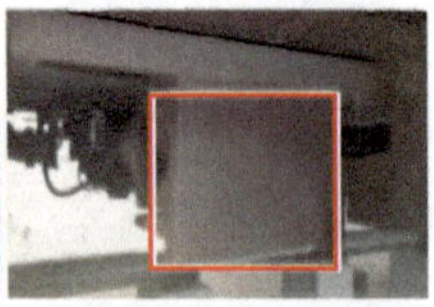 应清洁，无杂物
	3. 检查电缆接头	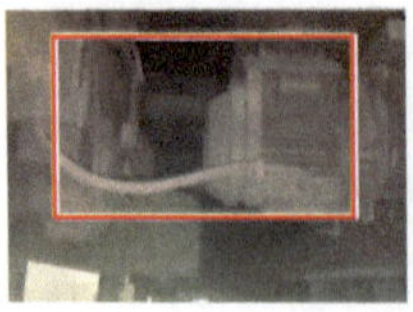 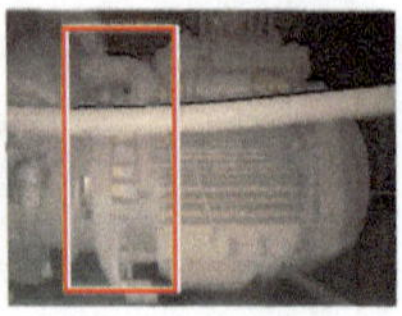 应完好，无松动
作业后	1. 填写记录	按维修及保养记录单内容填写记录单
	2. 工具保养和完工清理	1）人员到齐 2）对所使用工具进行擦拭保养，给油 3）按定置管理要求，做到工完料清，场地清洁

6）气制动控制系统维修及保养作业内容和要求见表3-9。

表 3-9　气制动控制系统维修及保养作业内容和要求

工序	作业内容	作业图示及作业要求
作业前	1. 检查人员	作业人数应为 2 人，并且应具有电动列车检修工岗位上岗证
	2. 检查工具	按要求，核对检查工具的配备
	3. 劳防用品	按要求，检查劳防用品的穿戴
	4. 场地检查	确保列车停放股道两侧无油、水等易滑倒物质
	5. 电动列车准备	1）将电动列车停放于带地沟台位，并在列车前放好检修作业牌 2）使电动列车处于静止、停稳状态 3）工作过程和质量检验过程中照明要充足 4）岗前明确气制动控制系统检修作业要求及注意事项
作业中	1. 打开制动控制单元与辅助控制单元箱盖，检查传感器气密性，检查传感器安装状态	 部件外观应完好；紧固件应完好、无松动且无漏气声；传感器电缆应完好，无破损；传感器应安装正确，无松动
	2. 清洁模块	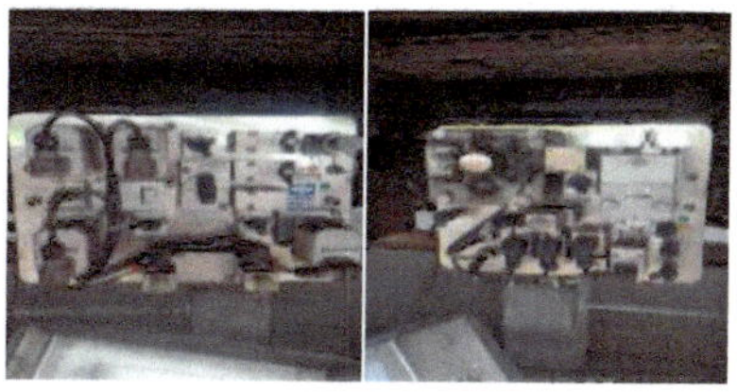 应清洁，无积灰
	3. 检查空簧阀门状态	 空簧阀门应处于开启位
作业后	1. 填写记录	按维修及保养记录单内容填写记录单
	2. 工具保养和完工清理	1）人员到齐 2）对所使用工具进行擦拭保养，给油 3）按定置管理要求，做到工完料清，场地清洁

7）制动电气控制系统维修及保养作业内容和要求见表 3-10。

表 3-10　制动电气控制系统维修及保养作业内容和要求

工序	作业内容	作业图示及作业要求
作业前	1. 检查人员	作业人数应为 2 人，并且应具有电动列车检修工岗位上岗证
	2. 检查工具	按要求，核对检查工具的配备
	3. 劳防用品	按要求，检查劳防用品的穿戴
	4. 场地检查	确保列车停放股道两侧无油、水等易滑倒物质

（续）

工序	作业内容	作业图示及作业要求	
作业前	5. 电动列车准备	1）将电动列车停放于带地沟台位，并在列车前放好检修作业牌 2）使电动列车处于静止、停稳状态 3）工作过程和质量检验过程中照明要充足 4）岗前明确制动电气控制系统检修作业要求及注意事项	
作业中	1. 拔下EBCU电器连接插头，对插头、插座进行清洁，并正确复位和紧固		应清洁，无灰尘，无积垢；复位正确，紧固无松动
	2. EBCU电子插件板除尘，并正确复位和紧固	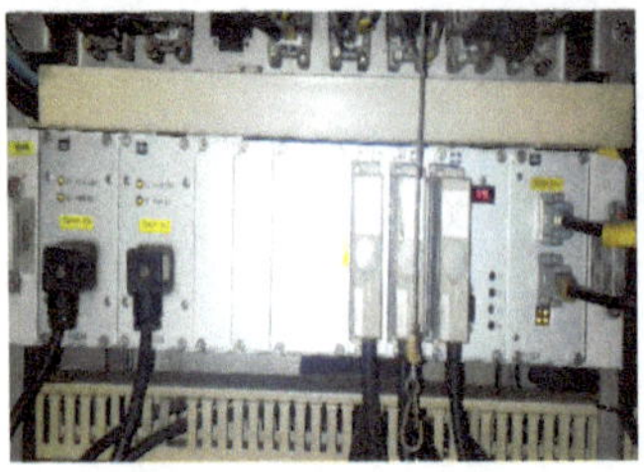	应去除箱体外的污物，箱体内部清洁，无灰尘
作业后	1. 填写记录	按维修及保养记录单内容填写记录单	
	2. 工具保养和完工清理	1）人员到齐 2）对所使用工具进行擦拭保养，给油 3）按定置管理要求，做到工完料清，场地清洁	

8）制动电阻箱维修及保养作业内容和要求见表3-11。

表3-11 制动电阻箱维修及保养作业内容和要求

工序	作业内容	作业图示及作业要求	
作业前	1. 检查人员	作业人数应为2人，并且应具有电动列车检修工岗位上岗证	
	2. 检查工具	按要求，核对检查工具的配备	
	3. 劳防用品	按要求，检查劳防用品的穿戴	
	4. 场地检查	确保列车停放股道两侧无油、水等易滑倒物质	
	5. 电动列车准备	1）将电动列车停放于带地沟台位，并在列车前放好检修作业牌，在两头司机室挂好禁动牌 2）降下列车所有受电弓，使列车处于停稳、收车状态 3）工作过程和质量检验过程中照明要充足 4）岗前明确制动电阻箱检修作业要求及注意事项	
作业中	1. 检查并清洁电阻元件	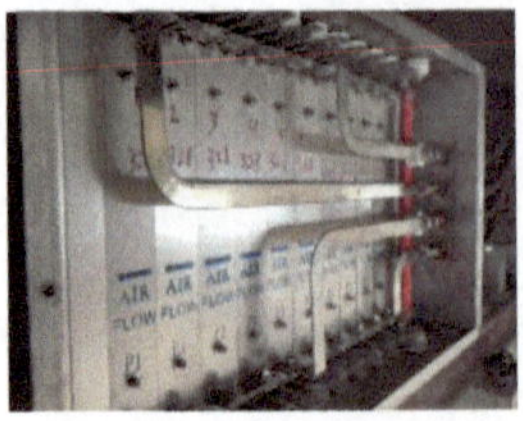	应清洁、无损坏

实训三　城市轨道交通车辆供风系统和制动系统的维修及保养

（续）

工序	作业内容	作业图示及作业要求	
作业中	2.检查并清洁风扇叶片		应清洁，转动灵活
	3.检查电线连接状况	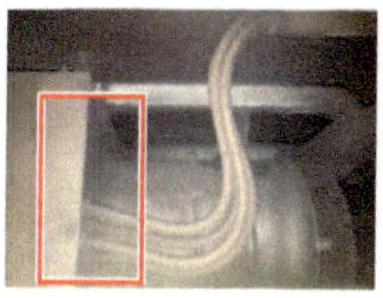 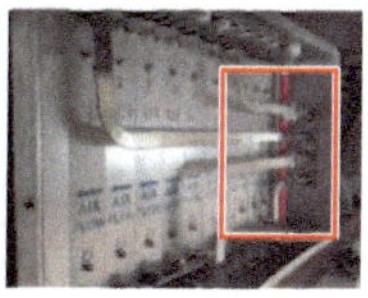	应连接完好，无松动，电缆无损坏
	4.清洁进、出风口	   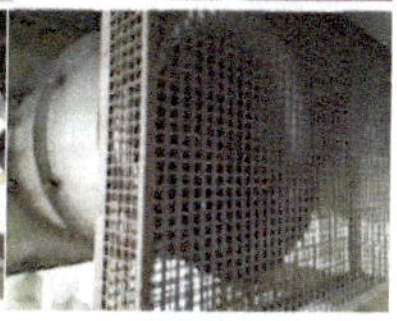	应清洁，无积灰
	5.检查冷却风机	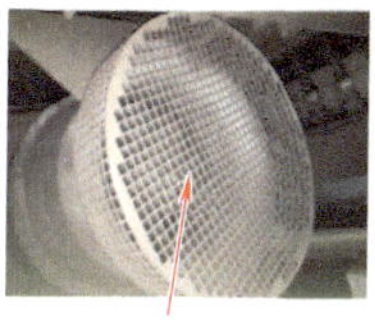 	应清洁，进出风口无异物阻塞与附着，部件无变形损伤
作业后	1.填写记录	按维修及保养记录单内容填写记录单	
	2.工具保养和完工清理	1）人员到齐 2）对所使用工具进行擦拭保养，给油 3）按定置管理要求，做到工完料清，场地清洁	

实训四　城市轨道交通车辆车门系统的维修及保养

一、实训目的

1）规范电动列车车门系统维修及保养作业要求，恢复列车正常工况。

2）落实车门系统维修及保养规程，提高作业水平，确保电动列车车门系统维修及保养部件检修作业质量。

3）排除部件故障隐患，规范检修方案，提高列车的可靠性。

二、实训场地

车辆检修库内，电动列车的内部和外部平台。

三、工器具、材料及劳防用品要求

1）工器具的配备要求见表4-1。

表4-1　工器具的配备要求

序号	名　　称	规　　格	数　　量
1	手电筒	—	1个
2	测试块	30mm×60mm	8块
3	游标卡尺	—	1把
4	卡兰	—	1把
5	塞尺	—	1把
6	刷子	—	1把
7	注油枪	—	1把
8	卷尺	—	1把
9	压力计	—	1把
10	秒表	—	1块
11	油漆笔（TOYO SA101）	红色	1支
12	钢丝	—	若干
13	橡胶锤	—	1把

2）材料（备品备件）的配备要求见表4-2。

表4-2　材料（备品备件）的配备要求

序号	名　　称	型　　号	数　　量
1	乐泰螺钉胶水	243	若干
2	白布	—	若干

(续)

序号	名　称	型　号	数　量
3	润滑脂	Lagermeister 3000	—
4	硅油	201-100	—
5	道康宁玻璃胶	557	—
6	润滑油	凡士林	—
7	润滑剂	石墨粉	—

3）劳防用品的配备要求见表4-3。

表4-3　劳防用品的配备要求

序号	名　称	规　格	数　量
1	安全防护鞋	防砸、绝缘6kV	2双
2	安全帽	带硬质内胆	2个
3	手套	粗棉纱	2双

四、实训内容和要求

1）客室车门维修及保养作业内容和要求见表4-4。

表4-4　客室车门维修及保养作业内容和要求

工序	作业内容	作业图示及作业要求	
作业前	1. 检查人员	作业人数应为2人，并且应具有电动列车检修工岗位上岗证	
	2. 检查工具	按要求，核对检查工具的配备	
	3. 劳防用品	按要求，检查劳防用品的穿戴	
	4. 电动列车准备	1）将电动列车停放于检修道，并在列车前放好检修作业牌 2）工作过程和质量检验过程中照明要充足 3）岗前明确客室车门维修及保养检修作业要求及注意事项	
作业中	1. 检查车门外观、橡胶件和玻璃窗		车门门页及盖板应无变形，无大面积划痕，油漆无脱落，车门玻璃无碎裂
	2. 检查门槛槽、门页、门页磨耗条及导向片	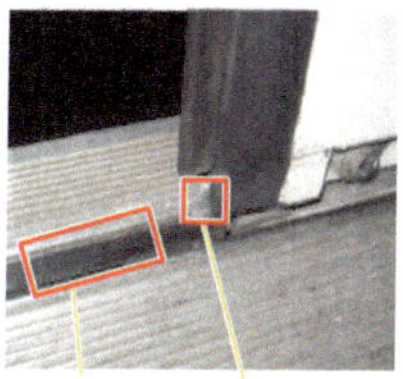 导向块　导向片	内外侧门槛条应无松动，滑槽内无异物，门页在滑槽内滑动灵活，导向片无松动、变形，磨耗条无严重磨损、无松动

（续）

工序	作业内容	作业图示及作业要求	
作业中	3. 清洁车门盖板内侧	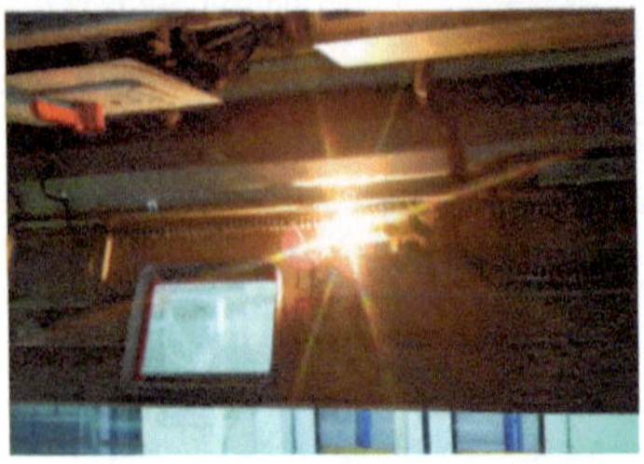	应无积灰
	4. 检查最大车门开度		测量距客室地板面1m处车门的最大开度，标准为1400mm
	5. 检查门页下边缘与滑道上表面之间的距离		门槛及门页底部之间的距离为（10±2）mm；若超标，需调节门页上方的垂向调整螺栓
	6. 检查门页"V"字形尺寸	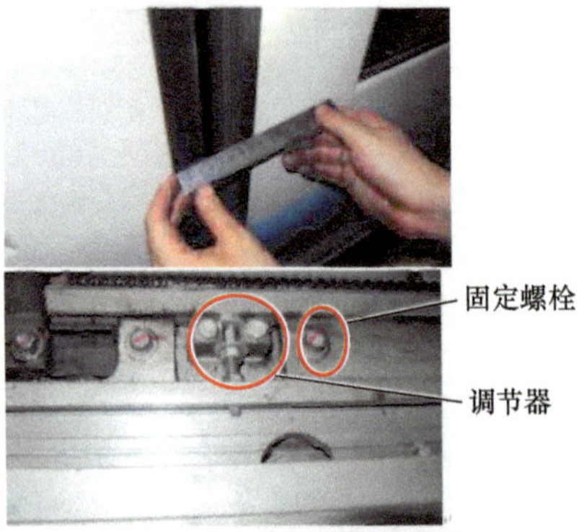	当门页底部相互接触时，2个护指橡胶条的上部间距为2~3mm，此间距在距门页顶部200mm处测量
	7. 清洁并紧固车门接线排及接口		接口应无松动，紧固良好

实训四 城市轨道交通车辆车门系统的维修及保养

(续)

工序	作业内容	作业图示及作业要求	
作业中	8.检查接线排上的14、16、17号端子上的二极管		二极管功能应正常
	9.检查门控器安装及其线缆连接		门控器安装应固定可靠,紧固件色标清晰、无错位,线缆无破损、安装牢固
	10.检查电动机、滑轮、传动带	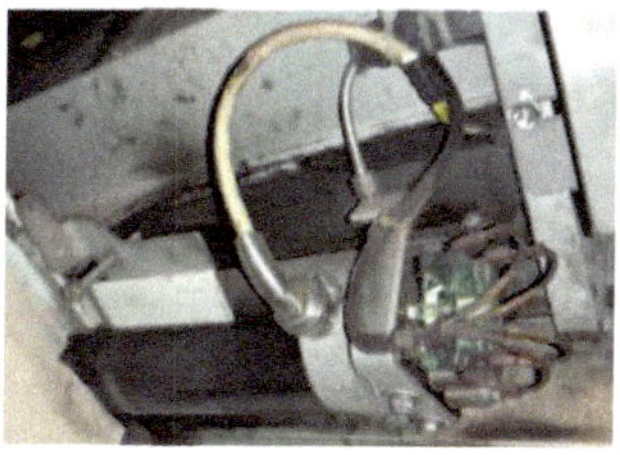 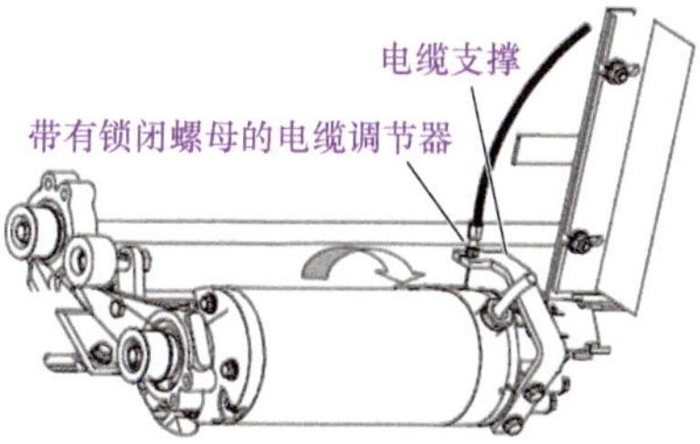 电缆支撑 带有锁闭螺母的电缆调节器	电动机、滑轮应工作正常,传动带无裂纹
	11.检查客室车门所有螺栓紧固状况		安装应固定可靠,紧固件色标清晰、无错位
	12.检查车门开、关门止挡块		止挡块紧固螺母应无松动,缓冲橡胶无脱落

(续)

工序	作业内容	作业图示及作业要求	
作业中	13. 检查 DCS、DLS、LOS、EED 限位开关		位置应正确，安装牢固，无松动
作业中	14. 检查并调整 DCS 限位开关尺寸	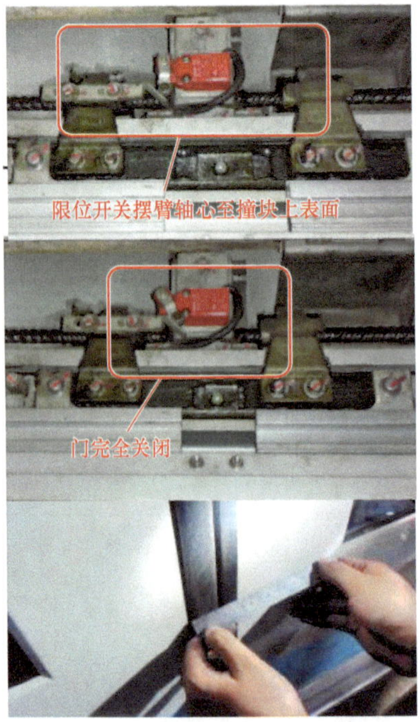	限位开关摆臂轴心至撞块上表面距离为（21±2）mm。门完全关闭情况下，若护指橡胶外侧距离为 A，DCS 激活位置护指橡胶外侧距离为 B，则要求 $B-A=26\sim30$mm
作业中	15. 检查锁闭滚子与锁闭杆间隙	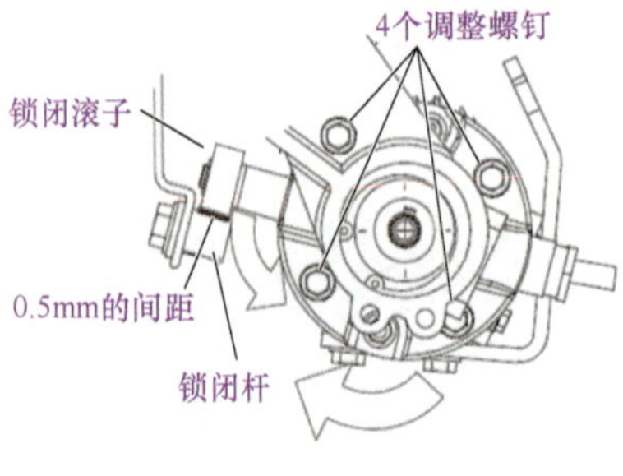	要求 DLS 行程开关锁闭滚子与锁闭杆间的距离为 0.5～1mm

(续)

工序	作业内容	作业图示及作业要求	
作业中	16. 检查并润滑丝杆		应无损坏,无变形,润滑均匀
	17. 检查车门紧急解锁功能	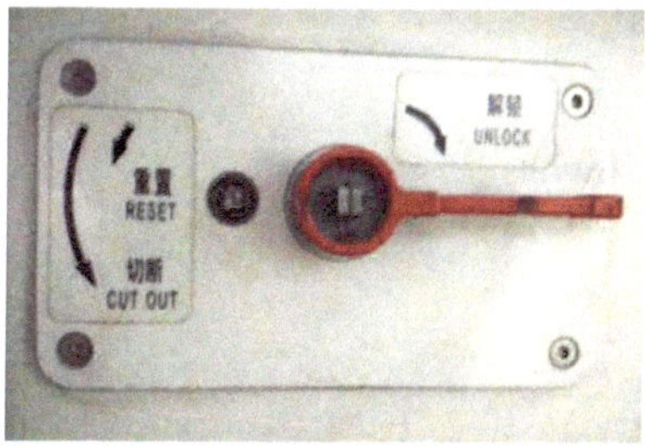	全列车门紧急解锁装置能正常解锁及复位,机构灵活
	18. 检查紧急解锁拉手玻璃片	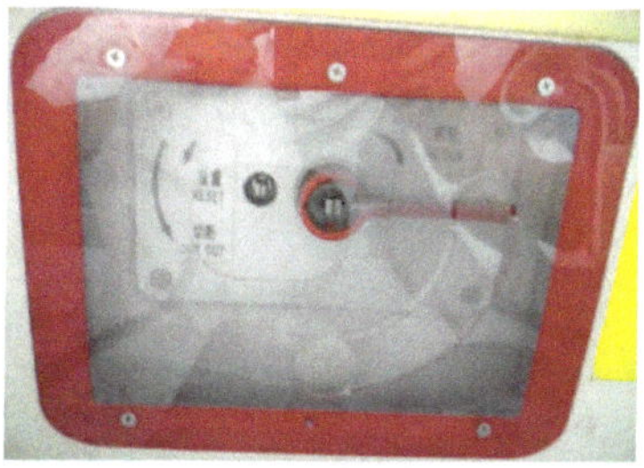	玻璃片应完好,无遗失
	19. 检测车门障碍物探测功能		在距地板面高度1m的门中央放置30mm×60mm的木块,车门进行障碍物探测,黄灯常亮,红灯闪烁,5次后门保持防夹位置
	20. 检测车门关门力		第二次关门压力≤150N(压力计放置在距地板面高度1m的门封条中)
	21. 检查同侧车门开关门		所有车门开关门功能应正常,同侧车门开关门动作无明显不一致

(续)

工序	作业内容	作业图示及作业要求	
作业中	22. 检查车门切除功能	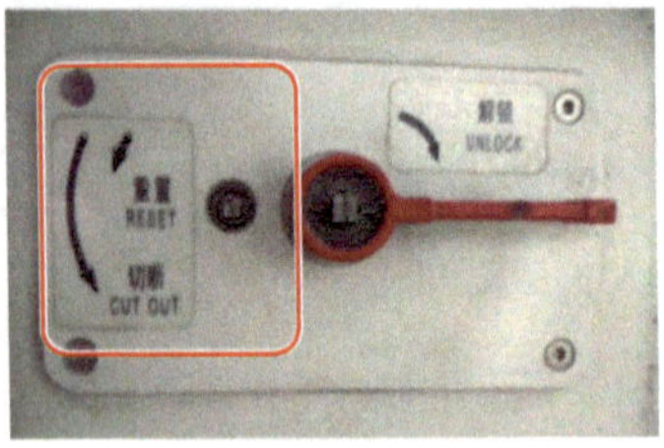	全列车车门切除机构动作灵活，车门能被正常切除，HMI显示屏显示车门被切除（红色图标），车门盖板红色指示灯亮
	23. 检查再开门功能	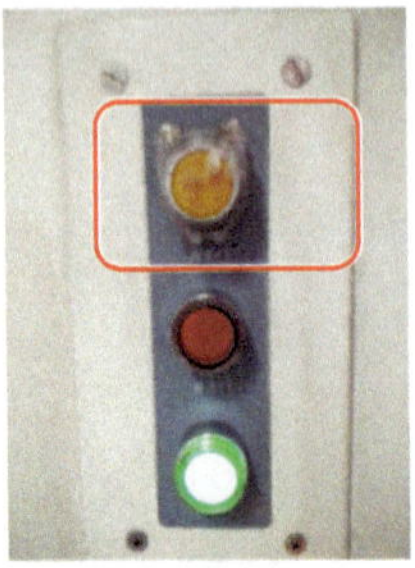	功能应正常
	24. 检查车门、车窗、橡胶条		橡胶条应完好、无脱落、清洁，硅油涂抹均匀
	25. 检查门指示灯及关门音功能	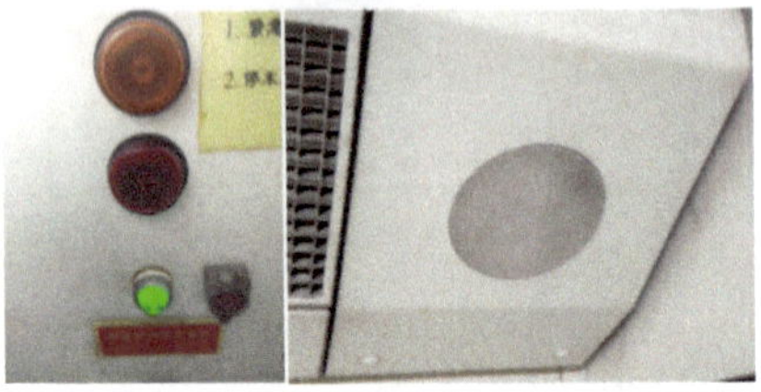	功能应正常
	26. 检查乘务员钥匙孔及盖板	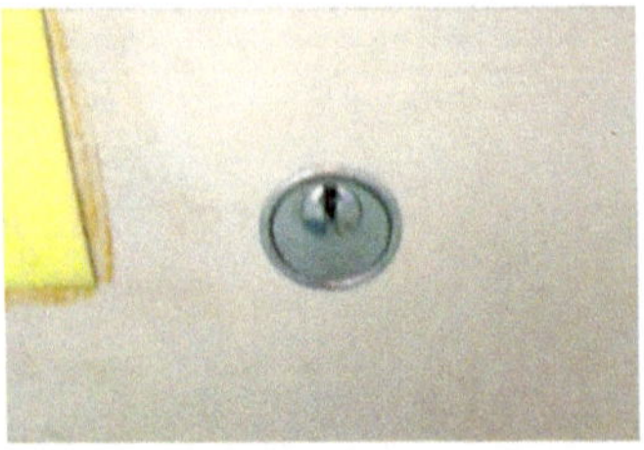	要求完好，无异常，开启功能正常
	27. 润滑乘务员钥匙孔		应清洁、润滑
	28. 检查门控电机线保护套		应无松动、无破损、无干涉，安装角度正确

(续)

工序	作业内容	作业图示及作业要求	
作业中	29. 检查门盖板阻尼杆	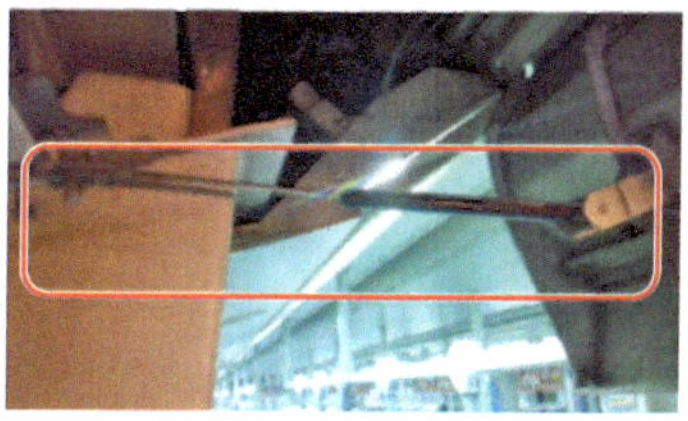	打开门盖板锁后,要求门盖板不会打开,保持关闭状态
作业后	1. 填写记录	按维修及保养记录单内容填写记录单	
	2. 工具保养和完工清理	1)人员到齐 2)对所使用工具进行擦拭保养,给油 3)按定置管理要求,做到工完料清,场地清洁	

2)紧急逃生门维修及保养作业内容和要求见表4-5。

表4-5 紧急逃生门维修及保养作业内容和要求

工序	作业内容	作业图示及作业要求	
作业前	1. 检查人员	作业人数应为2人,并且应具有电动列车检修工岗位上岗证	
	2. 检查工具	按要求,核对检查工具的配备	
	3. 劳防用品	按要求,检查劳防用品的穿戴	
	4. 场地检查	确保底层检修平台无油、水等易滑倒物质,光线、照明充足	
	5. 电动列车准备	1)将电动列车停放于检修道,并在列车前放好检修作业牌 2)工作过程和质量检验过程中照明要充足 3)岗前明确紧急逃生门检修作业要求及注意事项	
作业中	1. 检查安全门各部件		目测检查部件应无损坏、无缺失
	2. 检查开关门功能及外观	 	应开启灵活,部件良好,外表无损伤,行程开关固定牢固
作业后	1. 填写记录	按维修及保养记录单内容填写记录单	
	2. 工具保养和完工清理	1)人员到齐 2)对所使用工具进行擦拭保养,给油 3)按定置管理要求,做到工完料清,场地清洁	

3)通道门维修及保养作业内容和要求见表4-6。

表4-6 通道门维修及保养作业内容和要求

工序	作业内容	作业图示及作业要求	
作业前	1. 检查人员	作业人数应为2人，并且应具有电动列车检修工岗位上岗证	
	2. 检查工具	按要求，核对检查工具的配备	
	3. 劳防用品	按要求，检查劳防用品的穿戴	
	4. 场地检查	确保底层检修平台无油、水等易滑倒物质，光线、照明充足	
	5. 电动列车准备	1）将电动列车停放于检修道，并在列车前放好检修作业牌 2）工作过程和质量检验过程中照明要充足 3）岗前明确通道门检修作业要求及注意事项	
作业中	1. 检查通道门及其开关和锁闭功能		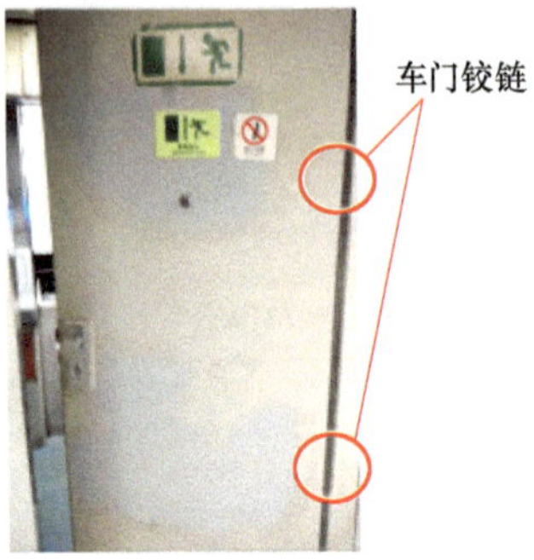 清洁并润滑车门铰链，保证开关门移动灵活，门锁功能正常
	2. 润滑通道门的锁孔		 清洁、润滑通道门的锁孔
作业后	1. 填写记录	按维修及保养记录单内容填写记录单	
	2. 工具保养和完工清理	1）人员到齐 2）对所使用工具进行擦拭保养，给油 3）按定置管理要求，做到工完料清，场地清洁	

4）司机室侧门维修及保养作业内容和要求见表4-7。

表4-7 司机室侧门维修及保养作业内容和要求

工序	作业内容	作业图示及作业要求
作业前	1. 检查人员	作业人数应为2人，并且应具有电动列车检修工岗位上岗证
	2. 检查工具	按要求，核对检查工具的配备
	3. 劳防用品	按要求，检查劳防用品的穿戴
	4. 场地检查	确保底层检修平台无油、水等易滑倒物质，光线、照明充足
	5. 电动列车准备	1）将电动列车停放于检修道，并在列车前放好检修作业牌 2）工作过程和质量检验过程中照明要充足 3）岗前明确司机室侧门检修作业要求及注意事项

（续）

工序	作业内容	作业图示及作业要求	
作业中	1. 检查司机室侧门的开关和锁闭功能	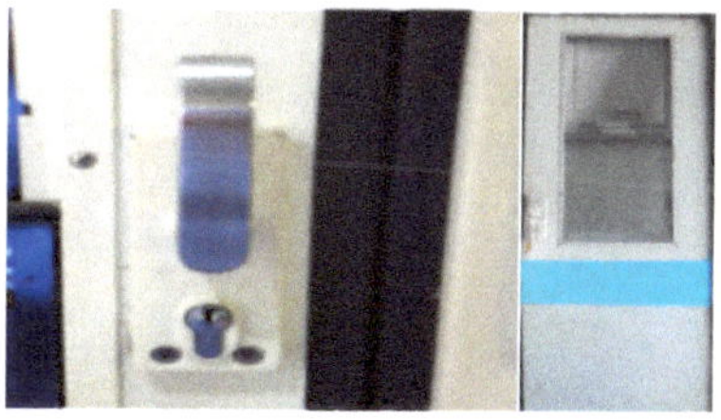	清洁并润滑车门铰链，保证开关门移动灵活，门锁功能正常
	2. 清洁和检查门页、橡胶件	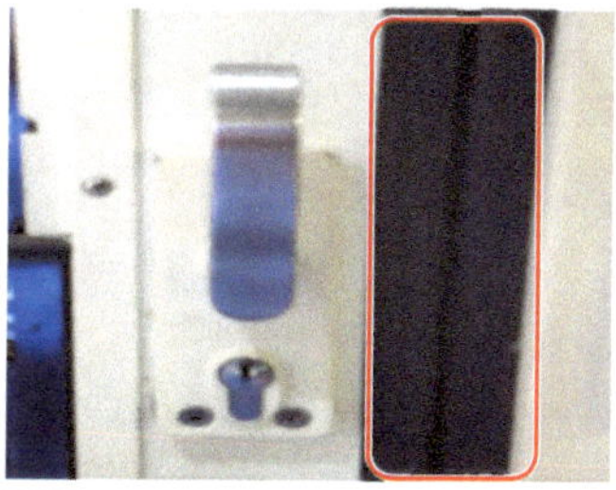	应清洁，无积灰
	3. 检查侧门玻璃窗活动部分的锁闭情况	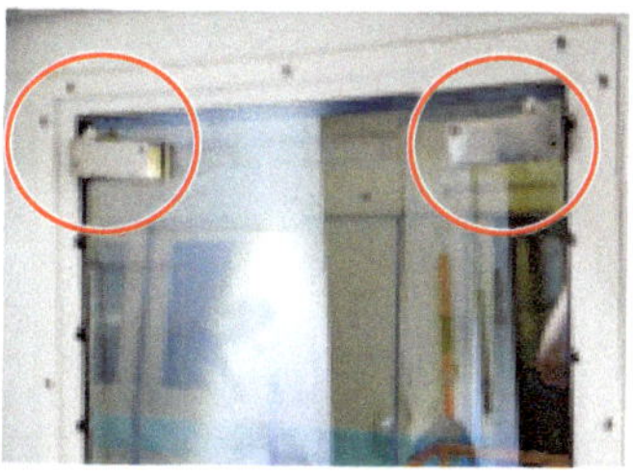	部件应完好、功能正常
	4. 润滑司机室侧门的锁孔	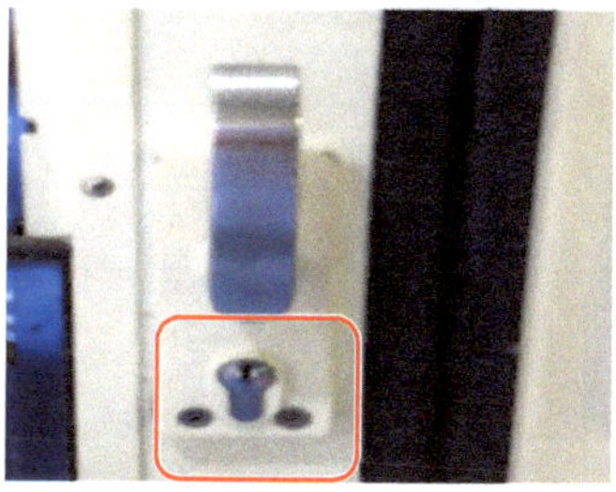	应清洁，润滑
作业后	1. 填写记录	按维修及保养记录单内容填写记录单	
	2. 工具保养和完工清理	1）人员到齐 2）对所使用工具进行擦拭保养，给油 3）按定置管理要求，做到工完料清，场地清洁	

实训五　城市轨道交通车辆空调通风系统的维修及保养

一、实训目的

1）规范电动列车空调系统维修及保养作业要求，恢复列车正常工况。

2）落实空调系统维修及保养规程，提高作业水平，确保电动列车空调系统维修及保养部件检修作业质量。

3）排除部件故障隐患，规范检修方案，提高列车的可靠性。

二、实训场地

车辆检修库内，电动列车的车顶、客室及车下部分。

三、工器具、材料及劳防用品要求

1）工器具的配备要求见表5-1。

表5-1　工器具的配备要求

序号	名　　称	型　号	数　量
1	机械工具组套	SATA	1套
2	吸尘器	—	2台
3	刷子	翅片刷	2把
4	手电筒	JW7510/LT	2个
5	便携式计算机	Lenovo	1台
6	螺钉旋具	SATA	2把
7	RS232平行线	—	1根
8	电子检漏仪	LEAK-SEEKER	1个
9	高压水枪	—	2把
10	电客钥匙（7mm）	—	2把
11	方孔钥匙	—	2把
12	拖线盘	220V	2只

2）材料（备品备件）的配备要求见表5-2。

表5-2　材料（备品备件）的配备要求

序号	名　称	型　号	规　格	数　量
1	金属丝	—	1m	1米
2	白布	—	—	若干

(续)

序号	名　　称	型　　号	规　　格	数　　量
3	混合风滤网	KG-NGB390/4	900mm×400mm×20mm	24片
4	油漆笔	TOYO SA101	红色	若干
5	挡水板	—	—	4块

3）劳防用品的配备要求见表 5-3。

表 5-3　劳防用品的配备要求

序号	名　　称	规　　格	数　　量
1	安全防护鞋	防砸、绝缘 6kV	2双
2	安全帽	带硬质内胆	2个
3	手套	粗棉纱	2双
4	安全带	—	2根
5	防尘口罩	—	2只
6	垃圾袋	—	3只

四、实训内容和要求

空调系统维修及保养作业内容和要求见表 5-4。

表 5-4　空调系统维修及保养作业内容和要求

工序	作业内容	作业图示及作业要求
作业前	1. 检查人员	作业人数应为 2 人，并且应具有电动列车检修工岗位上岗证
	2. 检查工具	按要求核对检查工具的配备
	3. 劳防用品	按要求检查劳防用品的穿戴
	4. 场地检查	确保底层检修平台无油、水等易滑倒物质，光线、照明充足
	5. 电动列车准备	1）将电动列车停放于带地沟位 2）使电动列车处于静止、停稳状态，且触网断电，挂好接地棒 3）工作过程和质量检验过程中照明要充足 4）岗前明确空调维修及保养检修作业要求及注意事项
作业中	1. 清洗箱体、框架结构并疏通箱底排水孔	 1）要求箱底板和框架结构清洁，无污垢，排水孔排水顺畅 2）使用压力水清洁箱底板和框架结构内灰尘 3）使用压力水疏通排水孔 4）若排水孔排水不畅，则使用金属丝疏通排水孔（注：①在每年的 3 月份作业；②共 4 个排水孔，若排水孔附近无积水则表示排水孔畅通）

（续）

工序	作业内容	作业图示及作业要求
作业中	2.清洗冷凝器翅片、电动机风叶等	1）要求表面清洁无积灰 2）使用压力水分别按从左到右、自上而下的顺序清洁冷凝器翅片 3）使用压力水清洁冷凝风机风叶（注：①在每年的3月份作业；②注意调整水压，以免损坏翅片；③沿翅片方向进行冲洗）
	3.检查冷凝风扇及网罩	1）要求安装牢固、无损伤；转动灵活，无明显振动和异声；电动机风叶无明显积灰、安装牢固；接线牢固；网罩无脱焊、无断裂；目测冷凝风扇无损伤 2）检查冷凝风机固定螺栓安装应牢固、无松动 3）用手拨动冷凝风扇，观察风扇是否转动灵活、平稳
	4.检查管路、阀门	1）要求目测检查时，管路表面无损伤、无油污；管路接口无损坏、无松动 2）单击电子检漏仪上的ON按钮，再长按SENSITIVITY按钮，待下方的LED指示灯调整至4—7的区间内 3）用调整后的电子检漏仪的传感器沿着制冷管路对管路上的阀门、电磁阀进行检测，若电子检漏仪出现异声则说明该处存在泄漏
	5.检查电磁阀	目测阀体和连接线，应完好、无损伤、无泄漏（注：作业时间为每年的3月份—11月份）

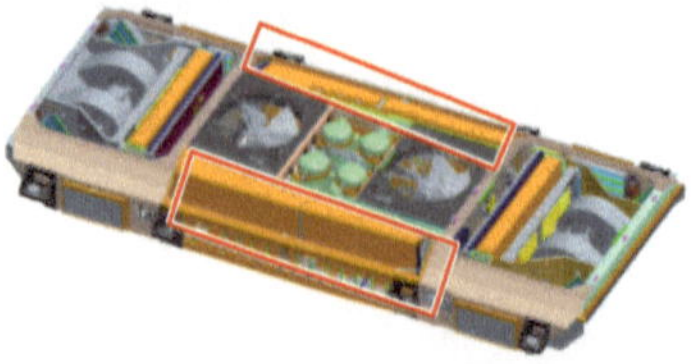

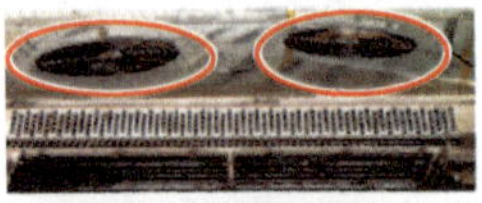

(续)

工序	作业内容	作业图示及作业要求	
作业中	6.检查高、低压压力开关		1）要求元件和连接线完好无损伤、无泄漏 2）检查高、低压压力，应符合要求 3）开关处应无油迹，连接无松动 4）检查压力开关连接线，应完好
	7.检查压缩机外观		目测检查压缩机外观，应无损伤，电气接线盒完好，吸、排气口连接处无泄漏
	8.检查压缩机安装座橡胶件及紧固螺栓	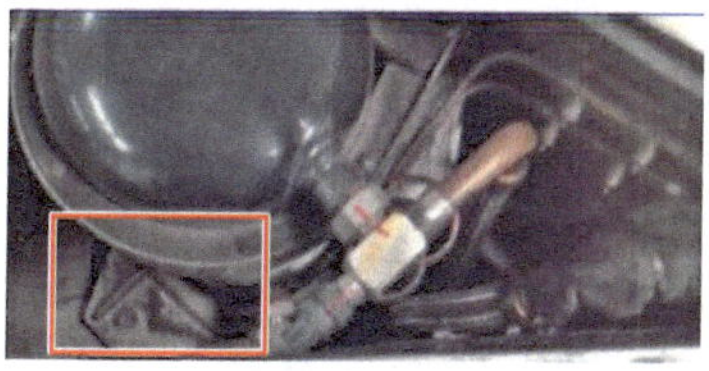	1）目测检查橡胶件，应无损伤和裂纹 2）目测检查压缩机紧固螺栓，应无松动
	9.检查冷凝器翅片	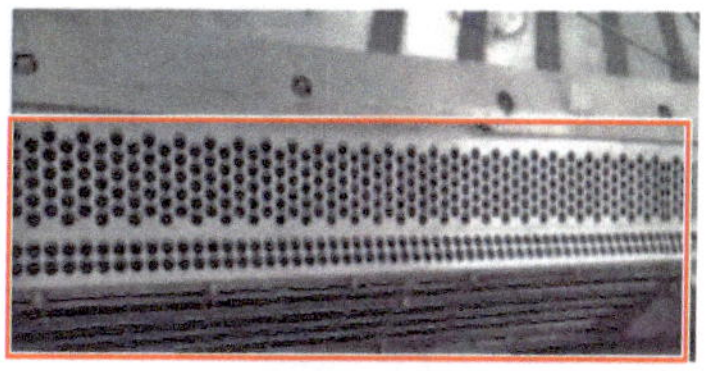	目测检查翅片，应无损伤变形（注：若翅片有损伤或变形则使用翅片梳沿翅片方向进行修复）
	10.检查制冷剂视镜中心色柱	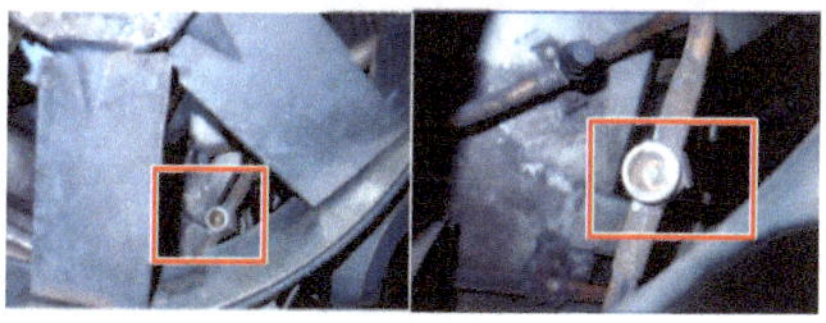	要求色柱呈绿色，腔内洁净（绿色-干燥，黄色-湿）
	11.更换混合风滤网	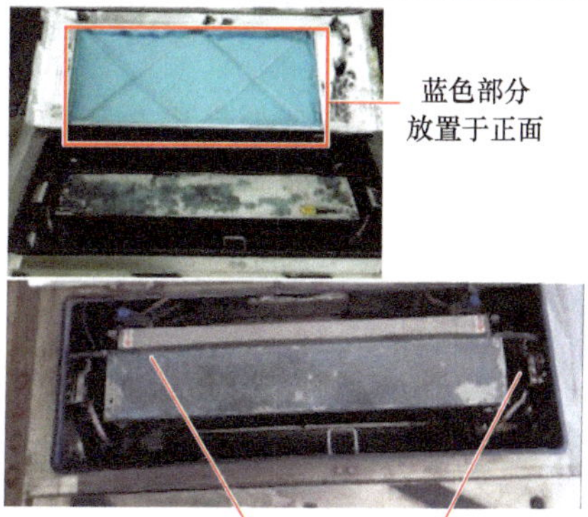	1）取出滤网架，取出滤网。清洁滤网框架，框架应无积灰挂丝现象，框架整洁无断裂、无损坏；更换新的滤网，滤网蓝色部分放置于正面 2）将混合风滤网按箭头指示方向进行安装

(续)

工序	作业内容	作业图示及作业要求	
作业中	12. 清洗箱体进风格栅		用压力水从侧向清洁箱体进风格栅
	13. 清洗蒸发器翅片	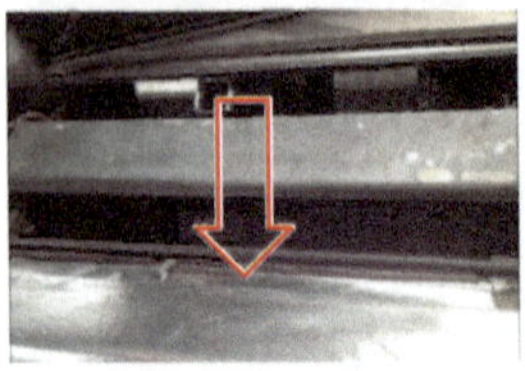 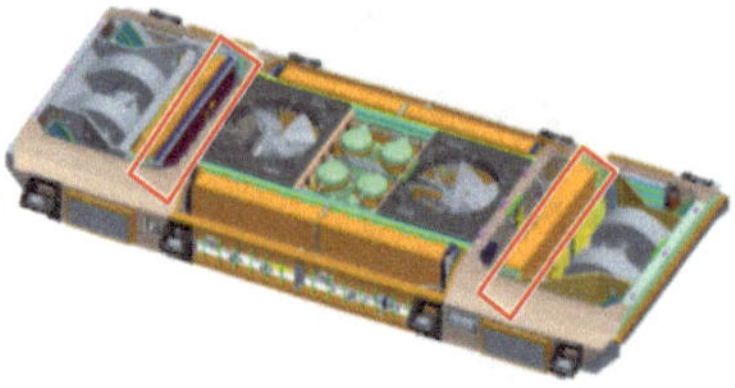	使用压力水清洁蒸发器翅片（注：①在每年的3月份工作；②注意调整水压，以免损坏翅片；③沿翅片方向进行冲洗）
	14. 清洁蒸发器箱底板及排水孔		1）用压力水对蒸发器箱底板进行清洁，直至底板无污垢，排水孔和排水管道排水顺畅 2）若排水孔排水缓慢，则用金属丝疏通排水孔
	15. 检查蒸发器翅片		1）检查蒸发器翅片应无损伤变形 2）若蒸发器翅片有变形，则用翅片梳进行梳理（注：①在每年的3月份工作；②若有损伤或变形则使用翅片梳沿翅片方向进行梳理）
	16. 检查可调节空气挡板、伺服电动机外观	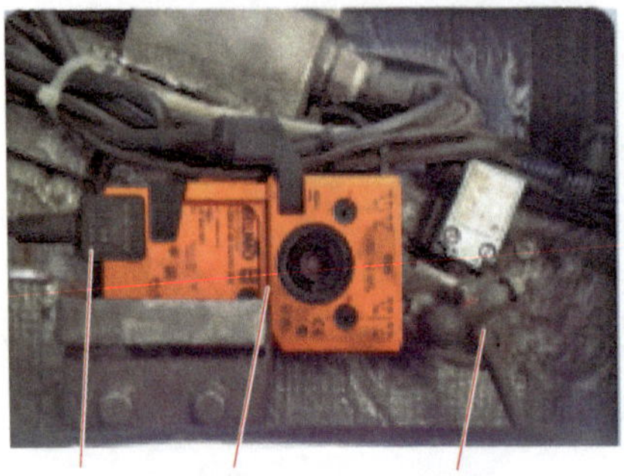 调试按钮　伺服电动机　空气挡板连杆	1）按下伺服电动机调试按钮，转动空气挡板，空调挡板应转动灵活 2）检查伺服电动机外观，应无损伤

(续)

工序	作业内容	作业图示及作业要求	
作业中	17. 检查可调节空气挡板工作情况	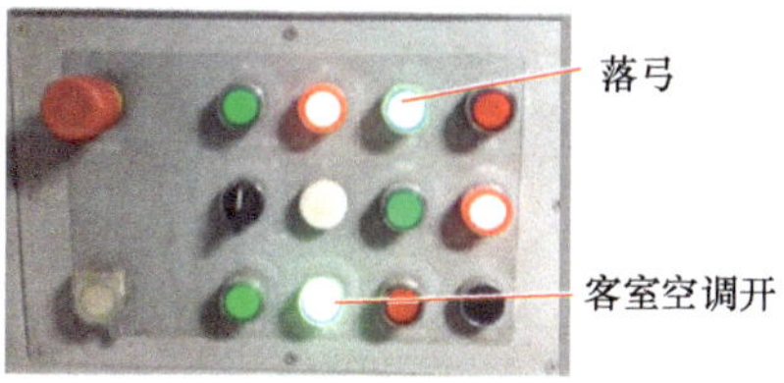 落弓 客室空调开  100%开启	1）落弓并开启客室空调 2）可调节空气挡板在紧急通风模式下，应处于100%打开状态
	18. 检查电磁阀	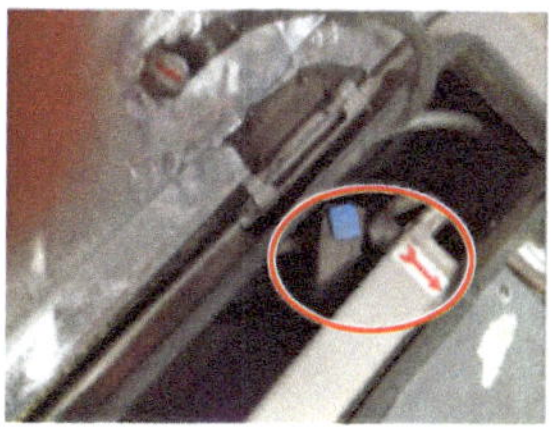	检查电磁阀阀体和连接线，应完好无损伤
	19. 检查空气压力开关	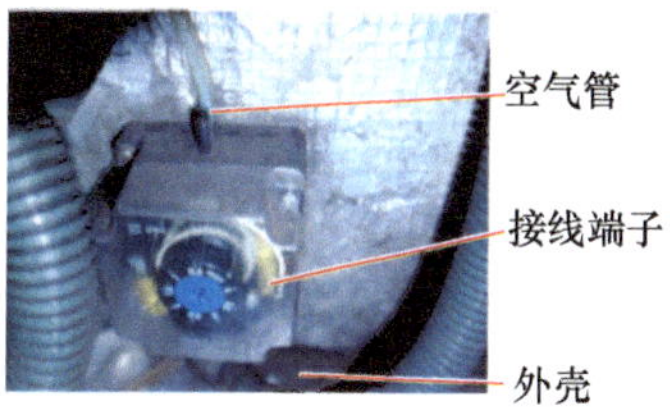 空气管 接线端子 外壳	检查空气压力开关外壳、空气管和接线，应完好无损伤
	20. 检查通风风扇	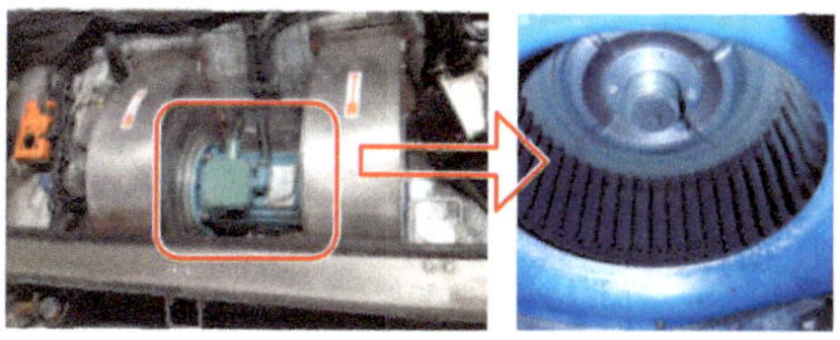	检查通风风扇叶轮，叶轮应安装牢固、完好、无损伤、表面无明显积灰，机体无损伤，转动灵活、平稳
	21. 检查各温度传感器	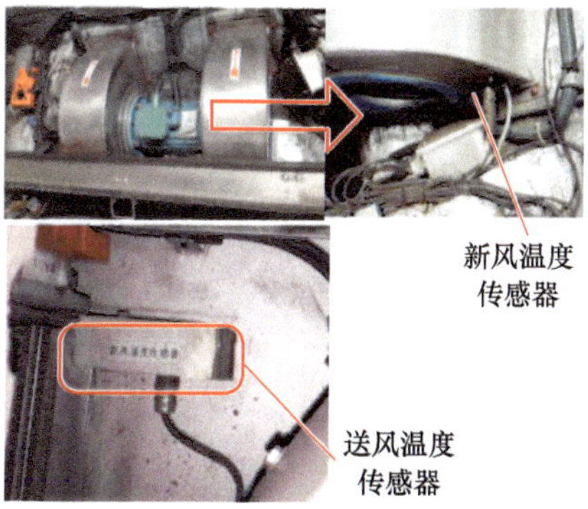 新风温度传感器 送风温度传感器	目测检查温度传感器（1个客室空调机组包含2个送风温度传感器、1个新风温度传感器）外观，应完好、无损伤，同时检查连接线，应连接牢固

（续）

工序	作业内容	作业图示及作业要求	
作业中	22.检查客室紧急通风功能	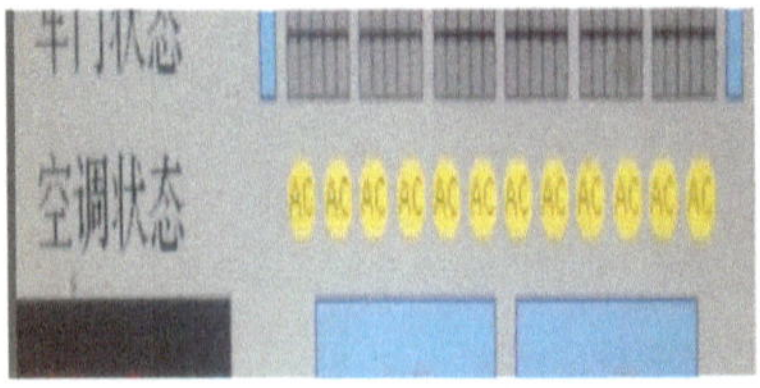	1）要求通风电动机低速运转 2）使用副驾驶台"受电弓降"按钮 3）确认"受电弓降"按钮指示灯亮（红色），司机室面板显示全列车受电弓正常降下 4）打开客室空调，在HMI显示屏上查看客室紧急通风状态功能正常，启动紧急通风状态时间不超过45min 5）确认紧急逆变器上的LED指示灯状态正常
	23.检查橡胶件及紧固螺栓		目测检查减振元件，应无损伤和裂纹；紧固件完好、无松动；防松标记清晰、无位移
	24.检查所有电缆、接头、插头	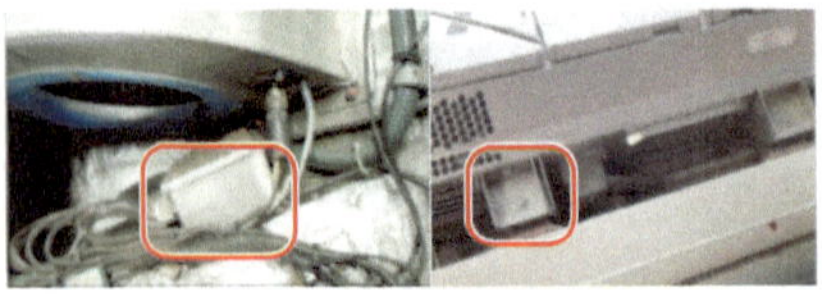	1）目测检查所有电缆、接头、插头，应无损伤 2）目测机组航插有无松动
	25.检查所有温度传感器		1）要求温度显示正常 2）单击"shanghai"快捷方式，通过RS232平行线与便携式计算机相连接 3）空调控制板与便携式计算机通信成功后在界面的右侧上方显示绿色向下箭头
		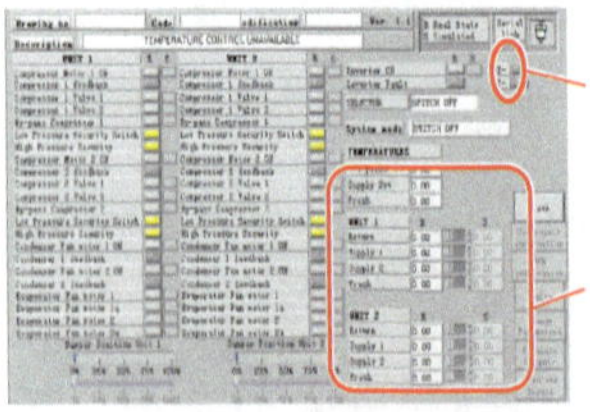	4）在客室空调关闭的情况下比较各温度传感器间的数值（空调关闭的情况下各温度传感器的数值可参考外界温度）
	26.检查电气接线盒的密封性	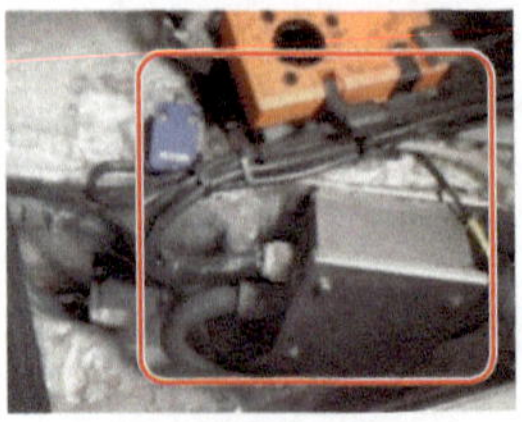	要求空调电控盒内无渗水、接线无松脱、紧固螺栓无松动、密封良好

（续）

工序	作业内容	作业图示及作业要求	
作业中	27.检查框架结构		1）检查机组框架，应无断裂变形、安装牢固 2）检查机组盖板，应外观完好、无变形、无损坏
	28.检查箱盖方孔锁	中间锁柱的箭头指向外圈缺口为锁闭状态	1）使用扳手检查锁舌的固定锁紧螺母有无松动 2）使用方孔钥匙检查方孔锁的锁芯与锁舌转动是否同步 3）目测检查方孔锁锁紧到位后，是否指示正常、标识对齐 4）目测快速自锁螺栓是否紧固、有无松动
	29.检查箱盖快速固定螺栓		1）目测机组箱盖快速固定螺栓是否齐全、有无缺失 2）目测快速自锁螺栓是否紧固、有无松动
	30.检查蒸发器箱盖板固定螺栓、铰链	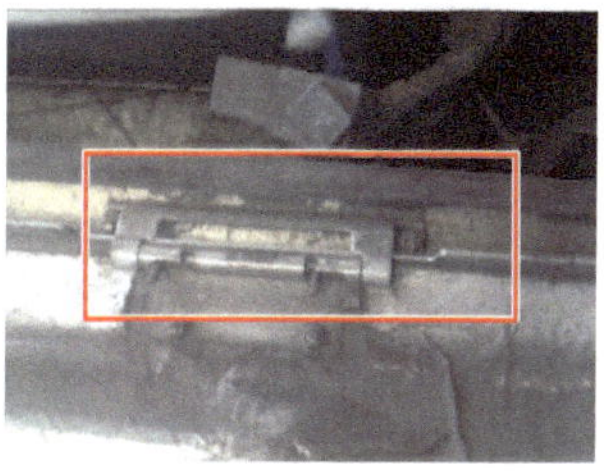	1）目测机组盖板铰链固定螺栓有无松动 2）目测机组盖板铰链中心销位置是否正确，开口销有无松动、缺失；中心销位置是否正确，开口销有无松动、缺失
	31.检查车下AEB箱内所有电缆、接头、插头	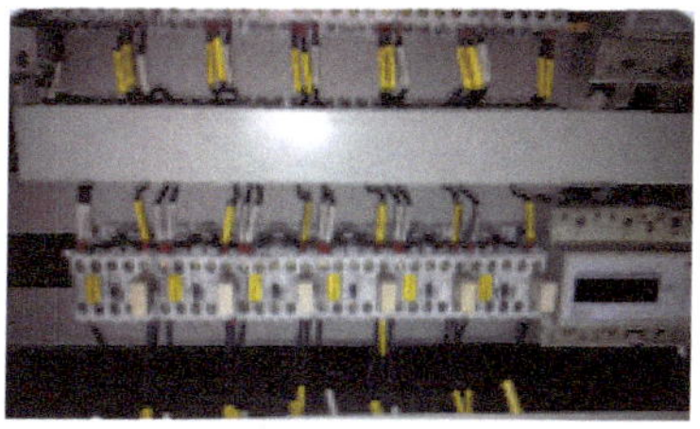	1）检查所有继电器、接触器、断路器是否安装牢固、有无松动 2）检查所有继电器、接触器、断路器及所有电缆，接头和插头有无松动

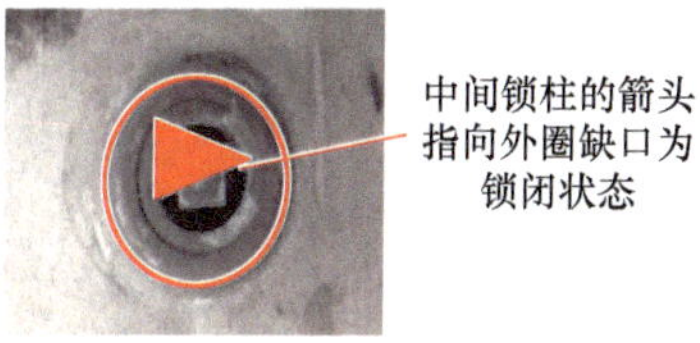

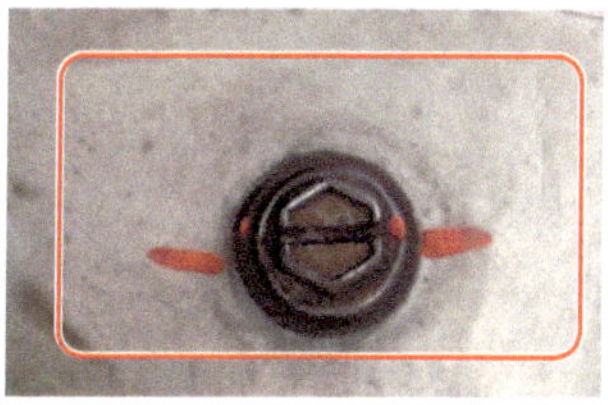

（续）

工序	作业内容	作业图示及作业要求	
作业中	32. 检查机组密封胶条	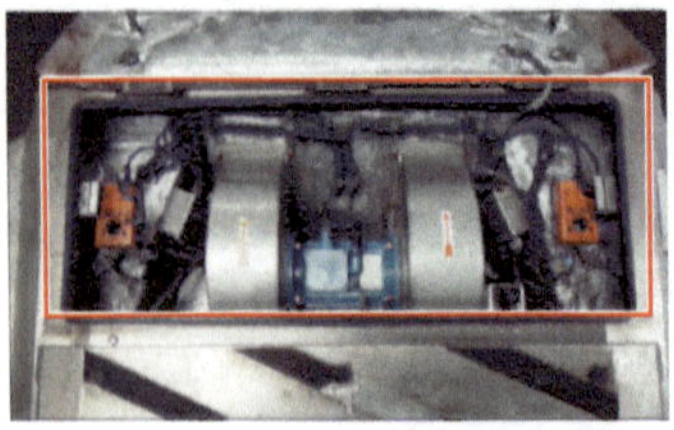	目测机组密封胶条有无松动和老化
	33. 检查机组保温材料		目测机组保温材料有无脱落
	34. 清洁客室空调出风口		清洁空调出风口，要求出风口无积灰
	35. 检查空调板上的电气插接器	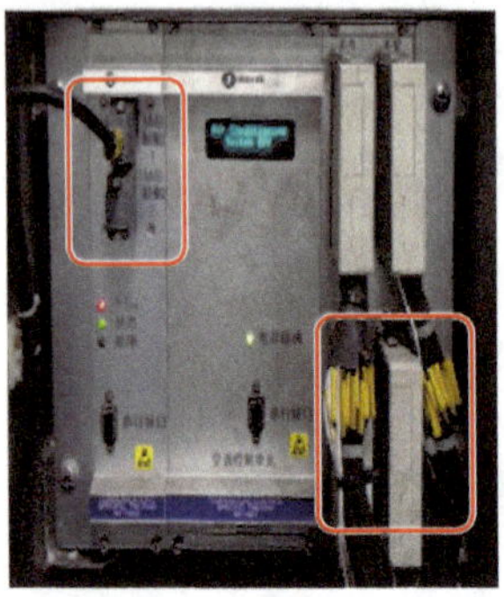	检查空调板上的电气插接器连接是否稳固
	36. 清除空调控制器上堆积的灰尘	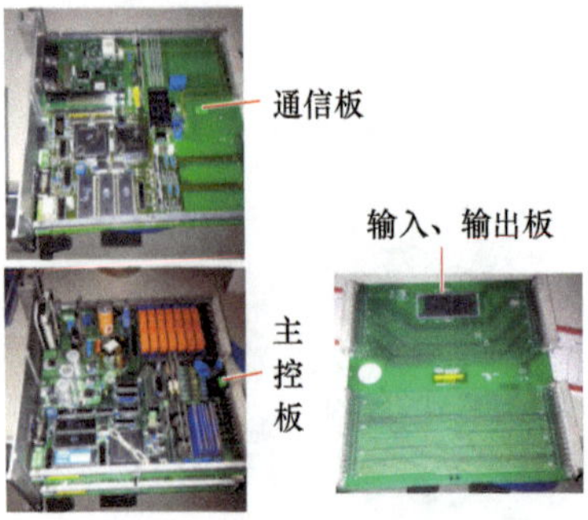 通信板 / 输入、输出板 / 主控板	1）用毛刷清洁通信板、主控板及输入输出板上的灰尘

实训五　城市轨道交通车辆空调通风系统的维修及保养　69

（续）

工序	作业内容	作业图示及作业要求	
作业中	36. 清除空调控制器上堆积的灰尘		2）用吸尘器清除空调控制器框内的灰尘
	37. 检查紧急逆变器电气插接器	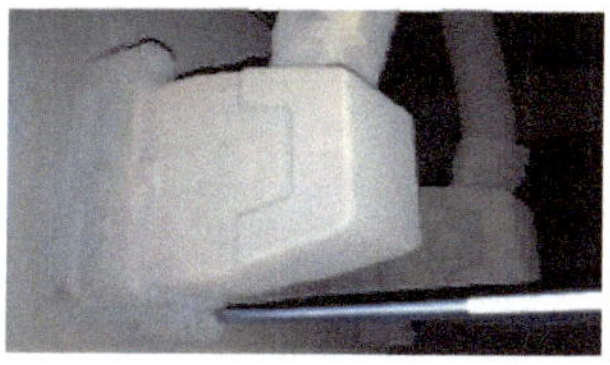	检查紧急逆变器电气插接器连接是否稳固
	38. 清除紧急逆变器上堆积的灰尘		1）用压缩空气清洁紧急逆变器散热片上的灰尘
			2）用白布清洁紧急逆变器状态指示灯上的灰尘
	39. 检查司机室增压风机外观		检查司机室增压风机外观，检查增压风机开关功能是否正常
	40. 检查增压风机的可调风口	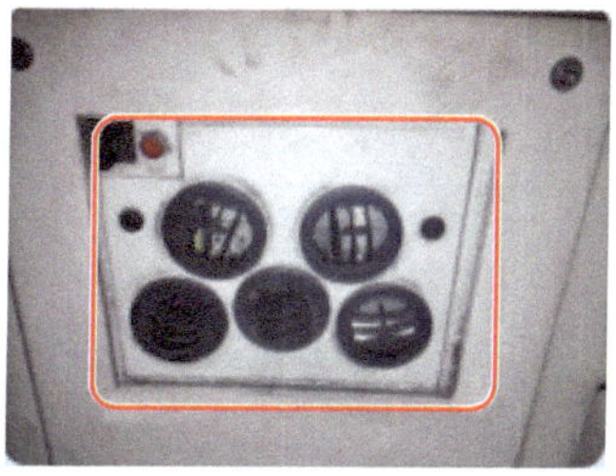	要求风向变换器调节功能正常，出风口表面无积灰，外壳无脱落，可调节送风情况

(续)

工序	作业内容	作业图示及作业要求	
作业中	41.增压风机性能测试		1）检查增压风机各送风档位工作情况，增压风机运转是否正常 2）检查司机室风档调速开关功能是否正常，开关是否处于正常位置，有无偏移出正常位置的现象
	42.清洁增压风机电加热管	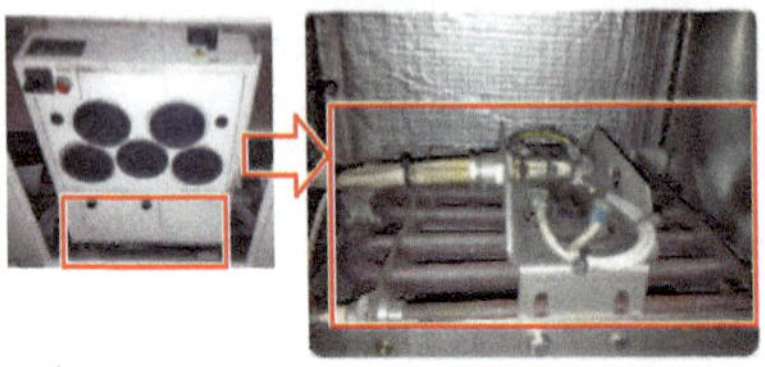	使用吸尘器清除电加热管上的灰尘
	43.检查增压风机电加热管		1）检查电加热管、温度保护开关紧固螺栓及接线有无松动 2）将增加风机送风风速调节至Ⅱ档并按"电加热器起动"按钮，检查电加热管工作是否正常
	44.清洁司机室通风单元变压器	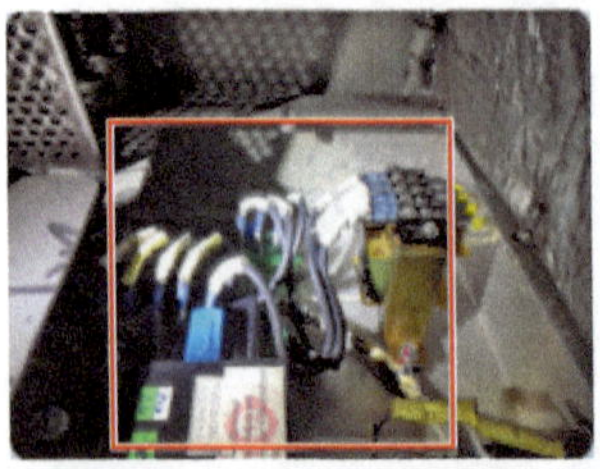	清洁司机室通风单元变压器，要求无异物、无积灰
	45.检查增压风机风管		目测增压风机风管有无破损

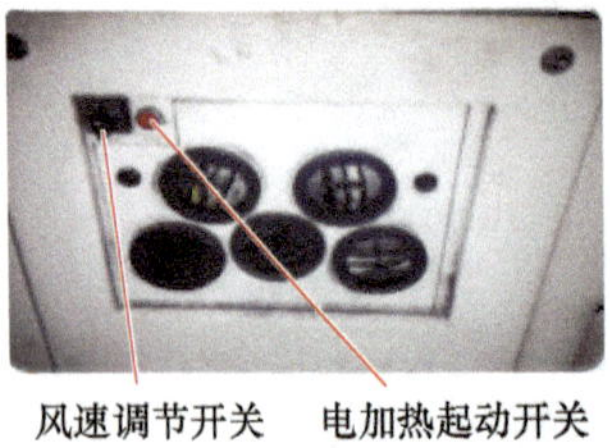

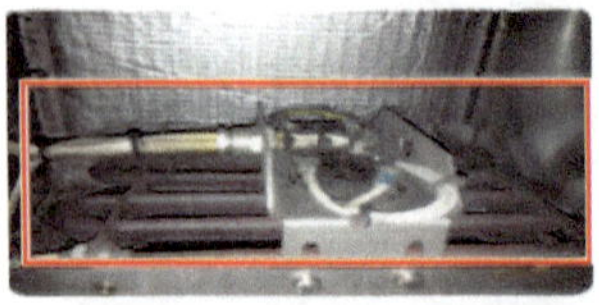

(续)

工序	作业内容	作业图示及作业要求	
作业中	46.清洁新风伺服电动机		清洁新风伺服电动机上的灰尘
	47.新风伺服电动机功能检查	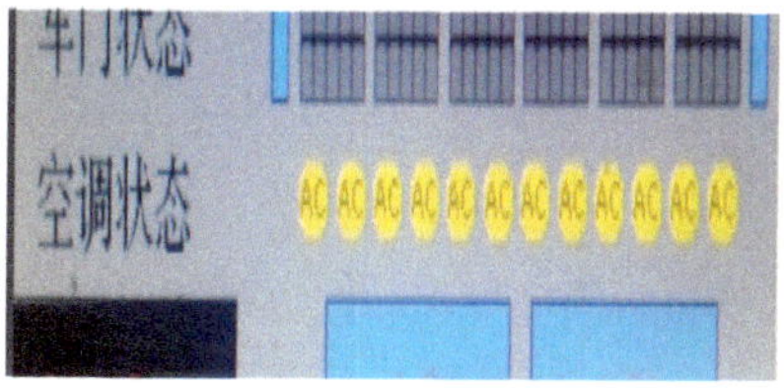	1）使用副驾驶台"受电弓降"按钮 2）确认"受电弓降"按钮指示灯亮（红色），司机室面板显示全列车受电弓正常降下 3）起动客室空调，在HMI显示屏上查看客室紧急通风状态功能是否正常，伺服电动机有无故障
			4）确认紧急通风时新风伺服电动机处于100%开启位置
作业后	1.填写记录	按维修及保养记录单内容填写记录单	
	2.工具保养和完工清理	1）人员到齐 2）对所使用工具进行擦拭保养，给油 3）按定置管理要求，做到工完料清，场地清洁	

实训六　城市轨道交通车辆乘客信息系统电气的维修及保养

一、实训目的

1）规范电动列车维修及保养中的乘客信息系统电气部件检修作业要求，恢复乘客信息系统正常工况。

2）落实维修及保养规程，提高作业水平，确保电动列车维修及保养中的乘客信息系统电气部件检修作业质量。

3）排除部件故障隐患，规范检修方案，提高乘客信息系统电气的可靠性。

二、实训场地

电动列车的司机室和客室内。

三、工器具及劳防用品要求

1）工器具的配备要求见表6-1。

表6-1　工器具的配备要求

序号	名　称	数　量
1	手电筒	2个
2	分贝仪	1个

2）劳防用品的配备要求见表6-2。

表6-2　劳防用品的配备要求

序号	名　称	规　格	数　量
1	安全防护鞋	防砸、绝缘6kV	2双
2	安全帽	带硬质内胆	2个
3	手套	粗棉纱	2双

四、实训内容和要求

1）广播系统维修及保养作业内容和要求见表6-3。

表6-3　广播系统维修及保养作业内容和要求

工序	作业内容	作业图示及作业要求
作业前	1. 检查人员	作业人数应为2人，并且应具有电动列车检修工岗位上岗证
	2. 检查工具	按要求，核对检查工具的配备
	3. 劳防用品	按要求，检查劳防用品的穿戴

(续)

工序	作业内容	作业图示及作业要求	
作业前	4. 电动列车准备	1）将电动列车停放于检修道，并在列车前放好检修作业牌 2）工作过程和质量检验过程中照明要充足 3）岗前明确广播系统维修及保养作业要求及注意事项	
作业中	1. 检查司机控制单元（CACU）、DACU、手持式麦克风、显示器、客室控制单元（SACU）、扬声器和集尘袋	 司机室控制单元（CACU）	1）要求清洁无灰尘，各器件功能正常
			2）要求列车控制器人工广播、紧急信息广播、司机对讲、司机室监听、紧急对讲通话、手动模式的报站功能正常
			3）检查手持式麦克风
	2. 检查LED外观及安装情况		要求安装牢固，安装螺栓无松动
	3. 检查LED显示		要求显示屏工作正常，能正确显示信息
	4. 测量扬声器音量	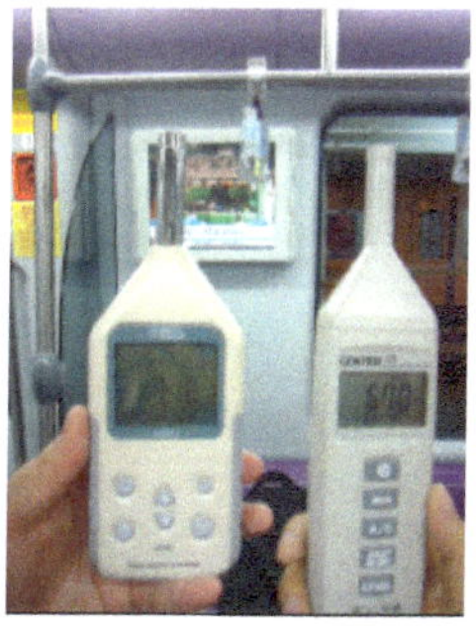	测量列车广播音量、媒体伴音音量，测量时手持分贝计距扬声器1m，广播音量应为76~82dB（列车空调系统置于正常工作模式），关门音量应为80~90dB（列车空调系统置于正常工作模式）

(续)

工序	作业内容	作业图示及作业要求
作业后	1. 填写记录	按维修及保养记录单内容填写记录单
	2. 工具保养和完工清理	1）人员到齐 2）对所使用工具进行擦拭保养，给油 3）按定置管理要求，做到工完料清，场地清洁

2）媒体播放系统维修及保养作业内容和要求见表6-4。

表6-4 媒体播放系统维修及保养作业内容和要求

工序	作业内容	作业图示及作业要求
作业前	1. 检查人员	作业人数应为2人，并且应具有电动列车检修工岗位上岗证
	2. 检查工具	按要求，核对检查工具的配备
	3. 劳防用品	按要求，检查劳防用品的穿戴
	4. 电动列车准备	1）将电动列车停放于检修道，并在列车前放好检修作业牌 2）工作过程和质量检验过程中照明要充足 3）岗前明确媒体播放系统作业要求及注意事项
作业中	1. 检查电视机顶盒功能	 要求功能正常，能正常播放移动电视
	2. 检查LCD外观及安装情况	要求安装牢固，安装螺栓无松动
	3. 检查LCD显示	 要求显示屏工作正常，能正确显示信息
	4. 测量扬声器音量	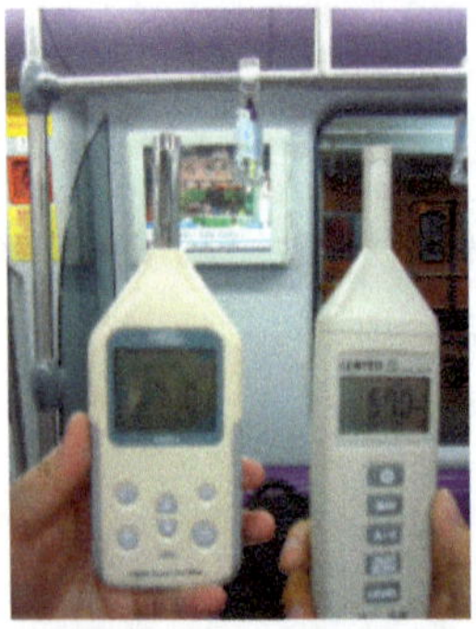 测量列车广播音量、媒体伴音音量，测量时手持分贝计距扬声器1m，媒体伴音音量应为60～65dB（列车空调系统置于关闭模式）
作业后	1. 填写记录	按维修及保养记录单内容填写记录单
	2. 工具保养和完工清理	1）人员到齐 2）对所使用工具进行擦拭保养，给油 3）按定置管理要求，做到工完料清，场地清洁

3）视频监控系统维修及保养作业内容和要求见表6-5。

表 6-5 视频监控系统维修及保养作业内容和要求

工序	作业内容	作业图示及作业要求
作业前	1. 检查人员	作业人数应为 2 人,并且应具有电动列车检修工岗位上岗证
	2. 检查工具	按要求,核对检查工具的配备
	3. 劳防用品	按要求,检查劳防用品的穿戴
	4. 电动列车准备	1)将电动列车停放于检修道,并在列车前放好检修作业牌 2)工作过程和质量检验过程中照明要充足 3)岗前明确视频监控系统作业要求及注意事项
作业中	1. 检查司机室液晶触摸屏外观	 要求表面无损伤,连接线缆无损伤,连接牢固
	2. 检查屏触摸功能	 要求触摸操作有效、定位准确,可以快速进入相应功能栏
	3. 检查屏幕图像显示	 要求图像显示正常,并可以单击放大
	4. 检查连接线缆	要求线缆连接牢固
	5. 检查红外摄像头图像采集功能是否正常	通过触摸屏观察红外摄像机图像,显示图像应清晰
	6. 检查红外摄像机外观及监控角度	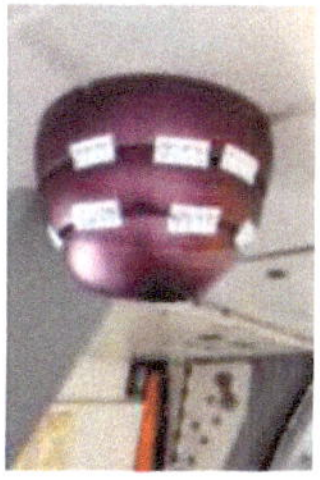 要求摄像机表面无损坏,镜头表面无黏贴物,监控角度正确
	7. 检查红外夜视功能是否正常	 挡住摄像机附近外界光源,镜头红外 LED 灯应亮起,显示屏应呈现黑白图像

（续）

工序	作业内容	作业图示及作业要求	
作业中	8. 检查司机室电源的连接线缆	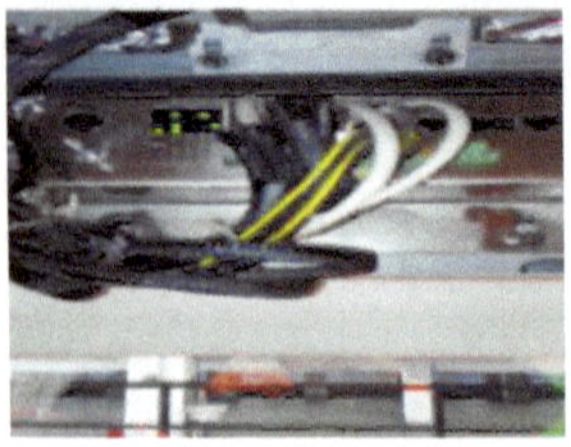	要求接线端口连接无松动、线缆固定正确
	9. 检查司机室电源安装、外观		要求安装牢固、外观无变形、无异常
	10. 检查车载主机安装及外观		1）要求接线端口连接无松动、线缆固定正确 2）要求安装牢固、外观无变形、无异常
	11. 检查、校正系统时间		要求与北京时间误差小于10s
	12. 检查客室摄像头图像采集功能是否正常		要求通过触摸屏观察客室摄像机图像，显示图像清晰
	13. 检查客室摄像机外观	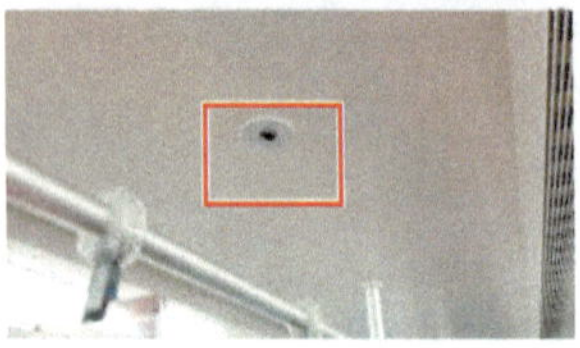	要求客室摄像机外观正常，镜头清洁、无遮挡物，镜头护圈无脱落、破损
	14. 检查多功能连接器功能是否正常		要求多功能连接器的连接部位无松动，功能正常
作业后	1. 填写记录	按维修及保养记录单内容填写记录单	
	2. 工具保养和完工清理	1）人员到齐 2）对所使用工具进行擦拭保养，给油 3）按定置管理要求，做到工完料清，场地清洁	

实训七　城市轨道交通辅助电源系统的维修及保养

一、实训目的

1）规范列车辅助电源系统维修及保养作业要求，恢复列车正常工况。

2）落实列车辅助电源系统维修及保养规程，提高作业水平，确保列车辅助电源系统维修及保养部件检修作业质量。

3）排除部件故障隐患，规范检修方案，提高列车的可靠性。

二、实训场地

车辆检修库内，电动列车的两侧及车底。

三、工器具、材料及劳防用品要求

1）工器具的配备要求见表7-1。

表7-1　工器具的配备要求

序号	名　称	规　格	数　量
1	手电筒	—	1个
2	呆扳手套件	10～24mm	1套
3	套筒扳手套件	10～24mm	1套
4	高压气枪	—	1把
5	万用表	—	1个
6	一字螺钉旋具	0.6mm×3.5mm	1把
7	一字螺钉旋具	1mm×5.5mm	1把
8	方孔钥匙	9mm	1把
9	手动注油枪	—	1个
10	刷子	大号硬毛刷	1把
11	内六角扳手	4～10mm	1套
12	加液杯	—	1个
13	漏斗	—	1个
14	钳形表	—	1台

2）材料（备品备件）的配备要求见表7-2。

表 7-2 材料（备品备件）的配备要求

序号	名称	型号	规格	数量
1	刷子	—	大号硬毛刷	1把
2	白布	—	—	若干
3	油漆笔	TOYO SA101	红色	1支
4	气管	—	20m	1根
5	酒精	—	2L	1桶
6	轴承润滑油	MOBIL SHC 220	—	1kg
7	蒸馏水	—	10L	1桶
8	凡士林	—	500mL	1罐

3）劳防用品的配备要求见表 7-3。

表 7-3 劳防用品的配备要求

序号	名称	规格	数量
1	安全防护鞋	防砸、绝缘 6kV	2双
2	安全帽	带硬质内胆	2个
3	手套	粗棉纱	2双

四、实训内容和要求

1）辅助逆变器箱维修及保养作业内容和要求见表 7-4。

表 7-4 辅助逆变器箱维修及保养作业内容和要求

工序	作业内容	作业图示及作业要求	
作业前	1. 检查人员	作业人数应为 2 人，并且应具有电动列车检修工岗位上岗证	
	2. 检查工具	按要求，核对检查工具的配备	
	3. 劳防用品	按相关要求，检查劳防用品的穿戴	
	4. 场地检查	确保列车停放股道两侧无油、水等易滑倒物质	
	5. 电动列车准备	1）将电动列车停放于带地沟台位，并在列车前放好检修作业牌，在两头司机室挂好禁动牌 2）降下列车所有受电弓，使列车处于停稳、收车状态，将 PH 箱（PH 箱就是整合高压器的牵引箱，装在 B 车，箱内一半是 HSCB 高速开关及高压传感器，一半是 VVVF 牵引逆变器）隔离接地开关转至接地位，等待 5min 后开始作业 3）在任何拆卸或安装工作开始之前，必须关断 TC 车的蓄电池刀开关 4）工作过程和质量检验过程中照明要充足 5）岗前明确辅助逆变器箱维修及保养检修作业要求及注意事项	
作业中	1. 检查并清洁 PA 箱的内侧和进、出风口	进风口 进风口	1）清洁、无灰尘、无损坏 2）拆下 PA 箱中的箱底层盖板 3）使用刷子、白布清洁 PA 箱的内侧，要求无积灰，无损伤 4）使用干燥的压缩空气清洁 PA 箱的进风口，要求无积灰，无损伤

(续)

工序	作业内容	作业图示及作业要求	
作业中	1. 检查并清洁PA箱的内侧和进、出风口	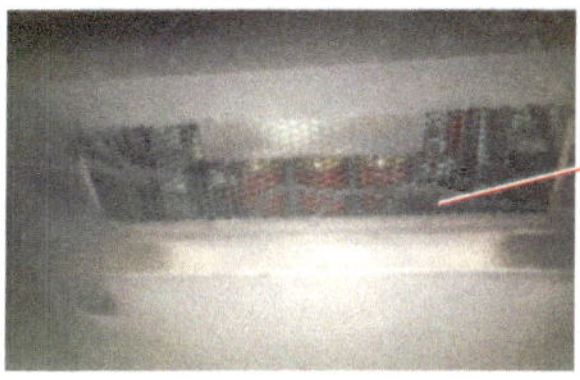 出风口	5）检查PA箱进出风口，要求PA箱进出风口无异物、无变形
	2. 检查分离接触器和预充电接触器的主、辅触头以及灭弧罩外观		1）检查分离接触器和预充电接触器主触头有无发黑，辅助触头动作是否灵活、接触面是否正常，灭弧罩内有无结瘤、结灰
		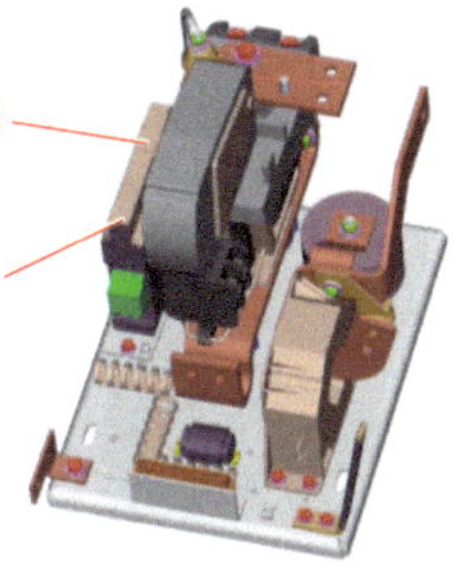 分离接触器 预充电接触器	2）检查分离接触器 ① 用一字螺钉旋具拧松前端玻璃防护罩上的快拆螺母后拿下玻璃防护罩 ② 拆下分离接触器的灭弧罩 ③ 检查分离接触器的灭弧罩外观，要求灭弧罩外观无损坏，内部无灼伤痕迹，无积灰、无结瘤 ④ 按压分离接触器触头左侧黑色方块，推动分离接触器，要求动作正常，辅助触头接触面可以正常贴合 ⑤ 检查分离接触器的主、辅触头，要求分离接触器的主触头无发黑，无结瘤，辅助触头动作灵活、接触面正常 ⑥ 重新安装分离接触器的灭弧罩，要求安装后的灭弧罩安装牢固，安装方式正确
		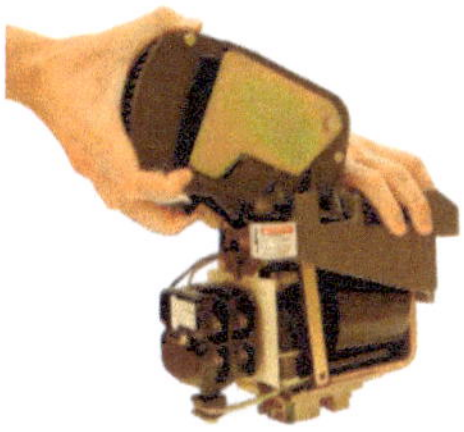	3）检查预充电接触器 ① 拆下预充电接触器的灭弧罩
		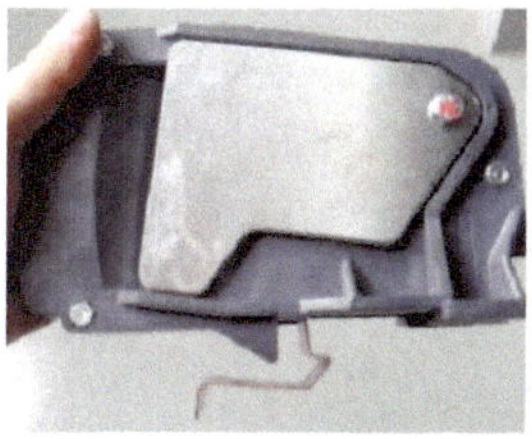 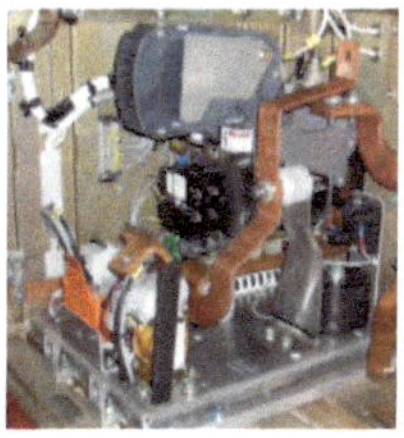	② 检查预充电接触器的灭弧罩外观，要求灭弧罩外观无损坏，内部无灼伤痕迹，无积灰、无结瘤
		 无结瘤，无发黑	③ 检查预充电接触器的主、辅触头，要求预充电接触器的主触头无发黑，无结瘤，辅助触头动作灵活、接触面正常

(续)

工序	作业内容	作业图示及作业要求	
作业中	2. 检查分离接触器和预充电接触器的主、辅触头以及灭弧罩外观	  主触头无发黑，无结瘤，辅助触头动作灵活、接触面正常　　安装时注意箭头方向朝箱体内部	④ 重新安装预充电接触器的灭弧罩，要求安装后的预充电接触器的灭弧罩安装牢固，安装方式正确，安装方向正确（预充电接触器灭弧罩安装时，注意灭弧罩的箭头朝箱体内）
	3. 清洁 ACM 三相变压器	 三相变压器	要求清洁，表面无损伤
	4. 检查并清洁散热片	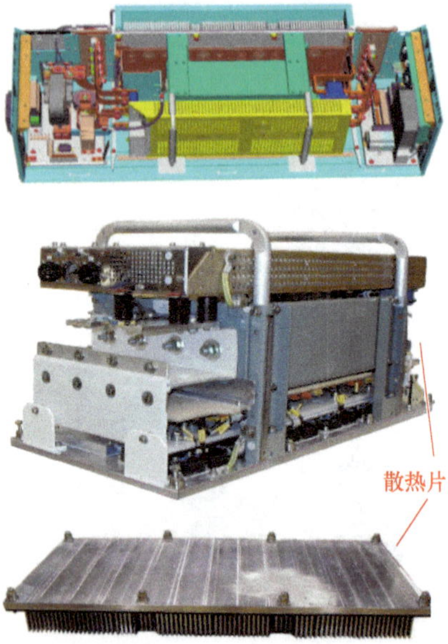 散热片	要求清洁、无积灰
作业后	1. 填写记录	按维修及保养记录单内容填写记录单	
	2. 工具保养和完工清理	1）将 PH 箱隔离接地开关转至通常模式（受电弓供电） 2）人员到齐 3）对所使用工具进行擦拭保养，给油 4）按定置管理要求，做到工完料清，场地清洁	

2）蓄电池充电器箱维修及保养作业内容和要求见表 7-5。

表 7-5 蓄电池充电器箱维修及保养作业内容和要求

工序	作业内容	作业图示及作业要求	
作业前	1. 检查人员	作业人数应为 2 人,并且应具有电动列车检修工岗位上岗证	
	2. 检查工具	按要求,核对检查工具的配备	
	3. 劳防用品	按相关要求,检查劳防用品的穿戴	
	4. 场地检查	列车停放股道两侧无油、水等易滑倒物质	
	5. 电动列车准备	1)将电动列车停放于带地沟台位,并在列车前放好检修作业牌,在两头司机室挂好禁动牌 2)降下列车所有受电弓,使列车处于停稳、收车状态,将 PH 箱隔离接地开关转至接地位,等待 5min 后开始作业 3)在任何拆卸或安装工作开始之前,必须关断 TC 车的蓄电池刀开关 4)工作过程和质量检验过程中照明要充足 5)岗前明确蓄电池充电器箱检修作业要求及注意事项	
作业中	1. 检查箱体紧固部件	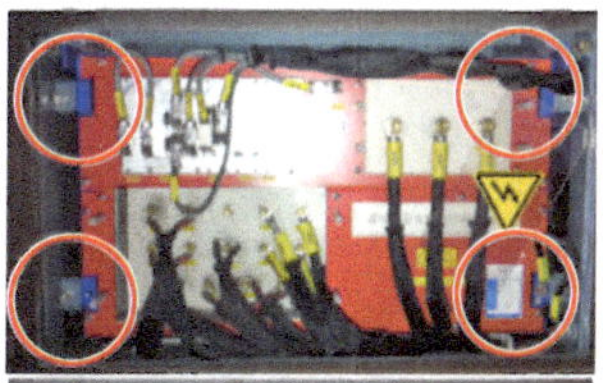 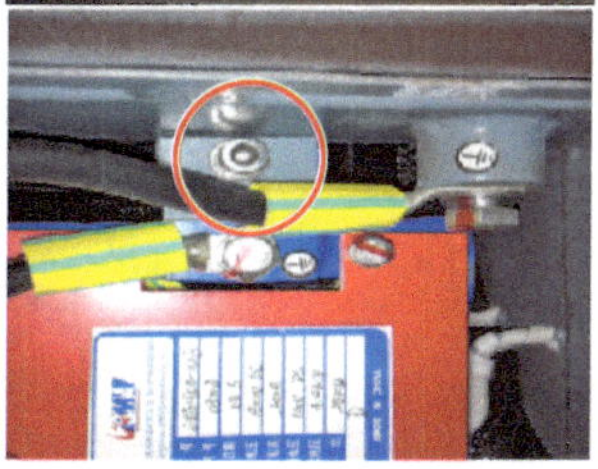	要求无松动,无腐蚀,无损伤
	2. 检查电气连接		要求安装紧固
	3. 检查箱体和箱门密封性	 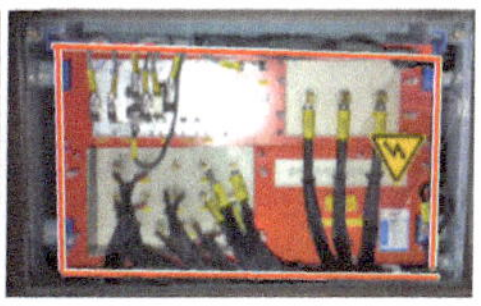	要求密封件完好,密封性良好

(续)

工序	作业内容	作业图示及作业要求	
作业中	4.检查并清洁模块和散热片	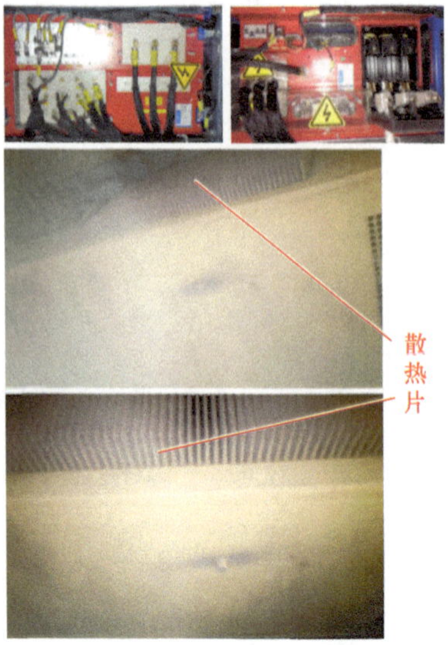	要求清洁，无损坏
	5.检查并清洁电抗器、变压器和排水螺栓	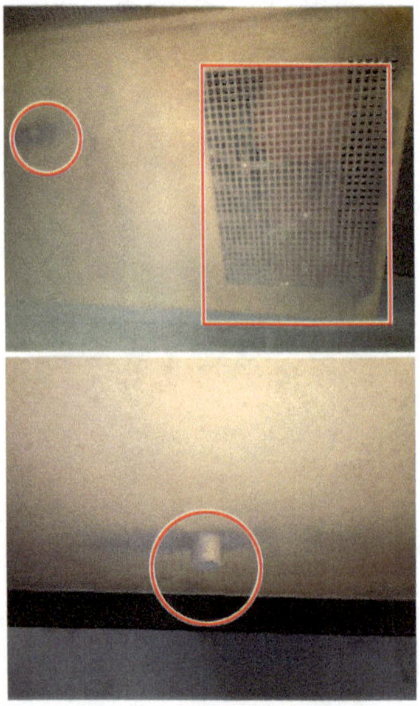	要求清洁，部件无遗失，无损坏，功能良好
	6.检查应急蓄电池03G51		应急蓄电池电压大于100V

(续)

工序	作业内容	作业图示及作业要求	
作业中	7. 更换 RE144 上的蓄电池		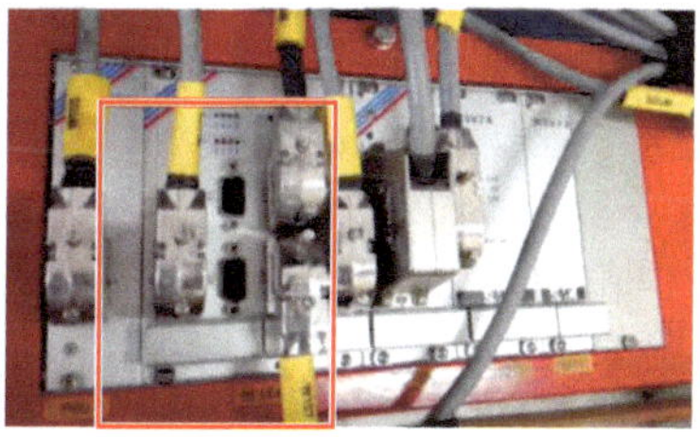 更换后，RE144 板功能正常
作业后	1. 填写记录	按维修及保养记录单内容填写记录单	
	2. 工具保养和完工清理	1）人员到齐 2）对所使用工具进行擦拭保养，给油 3）按定置管理要求，做到工完料清，场地清洁	

3）蓄电池箱维修及保养作业内容和要求见表 7-6。

表 7-6　蓄电池箱维修及保养作业内容和要求

工序	作业内容	作业图示及作业要求	
作业前	1. 检查人员	作业人数应为 2 人，并且应具有电动列车检修工岗位上岗证	
	2. 检查工具	按要求，核对检查工具的配备	
	3. 劳防用品	按相关要求，检查劳防用品的穿戴	
	4. 场地检查	列车停放股道两侧无油、水等易滑倒物质	
	5. 电动列车准备	1）将电动列车停放于带地沟台位，并在列车前放好检修作业牌，在两头司机室挂好禁动牌 2）降下列车所有受电弓，使列车处于停稳、收车状态，将 PH 箱隔离接地开关转至接地位，等待 5min 后开始作业 3）在任何拆卸或安装工作开始之前，必须关断 TC 车的蓄电池刀开关 4）工作过程和质量检验过程中照明要充足 5）岗前明确蓄电池箱检修作业要求及注意事项	
作业中	1. 检查箱体紧固部件		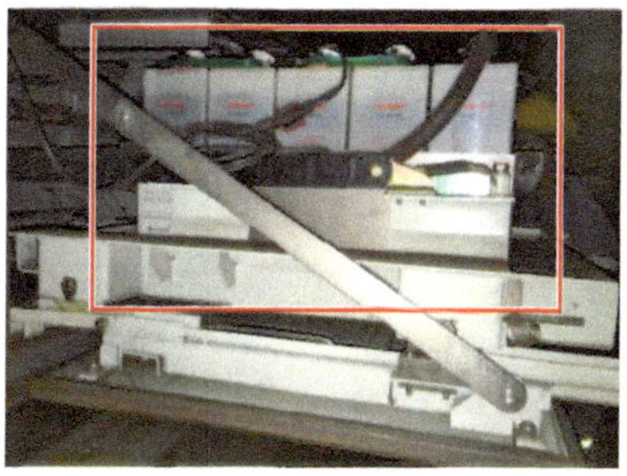 要求无松动、无腐蚀、无损伤
	2. 测量蓄电池浮充电电压和浮充电电流		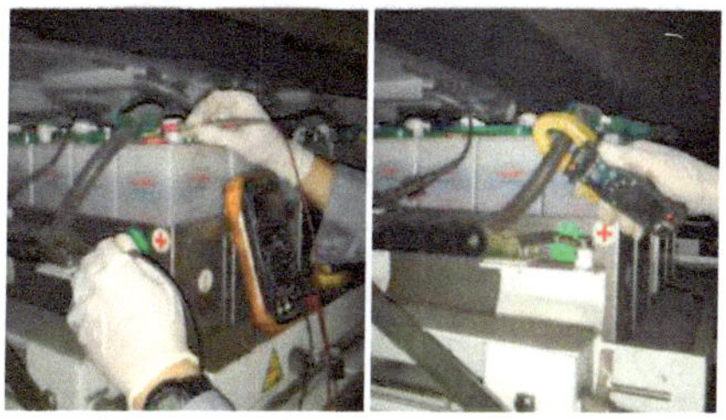 要求浮充电电压为 117~126V，浮充电电流<500mA

(续)

工序	作业内容	作业图示及作业要求	
作业中	3. 检查箱体和箱门密封性	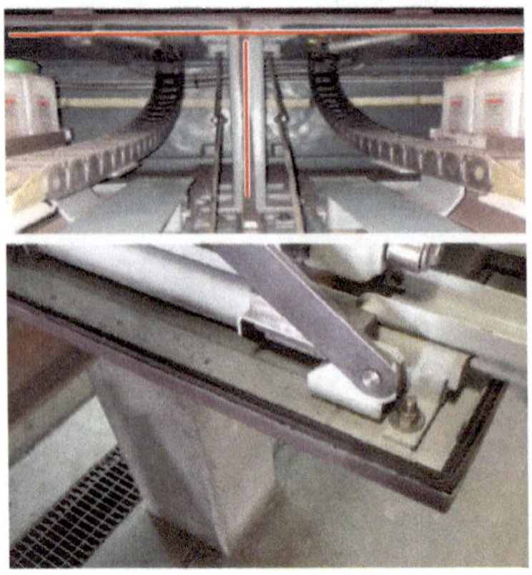	要求密封件完好、无破损、安装到位，箱门关闭时能和箱体紧密贴合，密封性良好
	4. 检查并清洁蓄电池箱		要求清洁，无遗失，无损坏，功能良好
	5. 检查蓄电池箱内的电缆接线，并清洁检查温度传感器	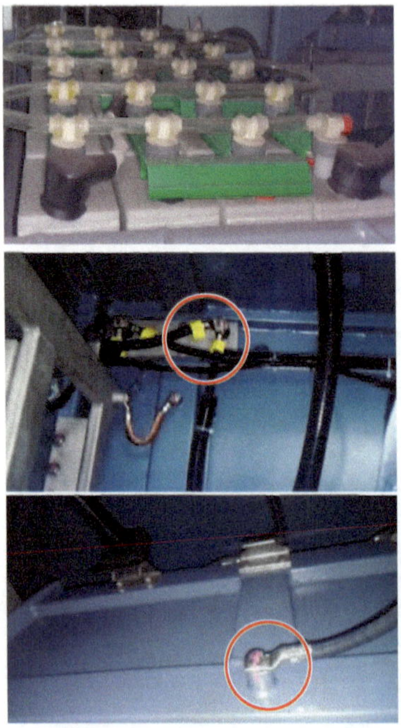	1）要求电缆连接牢固，无松动；防松标记清晰、无位移

（续）

工序	作业内容	作业图示及作业要求	
作业中	5. 检查蓄电池箱内的电缆接线，并清洁检查温度传感器	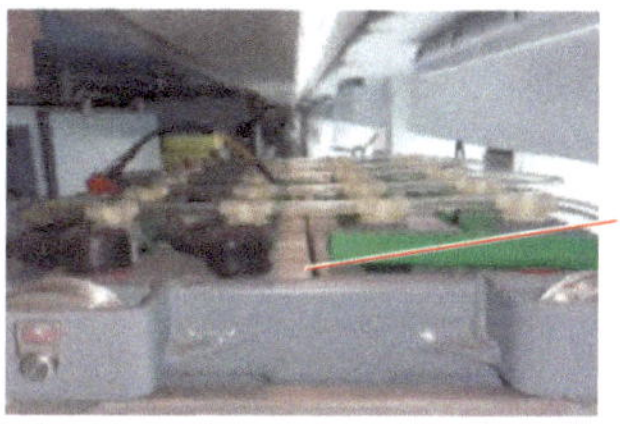 蓄电池漏液检查	2）要求蓄电池内无漏液、飞液现象；蓄电池无结晶析出
		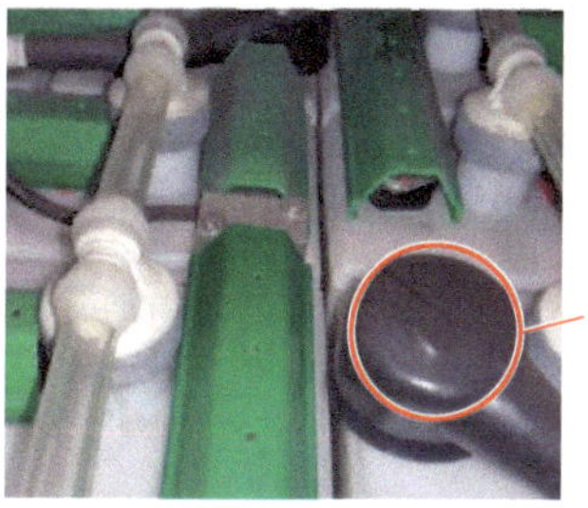 温度传感器	3）要求温度传感器安装牢固，无损坏，功能良好
	6. 检查每个蓄电池单体电解液的液面位置	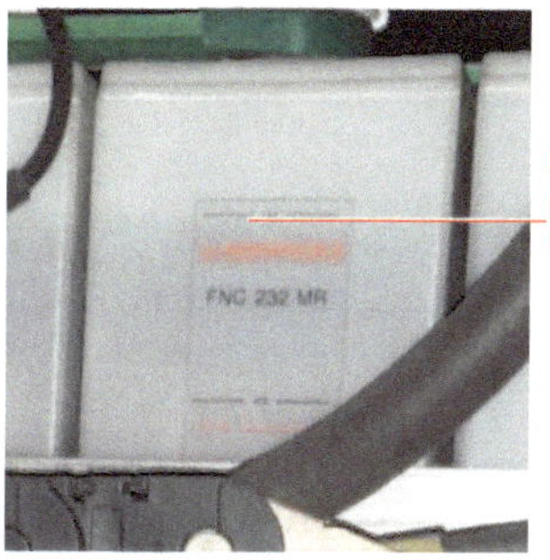 最高液面标志线	液面离最高液面标志线距离大于30mm，需补加蒸馏水，加液至最高液面标志线下5mm处
	7. 测量并记录单体蓄电池电压以及总电压	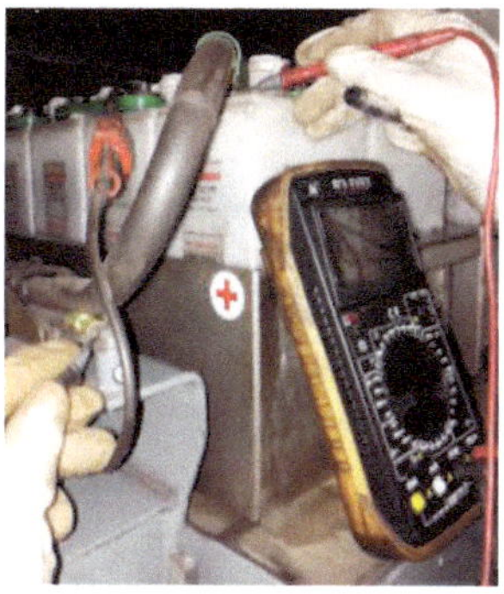	要求单体蓄电池电压＞1.2V；80个单体蓄电池总电压＞100V
	8. 检查滑车及其支撑	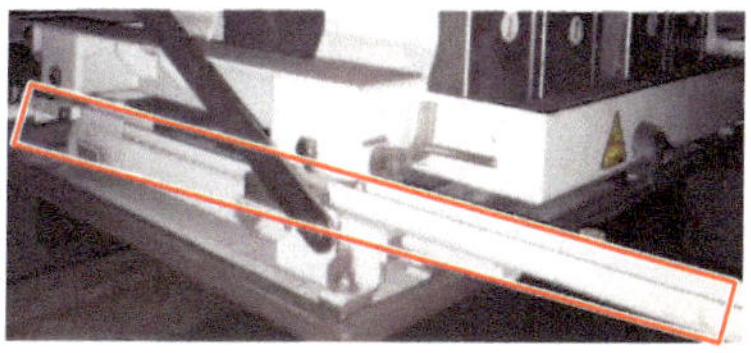	要求外观良好，无损坏

(续)

工序	作业内容	作业图示及作业要求	
作业中	9. 润滑蓄电池箱的盖板铰链、铰接杆及连接杆		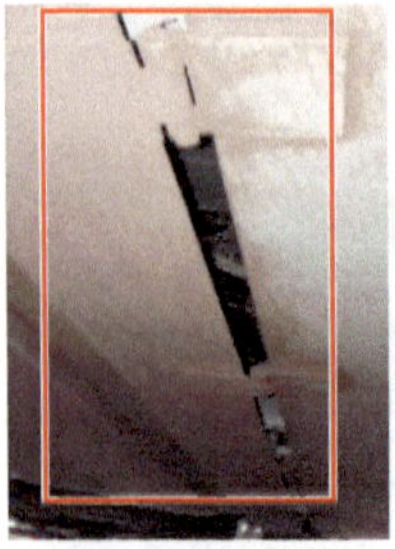  要求清洁并润滑
	10. 蓄电池充放电并对接线端进行防腐保护		 按照要求进行充放电,在接线端上涂上一层薄薄的凡士林
作业后	1. 填写记录	按维修及保养记录单内容填写记录单	
	2. 工具保养和完工清理	1)人员到齐 2)对所使用工具进行擦拭保养,给油 3)按定置管理要求,做到工完料清,场地清洁	